博士论文
出版项目

希望的力量
当代农家子弟留守历程的教育叙事探究

The Power of Hope
An Educational Narrative Inquiry in Left-behind
Experience of Rural Migrant Workers' Children

许程姝　著

中国社会科学出版社

图书在版编目（CIP）数据

希望的力量：当代农家子弟留守历程的教育叙事探究／许程姝著. -- 北京：中国社会科学出版社，2025. 3. -- ISBN 978-7-5227-3884-0

Ⅰ．G61

中国国家版本馆 CIP 数据核字第 2024SA8636 号

出 版 人	赵剑英
责任编辑	赵　丽
责任校对	禹　冰
责任印制	郝美娜

出　　版	中国社会科学出版社
社　　址	北京鼓楼西大街甲 158 号
邮　　编	100720
网　　址	http：//www.csspw.cn
发 行 部	010-84083685
门 市 部	010-84029450
经　　销	新华书店及其他书店
印　　刷	北京君升印刷有限公司
装　　订	廊坊市广阳区广增装订厂
版　　次	2025 年 3 月第 1 版
印　　次	2025 年 3 月第 1 次印刷
开　　本	710×1000　1/16
印　　张	19
插　　页	2
字　　数	265 千字
定　　价	108.00 元

凡购买中国社会科学出版社图书，如有质量问题请与本社营销中心联系调换
电话：010-84083683
版权所有　侵权必究

出 版 说 明

为进一步加大对哲学社会科学领域青年人才扶持力度，促进优秀青年学者更快更好成长，国家社科基金 2019 年起设立博士论文出版项目，重点资助学术基础扎实、具有创新意识和发展潜力的青年学者。每年评选一次。2022 年经组织申报、专家评审、社会公示，评选出第四批博士论文项目。按照"统一标识、统一封面、统一版式、统一标准"的总体要求，现予出版，以飨读者。

全国哲学社会科学工作办公室

2023 年

序　　言

　　许程姝博士的新作即将付梓出版，嘱我作序。我为之高兴，便欣然接受。

　　在最近的新闻报道与社会舆论中，对农村留守儿童问题关注的热情已如潮水般褪去，而研究领域似乎也是如此。近三年间，以"留守儿童"为核心主题的总体研究发文量以每年约20%的速度缩减，研究内容也不够新颖。但事实上，"留守"并不是每个儿童在童年时期所必须要经历的"慢性疼痛"，也不是时代发展浪潮下农村儿童所必须要接受的生存样态。我将此种研究消退与公众关注的锐减表达为社会转型与发展进程中人们对社会问题在"常态化适应"情境下的衰退现象，即在改革与发展的现代社会，当社会问题产生并长时间存续后，社会关心逐步从对社会问题显现初期的不断聚焦到惯性接纳，社会支持从问题表露初期的能动地调用各种资源（比如资金/经费、情感、教育）和社会网络来帮助解决社会问题、社会危机到后期常态化适应下的有限对策、帮扶创新机制衰减以及关注与情感消退的现象。数字化社会的信息超载以及新闻界的议程设置吸引社会公众转移到对其他社会问题的关注当然与之相关，但更多的负面影响是针对农村留守儿童群体的，包括针对此特定议题的社会支持效能减弱、儿童成长环境的进一步恶化却未被探查以及更为深层的情感与心理问题难以表露。实际上，中国留守儿童体量依旧较大，分布在广阔的农村地区。农村留守儿童与父母长期分离，在亲情关怀、生活照顾、家庭教育、学业成就和安全保护等方面面临着突出问题。据测算，到2018年8月，全国仍有农村留守儿童697万余人，他们的生存与发展境遇已堕入更为复杂的"深坑"中，离异家庭结构与留守境遇叠加使得留守儿童产生情感隔离、内心压抑、社交焦虑等复杂心理问题与防御行为，家校社协同共育面临挑战；数字化技术浸润农村留守儿童的生活与娱乐世界，弱约束下的游戏与短视频成瘾加剧，产生"审丑""猎奇"价值观偏差、道德敏感性不高以及学业成就低等不良后果。国务院在2016年发布的《关于加强农村留守儿童关爱保护工作的意见》指出，"为广大农村留守儿童健康成长创造更好的环境，是一项重要而紧迫的任务"。现实表明，农村留守儿童问题依然是社会发展要攻破的难点和瓶颈问题，需要长期的科学调查与学术研究以进一步阐明该社会问题的发生机制，不断打开内隐其中的复杂性"黑箱"，并能够为农村留守儿童关爱体系建设提供一整套行之有效的教育对策与行动方案。

《希望的力量——当代农家子弟留守历程的教育叙事探究》一书作为教育领域内专门研究农村留守儿童问题的著作之一，在既有研究的基础上，结合生命历程研究走向理论应用的国际发展趋向，以叙事视角介入农村儿童的留守历程与教育历程，全景式地呈现了农村留守儿童的生命轨迹与成长历程，更为深层地探查了农村留守儿童向上发展的力量源泉与运作机理，对深入推进转型中国社会问题的解决，进一步促进处境不利儿童成长成才保护环境的构建，巩固拓展脱贫攻坚成果与乡村振兴有效衔接，加深留守儿童研究的学理性探究并提供新型社会支持与教育方案具有重要实践意义和学术价值。

首先，本书要向我们表露的是，"留守"之于农村儿童到底是何种境遇。依托叙事民族志方法，书中展现出农村留守儿童的整体生命轨迹、教育历程与监护历程。研究发现，正是"留守"这一特殊处境重塑了农村儿童的生活，"母亲的默默离开""父亲远去的背影""村里新来的陌生人"等场景涌现，农村儿童在归属与分离、融入与辗转、熟悉与陌生的情境中体验着由"留守"所赋予的别样童年，感悟着浓烈的爱与恨的情感人生。本书"面向事实本身"的叙事方法把"留守处境"这一主要研究内容推上了高位。将自己的生活经历符号化地融入人生故事情节，这种身份叙事有助于形成对农村留守儿童自我连续性主观意识的深入探查，将事件发生的认知严丝合缝地转化为讲述更有益于揭示困难群体面临复杂处境的过程性机理，具有发生学特性。迈克尔·怀特认为，叙事结构优于隐喻、范例等相关概念，因为叙事结构强调秩序与序列，相对适用于研究变化、生活周期或任何发展历程。在这里，叙事将"留守"的两种面向展开——既是线性的，又是瞬间的。在讲述过去场景时，人们更倾向于按照时间序列来表达内容，叙事让我们看到农村儿童的留守生活是怎样按照这样的线性历程发生发展的。在讲述中留守变成了完整的情节，子代、父母、祖辈、教师的行动与情感交织在一起，由此，情节和人物所经历的一切形塑出留守的风貌。而与此同时，能够让读者得以快速捕捉的当然是那些无言、苦痛抑或充盈的情感瞬间。"忧伤与孤独"的情感律动始终隐匿在农村留守儿童"归属与分离"的动态成长轨迹之中，对于"留守"的主体认知在"具象时间"的体验中铺陈开来。本书突破了农村留守儿童研究简单化、静态化的现状，聚焦于个体自我建构、自我解构、经验组建的教育叙事，通过分析主体对现实环境的作用，不断挖掘"留守"之于个体的"意义之维"，在对"留守"问题的学理性探究中逐步构建出农村留守儿童新的生命历程研究实践。

其次，在农村儿童成长的留守历程中，怎样的探查才能真正地言明个体所身处的真实世界与发展进程。本书"希望"的嵌入是恰到好处的。作为介质性的存在，"希望"既像一台动能器，又像一座连接桥。它在不断地揭示那些归属于个体和社会结构的希望要素，探寻蕴藏其间的支撑性力量，又促使个体能动性与社会结构之间那些充满张力的部分得以释放。在个体能动性层面，希望的发展脉络呈现为，尽管面临家庭文化资本缺失的可能风险，但在乐观、接纳、信仰及期盼作为具体内容和表征的"希望"精神向度牵引之下，农村留守儿童个体意志不断增强，形成了困境的自我化解机制，并最终实现了对社会结构性壁垒的群体性突破。这揭示出一个基于现实之上的乌托邦精神的实践过程，即个体可以凭借维持和累进"希望"的力量来践行向上的人生。而社会结构中希望脉络得以助推的另外一面则是，他者与更外在的社会结构在发挥影响。"他者"的支持特性表现为即便农民父母"离家远行"，但是他们也在竭力为孩子的未来创造可能；在学校场域中，孩子们能够"感知"到教师的关怀，乡村教师主动"传达"善意并给予学习指导，在师生的亲密互动中不断重塑农家子弟的人生发展之路。正因如此，农家子弟才能迸发出对教师的感恩之情与源源不断的前进动力。更外在的视角则让我们关注到现代化进程中农村文化对乡村社会与儿童文化生产的本体教育价值与促进价值。实际上，自然心性、人伦传统、亲密关系等农村文化资本促使农村儿童从中汲取"担当""尊重""乐观""回馈"等向上的文化品质，进而为他们取得高学业成就带来精神力量。本书依循"积极""优势"的社科研究取向，通过从"问题研究"到"积极研究"的视角转换，以及对留守儿童生活史中"希望"要素的充分挖掘，实现对处境不利儿童发展的正向榜样激励以及发展路径探查。

最后，"读书"的功用到底是什么，"读书"是怎样为个体赋予希望的，教育与希望的关系正是令读者们好奇的部分。在这里，"高学业成就"是一张亮眼的底牌，书中印证"读书"作为"希望"是一条通往"成功"的实践之路，农家子弟把"读书"作为一种抵抗命运的武器是出于对教育的信任，他们相信该机制能够帮助有才智者获得晋升空间，相信教育筛选功能可以改变命运，这是他们在心理层面关于"希望"的预设并指导着他们的"读书"行动实践。但是，对于农家子弟凭借"读书"向上奋进也出现了不同的声音——号召来自底层背景的学生通过创造"刻苦""勤奋"的文化试图改变现存的不平等阶层秩序，其后果不仅在于可能频繁遭遇的个体失败，更在于有可能制造底层学生得以"群体突围"的虚幻前景，从而为既有等级秩序的维系提供意识形态上的掩饰与佐证。我们要警惕上述所反对的英雄主义式突围的论调，但是个体努力刻苦勤奋依旧具有社会价值与个人价值，我们不能把个人成败都仅仅归因于此。本书的表达超越了这一思想禁锢。我们可以看到，教育的内涵是多方位的，包括寻找兴趣、发现自我、追求理想。农家子弟把"读书"作为一种治愈式生活实践体现了素质教育发展逻辑下知识价值发挥的"希望"效用。透视农家子弟的教育历程，我们可以看到教育释放希望的现实价值。在全面脱贫、追求教育高质量发展的当下中国农村社会，构建留守儿童关爱服务体系必须从观念上进行重新定位，祛除过度的"弱者关怀"和"悲情帮扶"，以"留守儿童"为本位，耐心地倾听他们的真实需求与内心感受，积极引导整个社会建立起一个"充满希望"的农村留守儿童关爱氛围。

本书作者许程姝 2011 年考入东北师范大学教育学部（彼时为教育科学学院），本科毕业后，一直跟随我攻读硕士和博士。在读期间，她通过积极参与师门组会、学术报告以及中国农村教育发展研究院组织的全国性田野调查与十余项国家级研究课题，迅速提升了她的科研能力。本书既是她主持的国家社科基金优秀博士论文出版项目，同时也是她多年来从事农村教育研究成果的集中呈现。作为一名青年学者，许程姝在研究生期间就表现出勤学上进、务实创新的优秀学术品质。实际上，她的这些性格特点是在坚实的"学术生活"和真实的"田野世界"中塑造锤炼出来的。在读期间，她先后在四川、重庆、云南、宁夏、浙江、江西、广东、辽宁、黑龙江等不同省份和地区开展了十余次实地考察，围绕区域教育均衡、农村学校发展、乡村教师职业吸引力、处境不利群体关爱等社会焦点问题，扎根中国乡村沃土，细致地观察教育现实，如痴地追寻教育本真，不断地探寻解决良方。正是在与一线教育工作者的接续对谈中，在与农村家长、农村儿童的亲密接触中，她收获了饱和的田野经验，感悟到了不一样的学术真谛，在潜心耕耘中完成了这部处女作。

本书集体见证了农家子弟具有的某种力量，它既是农村儿童对留守问题的一场公共测算，也是他们对生命历程发自真心的最纯粹的情感表达。本书最闪耀夺目的是农村留守儿童一个个鲜活的生命故事，他们需要来自社会的关心与帮助，更需要来自学术界的洞察与建构，儿童立场、情境回归是作者的学术新面向，为农村留守儿童研究打开了一扇崭新的学术之窗。我期冀许程姝博士能一如既往地醉心于学术研究，为我们奉献更多更好的学术作品。同时，我也郑重地向各位关心农村教育、热心留守关爱的学界同人推荐此书，我相信你们一定会从中受到启迪。

是以为序！

邬志辉

东北师范大学中国农村教育发展研究院

2023 年 8 月 20 日

摘　　要

农村留守儿童是中国城乡二元关系开放化和全国劳动力市场统一化的产物，他们的生存境遇与成长发展引起了全社会的广泛关注。留守儿童的发展质量不仅关乎他们自身的前途命运，还关涉中国未来人口素质、社会结构形态及社会和谐目标的实现。

传统农村留守儿童研究多采用问题视角，关注他们的心理健康问题、危险行为倾向、身体发育不良与学业表现低下等方面。"问题"视角以及对"留守"的总体观呈现了基本事实，然而，以"问题"为导向的研究存在潜在风险，仅把农村留守儿童视为问题化的、需要关怀的弱势群体，忽视了他们富有创造力的、能动性的另外一面，这可能无法形成农村留守儿童群体丰富化的客观形象，也在一定程度上使得农村留守儿童研究框架变得过于刚性，导致我们不能从成功的"留守儿童"身上发现具有积极意义的可供他人借鉴的维度。本书以通过个体努力并进入一流高校的"曾留守"农村籍大学生为研究个案，叙事探究"留守"这一特殊处境对农家子弟生命历程的重塑以及农家子弟在人生旅途与教育生活中的奋进历程。

"留守"的意义面向在于事件本身也能够成为蕴藏情感和集体记忆的纽带，并为个体生活和生存赋予反身性思考。在归属与分离、融入与辗转、熟悉与陌生的情境中，农家子弟体验着由"留守"所赋予的别样童年，感悟着浓烈爱与恨的情感人生。作为一种特殊样态的生命历程，农家子弟所经历的"留守"不只限于对一次体验的总结，也不仅仅是政策扫描进程中的一次身份标定，它指代的是农家子弟曾历经的一种"动态性"的留守过程。一方面，受地区特殊办学体制、农村学校布局调整政策以及农村家庭教育与监护决策等因素影响，身处"留守"的农家子弟也会经历教育辗转与交替监护，表现出"留守"历程内部的"动态性"；另一方面，纵览农家子弟的整个童年时期，他们会在"留守—流动"或"流动—留守"的不断变换和交替的过程中成长，整体童年历程中动态性驱使个体获得不同身份与体验，并与农家子弟"留守"历程的内部"动态性"叠加，营造其复杂境遇。农村留守儿童的"动态"成长历程及其过程机理探查，在价值观层面展现出教育场域内"关注复杂情境"和"真实理解情境中的人"的核心旨归，并在政策治理视角下唤起对既定政策目标群体的全新定位。儿童立场、情境回归成为教育应对的重要面向，新农村留守儿童关爱体系亟需更为深层的专业化支持。

那么，面对复杂苦难的生活境遇挑战，是什么让农家子弟化解了留守风险并向上奋进呢？在这里，生命过程社会学同样需要令人满意地回答这样一个问题：什么样的机制运作，将生命历程境遇与后来的风险性化解以及高等教育地位获得的结果联系起来。本书揭示出"希望"作为建设性力量蕴藏在农家子弟的自我叙事与个体行动之中，"希望"的精神向度被表征为乐观、接纳、信仰及期盼的具体内容意涵，农家子弟个体意志不断增强以实现对其留守历程中所遭遇困境的自我化解并实现了对社会结构性矛盾的群体性突破。农家子弟的教育叙事揭开了一个基于"现实性"和"可能性"概念意义上的乌托邦精神施展的过程，即个体可以凭借"希望"的力量去摆脱情感陷阱、底层境遇以及"动态留守"所构建的"黑暗的"生存境况。因而一种探索农村儿童主动成长路径与有效社会支持的改革方案在于，构建出一种新型的希望教育观并创设出清晰的教育实践策略与多元主体支持路径，以"儿童中心"本位、"充满希望"的新关爱视角突破"悲情帮扶"与"弱者关怀"的传统关爱氛围，为农村留守儿童群体赋能创造空间。

当然，"他者"的教育行动和农村的社会场域也为农家子弟提供了外部性的"希望"的力量。本书创造性地提出"农村文化资本"的概念构型，指出农村地区作为"希望"的外在场域可以释放出优秀人文教育价值并具有相当的发展潜力。"场域"是重要的希望场所，基于文化多样性的文化资本理解为差异化城乡社会中的个体发展开辟了"差别优势"的话语进路。在城乡分野的文化生产场，文化资本并非均质化存在，农村儿童以不同于城市儿童的文化资本实现着文化生产，即便"留守"造成农村儿童缺乏家庭教育经验支撑，但农家子弟在文化生产过程中，依旧凭借自然心性、人伦传统、亲密关系等农村文化资本促使他们从中汲取"担当""尊重""乐观""回馈"等向上的文化品质，进而为取得高学业成就带来精神力量。因而重新挖掘农村丰厚文化资本意蕴与教育功用的改革方案在于，构建具有"文化优势"的农村地区"希望发展观"。不断深入推进对农村优秀文化、农村教育资源的系统性研究，将农村地区的优秀人文教育价值潜力释放出来；增强多元文化表达，促使农村文化价值在学校教育中得到认可。

关键词：希望；农家子弟；高学业成就；留守历程；教育叙事

Abstract

Rural left-behind children are a result of the opening of urban-rural duality and the unification of the national labor market in China, and their survival status, growth and development have attracted widespread attention from the whole society. The quality of development of left-behind children is not only related to their own future destiny, but also to the future quality of population, the shape of social structure and the realization of social harmony.

Traditional research on rural left-behind children mostly adopts a problem perspective, focusing on their mental health problems, risky behavioral tendencies, poor physical development and low academic performance. The "problem-oriented" perspective and the overall view of left-behind children present basic facts. However, the potential risks of problem-oriented research remain because it only considers rural left-behind children as a problematized and vulnerable group in need of care and overlooks their creativity and initiative, which prevents a rich and objective image of rural left-behind children group from emerging, makes a more rigid research framework of rural left-behind children, and fails to discover dimensions with positive significance and reference from successful left-behind children. Based on cases of rural students who have been enrolled in top universities through their own efforts and were once "left behind", this book narrates and explores how "left behind" situation reshapes the life journey of children from rural areas and their striving journey of life and education.

The significance of "being left behind" is that the event itself can link emotions and collective memories and offer a platform for self-reflection in their lives and existence. Scenarios of belonging versus separation, assimilation versus displacement, and familiarity versus strangeness witness children from rural areas undergoing a unique childhood bestowed by "being left behind", and perceiving their lives filled with love and hatred. The "left-behind" experience, as a distinctive form of life journey, of children from rural areas summarizes one instance of experience and serves as a marker in the process of policy scanning, and more stands for "dynamic" process of being left behind that these children once have undergone. On one hand, subject to the regional special schooling system, layout adjustments of rural schools, and decisions regarding rural family education and guardianship, rural left-behind children also go through educational displacements and alternating guardianship, which exposes "dynamics" in their "left-behind" journey. On the other hand, an overview on the childhood of these children finds that they grow in the constant transformation and alternation of "being left behind-migrating" or "migrating-being left behind". The dynamics of their childhood journey enable them to gain different identities and experiences and are combined with the internal "dynamics" to foster their complex life circumstances. Exploration on the "dynamic" growth of rural left-behind children and its process mechanisms showcases the core principles in the educational field of "caring complex situation" and "truly understanding the people in the situations" at value level, and calls for a repositioning of the established policy target groups in terms of policy governance. The standpoint of children and the return to situations have become important aspects that education should resolve, and a new caring system for these children is in dire need of deeper professional support.

Confronted with challenging life circumstances, what is it that enables children from rural areas to resolve the risks of being left behind and strive to grow? Here, life course sociology needs to give a satisfactory answer to: what kind of mechanism links the circumstances in life with risk resolution and the attainment of higher education? The book revealed that "hope" is a constructive force embedded within the narrative and individual's actions of children from rural areas. The spiritual dimension of "hope" is characterized by specific contents: optimism, acceptance, belief and expectation, which strengthened rural children's will to form a self-resolving mechanism of left-behind difficulties and finally achieve the group breakthrough of social structural barriers. The educational narrative of the rural children reveals the process of Utopian spirit practice in the conceptual sense of "reality" and "possibility", that is, individuals can rely on the power of "hope" to get rid of the emotional trap, the bottom situation and the "dark" living situation formed by "being dynamically left behind". Therefore, the reform plan to explore the active growth path of rural children and effective social support lies in constructing a new hope education concept, creating a clear education practice strategy and providing multi-agent support environment. Breaking through the traditional caring atmosphere of "pity aid" and "caring for the weak" with a new caring perspective featuring "child-centered" and "full of hope", spaces for empowering rural left-behind children can be created.

At the same time, the educational actions by "others" and the social field of rural areas also provide the power of "hope" for the children of rural families. Backed up by giving a creative proposition on the concept configuration of "rural cultural capital", this book argues that rural areas, known as the external field of "hope", can generate excellent humanistic education values and bear considerable development potential. The "field" serves as an important place for hope, and the understanding of cultural capital based on cultural diversity opens up the discourse approach of "differential advantages" for individual development in differentiated urban and rural society. In the cultural production field separating urban and rural areas where cultural capital does not exist homogeneously, rural children can realize cultural production with cultural capital different from urban children. Rural cultural capital such as natural mind, traditional ethics and intimate relationship can also encourage rural children to learn the upward cultural qualities of "responsibility" "respect" "optimism" and "gratitude" which in turn bring spiritual strength to their high academic achievements, despite the possible risk of lack of family cultural capital. Consequently, the reform plan to re-unearth cultural capital implications and educational functions in rural areas is building a "hope development outlook" of rural areas featuring "cultural advantages"; deepening systematic research on excellent rural culture and educational resources to release the potential of excellent humanistic education values; cementing multiculturalism expression to help rural cultural values to be recognized in school education.

Key Words: hope; rural migrant workers' children; high academic achievement; left-behind experience; educational narrative

目　　录

导　论 ………………………………………………………… (1)
　　第一节　问题的提出 ………………………………………… (1)
　　第二节　文献回顾与评论 …………………………………… (5)
　　第三节　问题聚焦及其研究要义 …………………………… (27)
　　第四节　核心概念与理论基础 ……………………………… (32)
　　第五节　研究方法与研究设计 ……………………………… (57)

第一章　留守历程魔方 ……………………………………… (70)
　　第一节　农村留守儿童的整体历程：动态留守 …………… (70)
　　第二节　农村留守儿童的教育历程：迁移上学 …………… (86)
　　第三节　农村留守儿童的监护历程：交替监护 …………… (101)
　　小　结 ………………………………………………………… (117)

第二章　更美好生活的梦 …………………………………… (119)
　　第一节　留守历程中的"生活之苦" ……………………… (119)
　　第二节　农家子弟的"希望"思维模式 …………………… (126)
　　第三节　一个"希望"运行机制的解释 …………………… (138)
　　小　结 ………………………………………………………… (141)

第三章　迈向希望的教育 …………………………………… (145)
　　第一节　创造可能性：扎根"希望"的"读书"之路 …… (146)
　　第二节　可能性突破："读书"及其行动 ………………… (158)

第三节　保护性力量：他者及其作用 …………………（167）
　　小　　结 ……………………………………………………（175）

第四章　往日重现：拾遗"乌有之乡" …………………（178）
　　第一节　斜阳：记忆中的留守与乡景 ……………………（179）
　　第二节　残阳：断裂中的留守困境 ………………………（187）
　　第三节　骄阳：从"希望之乡"到"资本之乡" …………（195）
　　小　　结 ……………………………………………………（204）

第五章　旨归：希望的力量 ………………………………（206）
　　第一节　燃烧的希望意识 …………………………………（207）
　　第二节　被寄予的社会希望 ………………………………（214）
　　第三节　把希望作为方法 …………………………………（222）
　　小　　结 ……………………………………………………（227）

结　语 …………………………………………………………（229）
　　第一节　留守命题 …………………………………………（229）
　　第二节　希望的原理 ………………………………………（232）

附录一　教育自传撰写招募书 ……………………………（235）

附录二　访谈说明与访谈提纲 ……………………………（240）

参考文献 ………………………………………………………（248）

索　引 …………………………………………………………（273）

后　记 …………………………………………………………（276）

Contents

Introduction ··· (1)
  Section 1 Proposal of Questions ································ (1)
  Section 2 Literature Review and Comments ··················· (5)
  Section 3 Focus on Problems and Its Research Essentials ······ (27)
  Section 4 Core Concept and Theoretical Basis ··············· (32)
  Section 5 Research Methods and Research Design ············ (57)

Chapter 1 **Course of Left-behind Magic Cube** ··············· (70)
  Section 1 Overall Course of Rural Left-behind Children:
           Dynamic Left-behind ······························ (70)
  Section 2 Education Coures of Rural Left-behind Children ··· (86)
  Section 3 Guardianship Course of Rura Left-behind
           Children ··· (101)
  Summary ·· (117)

Chapter 2 **Dreams of Better Life** ····························· (119)
  Section 1 The "Suffering of Life" in the Course of Being Left
           Behind ··· (119)
  Section 2 "Hope" Thinking Model of Rural Left – behind
           Children ··· (126)
  Section 3 Explanation of the Mechanism of "Hope" ········ (138)

Summary ·· (141)

Chapter 3 Education Towards Hope ················ (145)
  Section 1 Creating Possibility: The Road of "Reading"
             Rooted in "Hope" ·························· (146)
  Section 2 Possibility Breakthrough: "Reading" and its
             Actions ···································· (158)
  Section 3 Protective Strength: Others and Their Role ········ (167)
  Summary ·· (175)

**Chapter 4 Reappears in the Past: Collection of "Hometown
            of Utopia"** ······································ (178)
  Section 1 Setting Sun: Remembrance and Home Scenery ······ (179)
  Section 2 Residual Sun: Left-behind Dilemma in Fault ······ (187)
  Section 3 Sunny: From "Hometown of Hope" to "Hometown of
             Capital" ·································· (195)
  Summary ·· (204)

Chapter 5 Purports: Power of Hope ················ (206)
  Section 1 Burning Consciousness of Hope ·················· (207)
  Section 2 Entrusted Social Hope ·························· (214)
  Section 3 Hope as Method ································ (222)
  Summary ·· (227)

Conclusion ·· (229)
  Section 1 Left behind Proposition ······················· (229)
  Section 2 Principle of Hope ····························· (232)

Appendix 1 .... (235)

Appendix 2 .... (240)

References .... (248)

Index .... (273)

Postscript .... (276)

导　　论

从 20 世纪 90 年代开始，在市场经济体制改革与全国劳动力市场①逐渐形成的背景下，中西部农村大量剩余劳动力开始离土又离乡、进城又进厂，汹涌的"民工潮"谱写出了一曲又一曲"城市淘金"的时代壮歌。全国劳动力市场的建立不仅对农村剩余劳动力起到了"向城"务工的牵引作用，更在中国城乡二元分割的体制性下，促成了上亿农村务工人员的"城乡两栖"选择②。与此同时，由于受户籍制度、工作性质、自身经济状况等因素掣肘，绝大部分农村务工人员无法在城市定居，也无法带孩子进城上学，使得作为一种社会景观与特别群体的"留守儿童"应运而生，并逐渐走入公众视野。

第一节　问题的提出

留守群体的产生不是一蹴而就的，他们是国家经济改革与制度转轨的产物。改革开放以来，中国从传统社会转向市场社会，从市场到市场制度，再到市场社会的"脱嵌"，使得市场原则开始席卷非

---

① 当然，这个市场仍然存在着分割，比如体制内与体制外（参见贺雪峰《全国劳动力市场与农村发展政策的分析与展望》，《求索》2019 年第 1 期）。

② 潘璐、叶敬忠：《农村留守儿童研究综述》，《中国农业大学学报》（社会科学版）2009 年第 2 期。

经济领域①。一个新的现象是农村剩余劳动力大规模地向城市流动。与其说这是历史关节点上农民的理性扩张②，不如说是市场社会建立后，在村庄和城镇单位社会职能逐渐剥离的限定条件下，农民被动"迎击"市场逻辑的集体出走。当然，随着时间的推移，我们也意识到这种规模流动与制度区隔所呈现的个体代价和社会成本，留守儿童的浮现则是其中较为典型的一例。一般认为，"留守儿童"是指因父母双方或一方外出务工而被留在家中，尤其是留在农村，不能和父母共同生活在一起的儿童③。根据 2000 年全国人口普查资料，农村留守儿童规模已达到 1992 万人，2005 年上升至 5861 万人，而到 2013 年趋近于 6100 万人；最新的数据来自于民政部的农村留守儿童摸底排查，据统计截止到 2016 年，全国共有 902 万农村留守儿童④。如此多的儿童远离父亲和（或）母亲，使得处于"留守"处境下的他们面临一系列挑战，而由此关涉的教育、健康和心理等各方面的话题也开始引发社会关注，"农村留守儿童"概念话语与具身形象逐

---

① 王绍光：《大转型：1980 年代以来中国的双向运动》，《中国社会科学》2008 年第 1 期。

② 徐勇：《农民理性的扩张："中国奇迹"的创造主体分析——对既有理论的挑战及新的分析进路的提出》，《中国社会科学》2010 年第 1 期。

③ 全国妇联课题组：《全国农村留守儿童、城乡流动儿童状况研究报告》，《中国妇运》2013 年第 6 期。

④ 2016 年民政部通报的数据与段成荣等（2014）和全国妇联课题组（2013）对全国留守儿童规模估算的数据相比，体量缩减接近 7 倍，原因在于两次统计对留守儿童的界定不一致，统计口径不一样。"6100 万"的估算主要是由中国人民大学人口与发展研究中心承担，数据来源为 2010 年全国第六次人口普查数据，以 126 万人口为样本量进行的统计分析和估算，并将留守儿童范围划定为父母双方或一方流动，留在原籍不能与父母双方共同生活在一起不满 18 周岁的儿童；民政部将父母双方外出务工或一方外出务工另一方无监护能力、不满 16 周岁的未成年人划定为留守儿童范畴，统计方法由民政部牵头展开的全国范围内一次性农村留守儿童摸底排查。从总体规模看，共摸底排查出农村留守儿童 902 万人。段成荣、吕利丹、王宗萍：《城市化背景下农村留守儿童的家庭教育与学校教育》，《北京大学教育评论》2014 年第 3 期；全国妇联课题组：《全国农村留守儿童、城乡流动儿童状况研究报告》，《中国妇运》2013 年第 6 期；潘跃：《全国范围内摸底排查 农村留守儿童 902 万》，《人民日报》，2016 年 11 月，中国政府网，https://www.gov.cn/xinwen/2016-11/10/content_5130733.htm。

渐融构于国家政策和学术研究之中。

农村留守儿童是当代中国最重要的社会现象之一，借大众舆论和国家政策得以受到社会关注。从20世纪90年代初到21世纪初，留守儿童自杀、遭受摧残、遭遇车祸等恶性事件[①]引发了广泛的社会讨论。2004年5月底，教育部基础教育司召开"中国农村留守儿童问题研究"研讨会，标志着留守儿童问题正式进入政府的工作日程，成为留守儿童问题的报道、研究和干预"升温"的重要推力[②]。随后，学界开始从社会学、人口学、教育学、心理学、法学及政治学等多学科视野来审视农村留守儿童问题。但是，在一段时间内，以"问题"为导向的话语体系占据了大众舆论与学术研究的主流，甚至留守儿童被假定为某种意义上的"孤儿"或"单亲孩子"，他们敏感、性格古怪，是校园暴力的施暴者和犯罪"易感"群体[③]，"活着没人疼，死了无人知"是中国留守儿童的心酸景象，留守儿童成为需要被"预防"的潜在校园暴力犯罪群体。然而，他们全部都是如此吗？他们都是冷漠、消极、可怜的吗？在大众舆论穿梭与"问题"取向映射中，农村留守儿童身处"孤岛"，他们在乡村风雨中飘摇，他们既是施暴者同时也饱受伤害。但仅仅如此吗？他们到底是谁？他们的体验是什么样的？作为场外的观察者以及农村教育问题的研究者，我在心中深埋了疑惑的种子。

随着对农村教育问题研究的深入，这粒种子也开始破土生芽。2016年秋初，我与两名研究者携手组建了"为留守儿童写一部成长启示录"项目小组，并在全国范围内组织一批有留守经历的大学生开始讲述并撰写自己的生命故事，以期实现对留守问题的表露与挖

---

① 诸新闻报道见新华社：《"留守儿童"遭堂伯摧残13岁女孩做妈妈》，《农村实用科技信息》2004年第7期；吴俊：《洒在南北通道上的眼泪》，《南风窗》2004年第18期。
② 谭深：《中国农村留守儿童研究述评》，《中国社会科学》2011年第1期。
③ 毛振华、周畅等：《留守儿童存心理及行为失控风险谁来护佑》，2016年10月，半月谈网，http://www.banyuetan.org/chcontent/jrt/20161019/211383.shtml。

掘。在教育自传书写历程中，我发现了这样 25 名农村籍大学生，也是我接触过的一批特殊的大学生。他们来自农村，从小就经历留守，父母长期外出务工，但他们学习能力普遍较强，能够成功考入重点大学，他们心态积极、乐观向上，热心公益与社会实践。他们有的从大一开始就参加三农社团、支教社团；有的成为市级作家协会会员，在高水平刊物上发表数十篇文学作品；有的努力学习，最终获得大学教职。他们的共同特点是虽然身处逆境，却能在逆境中成长。他们的经历引起了我的注意，也令我产生了强烈的好奇心。在家庭经济状况不佳、长期与父母分离的留守生涯中，他们是如何调整心态、迎战逆旅的？又是什么让他们满腹希望、负重前行的？他们何以获得较高的受教育程度并最终实现向上流动的？从他们的经历中我们可以发现什么有意义的重要启示？是否可以把他们的经验作为典型案例用于激励其他仍在饱受煎熬的留守儿童的教育教学活动之中？这一系列问题最终凝结为本书的主题。

在既往研究中，以"问题"为唯一性指向存在潜在风险，它会悄然锻造出一支凝固的"榫卯"——使留守研究既无法形成知识规范内的形象支架，又无法释放研究框架内的弹性结构。实际上，人是积极的建构者与阐释者，其主体性叙事不仅内容丰富，更能映照出不同的实践路径与深厚的理论意蕴。20 世纪 80 年代以来，教育研究发生了范式转换，开始由探究普适性的教育规律转向寻求情景化的教育意义[①]。顺应学术潮流，学界在高度重视留守儿童问题研究的同时，更需要借范式转换的新契机以及深层的反身性导引，去审思"留守"研究的"意义之维"。因此，当前研究不仅要突破对"意识事实"或现存知识的描述，从主体行动中去挖掘并直面留守儿童脆弱、冲突、抉择、犹豫等复杂情感和多重体验，更应当担负起学术的道义与使命，将知识生产与文化脉络续接结合起来，将理论创生与本土实践结合起来，用"学术自觉""理论创新"实现"思想的力量"。

[①] 王枬：《教育叙事研究的兴起、推广及争辩》，《教育研究》2006 年第 10 期。

随着乡村振兴、精准扶贫理念的推行以及人的主体地位不断凸显,政府对弱势群体的关注进一步加强。如何真正地服务于广大农村留守儿童?如何将农村留守儿童关爱服务体系科学、有效地建立起来?需要我们深入地了解他们成长的过程性机理,直面其真实的生活世界。

第二节 文献回顾与评论

毋庸置疑,要想推进研究纵深与实现理论突破,必须对既有研究有所了解、掌握和评鉴。

一 "留守"研究的全球图景

在全球化背景下,国家间和地域间巨大的经济差距是劳动人口规模性流动的基本动力,而因劳动力迁移衍生的群体性"留守"现象则成为一个世界性景观。最近的全球估算表明,有7.4亿人在他们的出生国内进行迁移[1],有将近2.16亿人在他们出生国外地区迁移[2],由此也产生了相当比重的留守儿童。东欧国家摩尔多瓦0—14岁留守儿童占全国儿童总数的31%[3],菲律宾留守儿童多达900万,占到全国儿童总数的27%[4];印度尼西亚留守儿童达到100万,泰

---

[1] 国际移民组织(IOM)、联合国移民署:《世界移民报告2020》,全球化智库网,https://publications.iom.int/system/files/pdf/wmr-2020-ch_1.pdf,2020年8月。

[2] The World Bank, *Migration and Remittances Factbook 2011: Second Edition*, Washington D. C.: The World Bank Press, 2011, p. 18.

[3] Mohamed Azzedline Salah, *The Impacts of Migration on Children in Moldova*, United Nations Children's Fund (UNICEF), Policy, Advocacy and Knowledge Management (PAKM), Division of Policy and Practice, 2008, p. 4, https://www.unicef.org.

[4] Reyes, Melanie M., *Migration and Filipino Children Left-Behind: A Literature Review*, New York: United Nations Children's Fund (UNICEF), Miriam College-Women and Gender Institute (WAGI), 2007, p. 1, https://www.unicef.org/philippines/.

国有 50 万①。大多数东欧与东南亚国家学者将研究视角聚焦于全球迁徙视域②，将"留守"问题研究置于人口研究的衍生序列之中，主要包括移民研究、家庭离散研究、生命历程研究等。就内容而言，研究者们主要关注移民汇款对留守家庭成员福利的积极影响，比如工作汇款可以帮助接收汇款的家庭摆脱贫困③，收入可用于改善营养、住房、获得医疗保健和教育④，特别是女童的教育；而且更多的非经济性影响研究不断拓展，议题主要集中在家庭联结以及父母迁移对儿童各方面的影响等。

移民往往被视为一个不稳定的因素，它违背了家庭紧密联系在一起的观念。受父母缺位的影响，人们常常认为孩子们会变成辍学者、少年犯或吸毒者，他们会在情感上受到伤害⑤，甚至在身体发育上也受到影响。这种不清晰"未来风险的可能性究竟有多大"驱动各国的实证研究逐渐变得广泛而深入。在身体健康方面，凯塔尔·塞缪肯等人在对菲律宾留守高中生与非留守学生的对比研究中发现，父母一方在国外（工作）的青少年，特别是母亲在国外工作的留守高中生身体

---

① John Bryant, *Children of International Migrants in Indonesia, Thailand and the Philippines: A Review of Evidence and Policies*, Florence: UNICEF Innocenti Research Centre, 2005, p. 12, https://www.un-ilibrary.org/content/papers/25206796/5/read.

② Michaella Vanore, Valentina Mazzucato and Melissa Siegel, "'Left behind' But Not Left Alone: Parental Migration & the Psychosocial Health of Children in Moldova", *Social Science & Medicine*, Vol. 132, May 2015, pp. 252-260.

③ Xinxin Chen, Qiuqiong Huang, Scott Rozelle, Yaojiang Shi and Linxiu Zhang, "Effect of Migration on Children's Educational Performance in Rural China" in Spencer Henson and O. Fiona Yap, eds., *The Power of the Chinese Dragon: Implications for African Development and Economic Growth*, Palgrave Macmillan Press, 2016, p. 324.

④ Abdullahe Hadi, "Overseas Migration and the Well-Being of those Left Behind in Rural Communities of Bangladesh", *Asia-Pacific Population Journal*, Vol. 14, No. 1, March 1999, pp. 43-58.

⑤ Maruja M. B. Asis, "Living with Migration: Experiences of Left-Behind Children in the Philippines", *Asian Population Studies*, Vol. 2, No. 1, March 2006, p. 46.

健康状况比父母双方都在国内的青少年差[1];另一项对11241名泰国留守儿童的研究表明,父母一方或父母双方都曾迁移的儿童患病率明显高于父母不迁移的儿童,甚至所有调查对象中四分之一的儿童都罹患疾病。在心理状态方面,父母迁移也有造成儿童情感问题(如焦虑和抑郁)的可能[2];由于父母迁移而留下的儿童必须应对迁移带来的心理影响以及增加的身体或性虐待的危险。最近一项研究发现,尽管父母迁移成功的孩子经常在物质方面受益,但因父母迁移而与父母分离的孩子经历情感痛苦的可能性是父母的两倍[3]。从国别来看,欧洲贫穷国家(如摩尔多瓦)、东南亚国家(如印度、越南、菲律宾、泰国)、中亚国家(如塔吉克斯坦)以及非洲国家(如加纳、尼日利亚)是"留守"现象多发国家,也是学术研究的重点区域。在政治与经济结构层面,作为后发国家和世界体系的依附体和边缘者,大量输出劳务以获得原始资本积累是发展中国家的基本发展手段,在发展主义的论调下,"留守"现象经常被蒙上渐进主义的"问题"色彩。

但是,留守儿童的结局并不像人们担心的那样黑暗或阴郁。现有实证研究也存在矛盾的结果:在菲律宾的儿童研究中很少或没有证据表明,移民子女比非移民子女有更多的心理问题[4];一项基于719户泰国农村家庭的调查也发现,很少或没有证据表明父母移民

---

[1] Chantal Smeekens, Margaret S. Stroebe and Georgios Abakoumkin, "The Impact of Migratory Separation from Parents on the Health of Adolescents in the Philippines", *Social Science & Medicine*, Vol. 75, Iss. 12, December 2012, p. 2254.

[2] Jones Adele, Sharpe Jacqueline and Sogren Michele, "Children's Experiences of Separation from Parents as a Consequence of Migration", *Caribbean Journal of Social Work*, Vol. 3, No. 1, October 2004, pp. 89–109.

[3] Mohamed Azzedline Salah, *The Impacts of Migration on the Children in Moldova*, United Nations Children's Fund (UNICEF), Policy, Advocacy and Knowledge Management (PAKM), Division of Policy and Practice, 2008, p. 9, https://www.unicef.org.

[4] Graziano Battistella and Ma. Cecilia G. Conaco, "The Impact of Labour Migration on the Children Left Behind: A Study of Elementary School Children in the Philippines", *Journal of Social Issues in Southeast Asia*, Vol. 13, No. 2, October 1998, pp. 220–241.

留守儿童的社会问题发生率更高①。当然，也有研究对儿童能抵御父母缺位风险做出了归因性解释。首先，在制度结构上，与欧美的"夫妻团结"模式不同，东亚父系血统的制度传统支撑了泛家族关系网络的建立，从而为家庭教养起到了承接作用。老年人对后代的支持策略可以抵御青壮年劳动力外出的失教风险②，进而促使迁移群体做出将儿童留在本土境内的家庭决策。其次，与东亚的性别意识形态有关，乔安娜·德瑞比对住在美国新泽西州的墨西哥跨国家庭考察发现，不同迁移模式对分离的情绪反应是不同的：当母亲离开家庭时，孩子与母亲都会承受分离的巨大痛苦，而父亲的离开往往无足轻重。究其原因，父母分离情绪的差别在于不同传统的性别期待，父亲能够外出养家糊口的行为被视为体面，而母亲与孩子的接触不依赖于经济支持，更重要的是，有道德的母亲应当能够完成对孩子的情感维护工作③。最后，儿童作为行动者，他们对父母的移民有自己的看法和立场。一项民族志的访谈与调查数据表明，虽然父母的缺席从青少年儿童的角度引发了情感上的转移，但也提供了一个喘息的机会，让他们从父母的过度控制中解脱出来④。留守儿童的经历表明，他们不能被整齐地分为积极的和消极的。从孩子们的角度我们可以看到，他们是如何理解父母移民带来的挑战和机遇，以及他们是如何从这些经历中逐渐成长起来的。

---

① Huw Jones and Sirinan Kittisuksathit, "International Labour Migration and Quality of Life: Findings from Rural Thailand", *International Journal of Population Geography*, Vol. 9, No. 6, November 2003, p. 528.

② Bernhard Nauck and Daniela Klaus, "Family Change in Turkey: Peasant Society, Islam, and the Revolution 'From Above'" in Rukmalie Jayakody, Arland Thornton and William Axinn, eds., *International Family Change: Ideational Perspectives*, New York: Routledge Press, 2007, p. 283.

③ Joanna Dreby, "Honor and Virtue: Mexican Parenting in the Transnational Context", *Gender & Society*, Vol. 20, Iss. 1, February 2006, p. 52.

④ Maruja M. B. Asis, "Living with Migration: Experiences of Left-Behind Children in the Philippines", *Asian Population Studies*, Vol. 2, No. 1, March 2006, p. 63.

当然，中国的留守儿童同样也是全球化和工业化进程卷入的结果，与来自世界各地的留守儿童面临着非常相似的境遇①。但就目前的研究进展来看，中国本土学者基于跨国层次的留守儿童研究较少②，更多还是根植于本土的乡村场域，将研究对象聚焦于农村留守儿童。

二 "留守"研究的本土命题

（一）立足问题视角的农村留守儿童

国内学界对留守儿童的研究最初也是直接与"问题"挂钩的③。与国外研究相比，中国学者压倒性地强调父母劳动迁徙对留守儿童的不利影响，并聚焦于不健康心理、危险行为倾向、不良身体发育与低学业表现等多个层面。

越来越多的文献表明，有"留守"经历的农村儿童更容易存在心理健康问题。岳慧兰等通过心理健康诊断测验（MHT）方法，对浙江省长兴县和德清县422名留守儿童进行测查，认为留守儿童心理问题主要表现在：有恐怖倾向、身体症状、对人焦虑、自责倾向、冲动倾向、学习焦虑、过敏倾向与孤独倾向④。周宗奎等人在加入"非留守"群体性对照后发现，单亲外出打工和双亲外出打工的孩子社交焦虑显著高于父母都在家的孩子，双亲外出打工的孩子孤独得

---

① 肖莉娜：《国际移民、家庭分离与留守儿童：基于文献综述的分析》，《中国社会工作研究》2015年第1期。

② 截止到2019年12月10日，笔者以"跨国"/"跨境"+"留守"为主题词在中国知网期刊库（CNKI）中检索发现，有关的论文和研究报告仅22篇，而与儿童相关的仅10篇。多数研究主要聚焦于"洋"留守儿童问题（参见文峰《侨乡跨国家庭中的"洋"留守儿童问题探讨》，《东南亚研究》2014年第4期），主要是探讨侨乡具有外国国籍的中国留守儿童生活状况。

③ 段成荣、吕利丹、王宗萍：《城市化背景下农村留守儿童的家庭教育与学校教育》，《北京大学教育评论》2014年第3期。

④ 岳慧兰、傅小悌、张斌、郭月芝：《"留守儿童"心理健康状况调查研究》，《教育实践与研究》2006年第10期。

分显著高于单亲外出打工或父母都在家的孩子①。此外,"留守"经历对儿童成年以后也产生了影响,根据对有"留守"经历大学生的综合诊断发现,"留守"组在抑郁、焦虑水平上要高于非留守,这与以往对留守儿童的研究结果呈现出一致性②。但是,现有研究结果之间也存在冲突,黄爱玲指出,虽然留守少年的"强迫症状"阳性检出率高达55.6%,但与一般初中生相比差异并不明显③。在留守儿童与非留守儿童心理问题检出率的差异性比较中,大多数学者主张留守儿童心理问题的发生率高于非留守儿童,但通过与常模或正常儿童的对比发现,得此结论尚需更为恰当的统计和比较④。

在危险行为倾向方面,有研究指出流动和留守儿童相对普通儿童而言,身心发展过程中存在更多的潜在危险性。刘霞等人采用社会支持评定量表(SSRS)和问题行为问卷的测查发现,初中留守儿童的违法和违纪行为高于对照组儿童⑤。徐为民等人指出,留守儿童中行为问题发生率为41.3%,非留守儿童行为问题发生率为36.6%,二者差异显著。而留守男童在分裂样、强迫行为、攻击性行为、多动及行为问题总分方面显著高于非留守男童;留守女童行为问题总分与非留守女童差异显著⑥。但是,赵景欣、刘霞采用儿童行为核查表(青少年)中的反社会行为分量表核查后,发现双亲外出或单亲外出的留守儿童与非留守儿童在得分上不存在显著差异

---

① 周宗奎、孙晓军、范翠英:《农村留守儿童心理发展问题与对策》,《华南师范大学学报》(社会科学版)2007年第6期。

② 李晓敏、袁婧、高文斌、罗静、杜玉凤:《留守儿童成年以后情绪、行为、人际关系研究》,《中国健康心理学杂志》2010年第1期。

③ 黄爱玲:《"留守孩"心理健康水平分析》,《中国心理卫生杂志》2004年第5期。

④ 张若男、张丽锦、盖笑松:《农村留守儿童是否有心理健康问题?》,《中国心理卫生杂志》2009年第6期。

⑤ 刘霞、范兴华、申继亮:《初中留守儿童社会支持与问题行为的关系》,《心理发展与教育》2007年第3期。

⑥ 徐为民、唐久来、吴德等:《安徽农村留守儿童行为问题的现状》,《实用儿科临床杂志》2007年第11期。

$[F_{(2,407)} = 0.31,p > 0.05]$①。一个解释是，日常积极事件的增多能够直接负向预测儿童的抑郁水平和反社会行为，表现出保护效应中的改善效应，日常烦恼造成了儿童心理发展的危险倾向。因此，根据儿童所处的近环境（日常经历、个体事件）与家庭结构（如留守类别）的不同，异质性因素需要进一步纳入常模中讨论。

除了心理及行为变化外，处于生长发育期的儿童身体健康也被纳入留守儿童的问题研究中。邬志辉、李静美在对全国9448名农村义务教育阶段学龄儿童（3750人为留守儿童）的统计推断发现，非留守男童、女童的身高均高于留守儿童，身高差距也会随着年级的增加逐级扩大；在营养健康方面，留守组与非留守组没有显著差异，65.25%的非留守儿童每天或经常能吃到肉，仅高于留守儿童3.77个百分点②。但有研究表明，当只有母亲外出及父母均外出时，留守儿童生病或患慢性病的概率较父母均在家的儿童分别增加2.76%和3.82%，增加幅度分别为52%和71%③。农村留守儿童学业表现也是一个重要的研究面向，已有的实证研究表明，留守儿童与非留守儿童的学业成绩没有太大差异。留守儿童和非留守儿童的学习兴趣基本无显著差异，但在学习关键期，母亲外出留守儿童的学业成绩较差④。从儿童的身体发育状况与学业表现来看，母亲的重要地位在不断被凸显。

（二）置于家庭网络的农村留守儿童

有研究指出，农村留守儿童更深层次的问题并不仅仅是"儿童

---

① 赵景欣、刘霞：《农村留守儿童的抑郁和反社会行为：日常积极事件的保护作用》，《心理发展与教育》2010年第6期。
② 邬志辉、李静美：《农村留守儿童生存现状调查报告》，《中国农业大学学报》（社会科学版）2015年第1期。
③ 李强、臧文斌：《父母外出对留守儿童健康的影响》，《经济学（季刊）》2010年第1期。
④ 邬志辉、李静美：《农村留守儿童生存现状调查报告》，《中国农业大学学报》（社会科学版）2015年第1期。

的问题",实际上,它揭示的是城镇化过程中"家庭的失败"[1]。在尤里·布朗芬布伦纳生态视角的框架内,家庭微系统代表了儿童发展分析的基本出发点,更多学者也将视点落到处于家庭中的留守儿童,并集中关注家庭迁移或离散对家庭成员所带来的负面影响。

虽然在法律意义上,留守儿童拥有完整的家庭,但是在实际生活中,他们往往生活在临时的单亲家庭或者隔代家庭中,即拆分型家庭模式。据估算,在留守儿童生活的家庭中,隔代家庭最为普遍,33%的留守儿童生活在这种家庭;29%的留守儿童生活在单亲家庭;24%的留守儿童生活在单亲隔代家庭;还有14%的留守儿童生活在其他类型的家庭中或父母、祖父母无一人在身边[2]。在拆分型家庭模式或者留守家庭模式下,由此产生的亲子分离、情感疏离往往成为农村儿童心理、行为、性格、学业上不良表现的归因。王东宇、王丽芬采用症状自评量表(SCL—90)测算发现,与父母分离、缺少父母的关爱和情感交流是导致留守儿童心理问题的一个重要因素[3]。现实的情况是,40%的留守儿童一年与父亲或母亲见面的次数不超过2次,约20%的留守儿童一年与父亲或母亲联系的次数不超过4次[4]。但父母外出打工有没有使父母与留守儿童之间的情感联结消失还有待考证,一旦亲子之间的情感联结存在,则意味着父母可能并没有成为儿童发展的"旁观者"[5]。

大多数留守儿童面临的家庭状态是不稳定的,不排除家庭有走

---

[1] 任远:《大迁移时代的儿童留守和支持家庭的社会政策》,《南京社会科学》2015年第8期。

[2] 段成荣、吕利丹、王宗萍:《城市化背景下农村留守儿童的家庭教育与学校教育》,《北京大学教育评论》2014年第3期。

[3] 王东宇、王丽芬:《影响中学留守孩心理健康的家庭因素研究》,《心理科学》2005年第2期。

[4] 徐笛薇:《白皮书:四成留守儿童一年与父母见面不超过2次,逆反期提前》,澎湃新闻网,https://www.thepaper.cn/newsDetail_forward_2543316,2018年10月。

[5] 赵景欣、刘霞、张文新:《同伴拒绝、同伴接纳与农村留守儿童的心理适应:亲子亲合与逆境信念的作用》,《心理学报》2013年第7期。

向破裂的风险。国际研究也表明，由于地理上的距离，跨地居住可能被视为对家庭团结的威胁①。然而，逻辑上的吊诡之处在于，留守儿童和家庭分离在各种意义上都是"不合理"的，但实质上"留守"却是迁移流动家庭理性选择的结果②。新迁移经济学视域下的中国事实是：中国农村劳动力从农业部门向工业部门、从乡村向城市的迁移具有显著的"无根性"，从而表现为在城乡间反复流动的"候鸟式就业"③。对劳动力迁移的研究通常将迁移视为一种家庭策略，以改善迁移和被留在家庭中的个人的社会经济环境④。进入21世纪以来，虽然农民工家庭表现出适合举家迁移的特征，但是农民工家庭市民化是一个长期的、艰苦的过程。从长期农民工家庭迁移净收益条件的情景模拟分析看，农民工家庭在有1个子女的条件下完成市民化过程最少需要13年；在有2个子女的条件下完成市民化过程最少需要17年，并且这一点是在漫长的时间里农民工的就业率和工资率保持一个稳定增长的态势下才能做到的⑤。就目前来看，农村劳动力市民化制度融入的长期性以及家庭本身的重要作用机制决定留守家庭的亲子联结、家长责任与政策干预仍是当前研究的重点。

（三）亟待社会支持的农村留守儿童

对于农村留守儿童而言，情感陷阱、底层境遇以及复杂境遇构成了他们留守历程中的重重挑战，因而创设一个充满关爱的、促进

---

① Russell King, Eralba Cela, Tineke Fokkema and Julie Vullnetari, "The Migration and Well-being of the Zero Generation: Transgenerational Care, Grandparenting, and Loneliness amongst Albanian Older People", *Population, Space and Place*, Vol. 20, No. 8, October 2014, pp. 728–738.

② 任远：《大迁移时代的大留守》，《决策探索》（下半月）2015年第8期。

③ 孙鹏程：《农村劳动力迁移模式选择：理论、现实与经验证据》，博士学位论文，吉林大学，2018年，第90页。

④ Oded Stark and David E. Bloom, "The New Economics of Labor Migration", *The American Economic Review*, Vol. 75, No. 2, May 1985, p. 175.

⑤ 孙战文、杨学成：《市民化进程中农民工家庭迁移决策的静态分析——基于成本—收入的数理模型与实证检验》，《农业技术经济》2014年第7期。

儿童健康成长的支持环境就成为政府与社会各界实施农村留守儿童政策或开展社会服务的重点工作。当然，这也响应了社会支持理论的论调，即通过社会支持行动以防止危机和改变不幸后果[1]。通过文献梳理发现，问题解决、制度性建设以及根源性消解是当前农村留守儿童社会支持研究的主要探索方向。

首先，基于个体层面的问题解决仍然是社会支持研究的重要落脚点，其前提性预设在于农村留守儿童群体发展存在危险趋向或已经显现出诸多不良问题。因而有效的社会支持提供就在于发现农村留守儿童在哪些层面受到影响并给予积极解决。在既往研究中，留守对于农村儿童的不利影响表现在生理、心理、社会性发展、认知和情感等多个层面。朱旭东等研究者尝试构建中国农村留守儿童全面发展的综合支持系统，并提出了以儿童全面发展内涵要素为基础的可操作性概念框架——"五维度十范畴"，即注重农村社会系统与个体生理系统、心理系统和精神系统的统整，要关注"全面发展的人"在"健康与安全""认知与情感""道德与公民性""个性与社会性"及"艺术与审美"方面的发展，将目标指向农村留守儿童生活满意和幸福人生[2]。在问题解决的实践探索中，研究者们开始探寻采取何种治疗、矫正以及辅导的方式才能改善农村留守儿童日益凸显的身心发展问题，如田维为改善农村留守学生的攻击行为进行了移情训练的实验探索[3]，薛征采取小组工作介入的方式对儿童的社交回避行为问题进行矫正[4]。此外，也有研究者投入对学习动机、心理韧性、希望特质等中介变量的研究之中，以期通过影响要素的识别

---

[1] Sidney Cobb. MD, "Social Support as a Moderator of Life Stress", *Psychosomatic Medicine*, Vol. 38, No. 5, September 1976, pp. 300–314.

[2] 朱旭东、薄艳玲：《农村留守儿童全面发展及其综合支持系统的建构》，《北京大学教育评论》2020年第3期。

[3] 田维：《移情训练对留守小学儿童攻击行为影响的实验研究》，硕士学位论文，西南大学，2009年。

[4] 薛征：《小组工作在农村留守儿童社交回避行为矫正中的运用》，硕士学位论文，江西财经大学，2018年。

来对农村留守儿童的学业成就提升、心理健康改善等层面进行科学干预。

其次,留守问题与农村留守儿童群体的产生并不是偶然性因素的碰撞,也不是农村家庭的个性化抉择,而是在社会的快速转型中逐渐形成的,并显现出城乡义务教育分割、流动儿童教育政策设计偏差、不合理以及政策设计与政策执行间不平衡等制度缺陷。基于此,大部分研究者认为应当将完善社会保障制度、提高政策回应能力摆在重要位置上,而加强宏观制度建设与提供有针对性的制度则成为两条重要的实施路径。一方面,宏观制度建设可以较好地发挥制度辐射作用,促进农村教育整体性提升,研究者相继提出建设公平而有质量的城乡教育体系、重视建设农村学前教育制度[1]、积极推进"农村中小学标准化建设工程""农村寄宿制学校建设工程"[2] 等宏观层面建议;另一方面,针对农村留守儿童的特定制度设计也被认为是行之有效的方法。总体指导原则是需要各方发力、综合施策、多措并举,构建关爱留守儿童成长的长效机制。研究者对以政府为主导的财政制度(如建立留守儿童的单独财政预算)[3]、信息管理制度(如建设共建共享的动态管理信息系统)[4]、编制制度(如按留守儿童比例配备生活教师、心理辅导教师和文体老师)[5] 等,以学校为教育主体的关爱制度(如建设留守儿童帮扶制度、代理家长关爱

---

[1] 段成荣、吕利丹、王宗萍:《城市化背景下农村留守儿童的家庭教育与学校教育》,《北京大学教育评论》2014年第3期;杨舸:《关于解决留守儿童问题的政策分析——从新型城镇化的视角》,《中国青年研究》2015年第1期。

[2] 刘明华、李朝林、刘晓畅:《农村留守儿童教育问题研究报告》,《西南大学学报》(社会科学版)2008年第2期。

[3] 王嘉毅、封清云、张金:《教育与精准扶贫精准脱贫》,《教育研究》2016年第7期。

[4] 全国妇联课题组:《全国农村留守儿童、城乡流动儿童状况研究报告》,《中国妇运》2013年第6期。

[5] 王嘉毅、封清云、张金:《教育与精准扶贫精准脱贫》,《教育研究》2016年第7期。

制度、家庭教育培训制度)①，以家庭为责任主体的家庭教育制度(如厘定农村留守儿童父母的法定责任、强调家庭教育职责)② 都提出了更为具体的政策建议。与此同时，由社会组织创建的"星星点灯""北斗关爱新行动""新一千零一夜"等富有"小项目"特征的公益活动也逐渐融入社会支持的制度建设体系之中，并形成了社会层面上的合力关爱氛围。

最后，第三类社会支持研究方向则是从消解农村留守儿童问题的角度出发，研究者多主张跟随父母进城或引导农民工父母回乡是解决留守儿童问题的根本途径。研究者期待通过直接改变亲子缺失处境，把农村留守儿童转换为流动儿童或非留守儿童，因而构建减量化机制是研究的重点。支持策略主要沿着两条基本路径展开：一是引导农民工回乡创业、就地就近就业。主要通过加快新农村建设和推进城镇化建设，优化农民创业、就业政策与环境，采用技能培训、税费减免、项目扶持等形式，引导农民工回乡创业、就地就近就业，促使留守儿童能与父母团聚。二是加速农民工市民化转变。主要措施是在城市消除制度、经济和文化的藩篱，支持和帮助有条件的农民工带着子女举家进城，使更多的农村留守儿童能够在父母身边生活③。

三 "留守"研究的命题转向

(一) 关照突破留守儿童形象的大学生群体

"留守"的影响不仅仅囿于不满 16 岁或 18 岁这一特定年龄层以及作为儿童这一特定具身形象中。随着 20 世纪 80 年代末至 90 年代初出生的第一代留守儿童的成长，研究的对象域进一步扩展为有

---

① 张春玲：《农村留守儿童的学校关怀》，《教育评论》2005 年第 2 期。
② 叶强：《家庭教育立法应重视"提升家庭教育能力"》，《湖南师范大学教育科学学报》2021 年第 3 期。
③ 杨潇、郭惠敏、王玉洁、王昭晖：《农村留守儿童关爱服务体系建设研究——基于陕西省的调研》，《社会政策研究》2018 年第 4 期。

"留守"经历的目标人群,并呈现出对大学生集体的学术关照,此后,"80 后""90 后""00 后"曾留守的农村大学生也陆续进入研究视野。张莉华在参与高校心理咨询工作时接触到有"留守"经历的大学生,首次提出了"具有留守经历大学生"概念并对其进行了心理分析①,徐保锋比较了技校内留守学生人格特征与留守经历的关系②,李晓敏等人采用横断面研究的方法考察了农村有留守经历在校大学生的心理行为特点③。从研究思路看,绝大多数研究者主要遵循的是一种留守经历对目标群体的"即期影响"到"滞后影响"的扩展性研究脉络,更多地以发展视角来揭示"曾留守"农村大学生群体的身心发展状况。但我们也注意到,此时的研究对象不过是对留守儿童年龄层面的延伸,研究重点还是聚焦于人格发展④、情绪感知⑤等心理层面。研究结果显示,曾留守农村大学生的身心发展评测依然较为负向。如余慧采用分层整群随机抽样方法对安徽省某高职院校的曾留守高职生进行研究,发现 654 名有留守经历的高职学生述情障碍发生率为 28.1%,总分为(59.80 ± 12.23)分,处于一个述情障碍的较高水平⑥。吴永源、张青根等人采用"问题解决能力量表"对大学生的问题解决能力进行考察,发现早期留守经历对大一新生问题解决能力的影响是负向的,且对女生的负向影响大于男

---

① 张莉华:《具有"留守经历"大学生的心理分析》,《当代青年研究》2006 年第 12 期。

② 徐保锋:《技校留守儿童人格特征与留守经历的关系》,硕士学位论文,兰州大学,2009 年。

③ 李晓敏、袁婧、韩福生、高文斌、罗静、吴杰、李宝芬、尚文晶:《农村留守经历大学生心理行为与人际关系分析》,《中国学校卫生》2010 年第 8 期。

④ 徐建财、邓远平:《农村留守儿童生活经历对大学生人格发展的影响》,《长春理工大学学报》(社会科学版)2008 年第 6 期。

⑤ 刘成斌、王舒厅:《留守经历与农二代大学生的心理健康》,《青年研究》2014 年第 5 期。

⑥ 余慧:《留守经历高职学生述情障碍现状及其影响因素》,《泰山医学院学报》2021 年第 1 期。

生，对独生子女的负向影响大于非独生子女[1]。因而研究者普遍认为应继续保持对曾留守学生群体的关注，并提出了及时引导、精准干预的解决策略。

（二）聚焦留守历程的内容性叙事

最新的文献显示，以生命意义感与复原力[2]、生命轨迹与生命事件[3]、公平感知的歧视知觉[4]等生命历程相关的内容叙事开始登上研究的舞台。自1999年李强等人[5]将生命历程研究介绍到国内以来，不仅有关生命历程研究的理论探讨被国内学者关注，而且生命历程研究开始走向理论的应用分析，并以群体的视角介入，特别是农村留守儿童群体。一方面，研究者从生命历程的轨迹寻找留守问题的成因。诸如国内学者唐有财等人指出，当留守儿童经历了一个动态的生命历程——流动、留守、非留守交替状态时，造成群体社会化危机的成因是复杂的。相当一部分留守儿童的成长过程呈现出一种"反埃里克森定律"的现象，这是由于在他们成长的不同阶段，影响他们人格形成的环境和主体都出现了某种程度的断裂或背离[6]。另一方面，在内容叙事上，留守的生活世界真正被展开，"母亲的默默离开""父亲远去的背影""村里来了陌生人"等场景接连浮现，想

---

[1] 吴永源、张青根、沈红：《早期留守经历会影响农村大学生的问题解决能力吗——基于全国本科生能力测评的实证分析》，《复旦教育论坛》2021年第1期。

[2] 罗贝贝：《生命意义感与复原力关系研究——以有留守经历的大学生为例》，《现代交际》2019年第18期。

[3] 刘婷：《生命历程视角下曾留守大学生成长历程的个案研究》，硕士学位论文，兰州大学，2019年。

[4] 徐隽：《困境家庭大学生的歧视知觉、应对方式、社会适应性研究》，《宁波大学学报》（教育科学版）2015年第1期。

[5] 李强、邓建伟、晓筝：《社会变迁与个人发展：生命历程研究的范式与方法》，《社会学研究》1999年第6期。

[6] 唐有财、符平：《动态生命历程视角下的留守儿童及其社会化》，《中州学刊》2011年第4期。

念、无助、坚强、心酸、感恩等一系列主体情感交替涌现[①]。新的趋势是，作为留守儿童的"事实性符号"不再是研究的唯一指向，大学生主体叙事功能发挥以及儿童作为建构者的主动者视角使得"留守"群体从被测量的调查事实中剥离出来，成为"意义性符号"；"面向意义本身"的叙事方法把以"留守历程"为叙事内容的研究推上了高位。而这一思路也正回应了新儿童社会学的主要观点，即要重视儿童的能动性，要关注儿童如何建构自己的世界，并给出自己的解释与理解[②]。

（三）转向留守儿童成长的乡村场域

场域的转换也是一个新的研究变向。从分析的角度来看，一个"场域"可以被定义为各种位置之间存在的客观关系的一个网络或一个构型。留守儿童的成长一定是在村庄所处的特定空间内发生的，农村家庭无疑是最基本的单位，而向外扩展的，当然也囊括了以熟人社会为表征的乡村"场域"。以乡村"场域"为基的研究主要聚焦于两个方面：一是乡村文化衰落对留守儿童文化发展的影响研究。改革开放中的乡村文化衰落对留守儿童的影响已引起了学界的关注。江立华认为，现代文化的"冲击"和乡村文化重构的滞后所导致的乡村教育功能式微，更加剧了留守儿童的"问题化"[③]。中国学者黄斌欢在对广西中部南镇壮族村校劳工子女留守生活的田野考察中发现，外向型城市教育的牵引切断了以社区作为核心教育阵地的向上流动动力源，而置于乡村社会变迁中的儿童成长环境和亚文化系统却整体在向下流动，辅之以乡村"场域"大量越轨行为的出现和乡村生活价值观的变化，社区因素对于留守儿童的负面效

---

① 刘婷：《生命历程视角下曾留守大学生成长历程的个案研究》，硕士学位论文，兰州大学，2019年。
② 肖莉娜：《国际移民、家庭分离与留守儿童：基于文献综述的分析》，《中国社会工作研究》2015年第1期。
③ 江立华：《乡村文化的衰落与留守儿童的困境》，《江海学刊》2011年第4期。

应进一步扩大①。二是以留守儿童为中心的社区关系重建研究。例如，陈静、王名指出留守儿童社会保护机制构建应从"家庭—国家"转向"家庭—社区"视角，通过儿童环境友好型社区建设构筑扎根乡土的留守儿童社会保护网络②。贺晓淳认为，以农村留守儿童为中心的社区营造模式既是解决农村留守儿童问题过程中协同满足村寨多元需求的行动目标，也是贯彻各个阶段汇聚力量、达成共识、齐心行动的有效策略。阶段性和根本性地解决农村留守儿童问题，社区角色不可或缺③。

从以上研究来看，显然"留守"的叙事热潮可以带领集体记忆图景的往日重现，而当这些根植于家庭或乡村的记忆被重新唤醒时，文化衰退的特定情境可能会被再次发现。但另一种言说是，这些记忆也可能因为个体不同的选择而得到强化、连续和焕发生机，从而展现不同的风貌。因此，需要一个面向"留守"群体的系统性研究，去再认识深藏其间的力量源泉与发生机制。

四 "留守"研究的文献述评

从大量文献中可以看出，"留守"经历对于儿童到底有多大的影响以及有怎样的影响，在不同研究中有不同的结果。尽管结论不一致可能部分源自研究选样、研究方法、测量工具、研究策略以及被忽略的内生要素，就研究现状而言，"问题"视角以及对"留守"的总体观呈现了基本事实，但个体能动与留守儿童的生活处境研究在相当程度上依旧不足。因而新的解释范式、分析视角以及可借鉴的解决策略仍需拓展。

---

① 黄斌欢：《留守经历与农村社会的断裂——桂中壮族留守儿童研究》，《中国农业大学学报》（社会科学版）2015年第4期。
② 陈静、王名：《入乡随俗的"社会补偿"：社区营造与留守儿童社会保护网络构建——以D县T村的公益创新实验为例》，《兰州学刊》2018年第6期。
③ 贺晓淳：《以农村留守儿童为中心的社区营造模式研究——基于社工介入湘西古丈县W村的实践》，硕士学位论文，湖南师范大学，2018年。

(一)"留守"研究要秉持理解儿童个体处境与实在体验的立场

秉持儿童个体处境与实在体验的立场可以开启更多的研究议程。这包括要确立留守儿童真实的社会身份①,倾听他们的声音,厘清他们所处的特定情境和社会结构。在以往研究中,舆论扩大容易让人们在最初的"缺陷"上再加上一大堆"缺陷",诸如不健康的心理、危险行为倾向,甚至是犯罪等。虽然他们极有可能被赋予虚拟的社会身份,而实质上,他们不过是"沉默的螺旋"。我们应当看见,真正需要的是用语言揭示各种关系,而不是用它描述各种特征。近年来,已有学者指出了"污名化"的严重后果,他们不仅会因背负留守儿童标签而被定义和预言化,更会造成相当程度的负向影响②。一方面,被"污名化"而产生的歧视知觉造成留守儿童的消极心理;另一方面,现有研究有夸大留守儿童自身问题的趋势,会出现将不良问题归咎于父母责任的倾向③,这样的问题叙事有可能遮蔽留守儿童自身的生活体验,且形成谴责家长的舆论氛围④。新的趋势是,更多的学者将"心理韧性""抗逆力"要素引入留守儿童成因解释与干预矫正研究⑤之中。心理韧性被认为是个体完成任务、适应环境、应对挑战、获得持续性生存和发展所必需的心理素质基础。廖传景等解释了贫困儿童的人际关系和其他应激显著低于普通留守儿童的成因,即他们在心理韧性总均分及目标专注、情绪控制与积极认知

---

① [美]欧文·戈夫曼:《污名——受损身份管理札记》,宋立宏译,商务印书馆2009年版,第3页。
② 徐超凡:《"留守儿童"现象:问题导向与积极导向研究综述》,《中小学心理健康教育》2016年第3期。
③ 谭深:《中国农村留守儿童研究述评》,《中国社会科学》2011年第1期。
④ 肖莉娜:《国际移民、家庭分离与留守儿童:基于文献综述的分析》,《中国社会工作研究》2015年第1期。
⑤ A. Abolghasemi and S. Taklavi Varaniyab, "Resilience and Perceived Stress: Predictors of Life Satisfaction in the Students of Success and Failure", *Procedia-Social and Behavioral Sciences*, Vol. 5, March 2010, pp. 748–752.

因子的得分上显著高于普通生①，实现了"心理韧性"理论解释的应用。以"增能"与"人在环境中"的新视角，确实在一定程度上弥补了"问题"取向研究之不足②。但是，解释要素的引入依旧需要以"真实的社会身份"为基础，将儿童真正的处境以及与之交织的关系摆在研究的重要位置。

倾听他们的声音与研究具体情境是增加研究广度的一个重要手段。正如学者程福财所言，弱势青少年不仅是一个经济意义上的概念，更是一个政治意义上的存在。由于沦陷于边缘性的生活处境，弱势青少年在政治上的发言权被销蚀殆尽。在关系到这些孩子重大利益的政策决策上，始终没有这些孩子自身的声音、作用③。我们现在需要确立的立场是，留守儿童的"弱"，实际上是因为他们没有得到来自成人社会的有效支持与保护，是主体域外表征发展性的环境条件之"弱"，而不是作为独立个体的"人"之"弱"与"无能"。人类行动者的认知能力总是受到限制，来自未被行动者认识到的条件④，身处社会转型期的儿童，生命历程深受不同结构性力量的影响，从而面临迥异的生存与发展机会结构，而不平等、流动性与脆弱性是其中的核心主题⑤。我们必须对塑造留守儿童性情禀赋与行为举止的假设提出疑问。像保罗·威利斯一般，去探寻汉默镇"家伙们"合理态度的基础是什么？挖掘驱使行为合理的情境是什么？通过何种移置或投射，客体、艺术品或象征性情结又在表达什么意涵？正是通过提出这样的问题，我们才有可能在文化中引发理性念

---

① 廖传景、韩黎、杨惠琴、张进辅：《城镇化背景下农村留守儿童心理健康：贫困与否的视角》，《南京农业大学学报》（社会科学版）2014年第2期。
② 万江红、李安冬：《从微观到宏观：农村留守儿童抗逆力保护因素分析——基于留守儿童的个案研究》，《华东理工大学学报》（社会科学版）2016年第5期。
③ 程福财：《弱势青少年研究：一个批判性述评》，《青年研究》2006年第6期。
④ ［英］安东尼·吉登斯：《社会的构成：结构化理论大纲》，李康、李猛译，生活·读书·新知三联书店1998年版，第409页。
⑤ 肖莉娜：《大转型的孩子们：儿童福利政策的反思与建构》，《华东理工大学学报》（社会科学版）2014年第1期。

头——最终形成洞察——对各种情境和条件做出解释①。

(二)"留守"群体的分化、意义与能为

留守儿童社会化的成功与否,关系着未来社会的形态与结构。最新的进展表明,留守儿童社会化成功与否已经出现了"事实"层面的分化。第一类研究真实地展现出留守群体中"不学无术"的乡间少年。他们在行为上表现出一种"混日子""混学"的状态:上课迟到、课后不按时完成作业、违反学校规章制度。学生之间更是频发争吵、威胁、打架斗殴等校园欺凌行为,相互间使用拳头、语言暴力等力量对峙较多②。乡村少年的外显行为"隐性"传递出反学校文化态势,李涛在对云乡的田野考察中发现,乡间"少年们"不会将乡村教师作为高人一等和厉害一些的"大人物",他们对于乡间知识的代言者——农村教师本身予以否定,更多的是"瞧不起";他们以递纸条、走神、睡觉等方式隐性对抗课堂教学,更有甚者公开抽烟、喝酒和顶撞老师,就像在"自由茶馆"一样;"摄像头"下的剧场表演、"兄弟帮"及其衍生群体的景观呈现更是层出不穷③。无论是"混日子"的留守学生,还是抵制权威、反控制的云乡"少年们",诸多研究将"留守"群体分化背后深层逻辑机理指向于结构性抗争的"自我表达"。正如威利斯所呈现的"家伙们"通过"找乐子""打架""哄骗"所产生的群体亚文化一般,他们主动实现了对权力和传统的倒置,以一种自我"扬弃"的方式发出抵制的声音。虽然反学校文化的"分化"展现出行动者也可以从错综复杂的经验中重新诠释自己的处境,但令人失望的是,"家伙们"实现了反学校文化生产,却依旧走向了底层复制的归途,成为子承父

---

① [英]保罗·威利斯:《学做工:工人阶级子弟为何继承父业》,秘舒、凌旻华译,译林出版社2013年版,第163页。

② 卢荷:《"混"的留守儿童同辈群体社会网络关系——以JD民办寄宿制留守学校为例》,硕士学位论文,南昌大学,2018年,第1页。

③ 李涛:《底层社会与教育——一个中国西部农业县的底层教育真相》,博士学位论文,东北师范大学,2014年。

业中的一员。

　　与此同时，另一类群被标识为"高学业成就"的农家子弟也异军突起，并展现了与"不学无术"少年截然不同的风貌：他们渴望老师的关注，能够更敏锐地感受到周围老师和同学们对他们的态度，老师在他们心里的地位更加崇高，他们需要被教师看见、注意和关爱，也对那些给他们温暖的人念念不忘[1]；在行为上他们将学习作为"本分"[2]，将人生的最高追求定义为通过读书走出去；并以学业为轴心，创生出教师欣赏和支持、正式群体与非正式群体融入、同伴支持和砥砺的联合生活[3]，最终实现了"阶层旅行"[4]。两类研究从阶层再生产的角度出发，关照结构中的底层弱势群体，呈现了个体在学校"黑箱"中反学校文化与迎合学校文化的生产逻辑。

　　当然，我们也可以看到，无论是威利斯口中的"家伙们"还是阶层突破的"高学业成就"农家子弟，特别是这些"高学业成就"农家子弟们，他们自我意义诠释的价值就在于，他们将人的能为，即人作为个体也富有创造力以及能动性的一面展露出来。人具有受动性，但是这不能简单地理解为是被动的、受制约的和受限制的，应该"是一种有感受、有需求的受动的存在物，具有对于周围世界的感性对象的依赖性"[5]。农家子弟的向上流动表明了人具有能动性，具备认识世界、适应世界甚至改造世界的可能。在马克思主义哲学中，作为自然存在物，而且作为有生命的自然存在物，具有自

---

[1] 程猛：《"读书的料"及其文化生产：当代农家子弟成长叙事研究》，中国社会科学出版社2018年版，第137—148页。

[2] 胡雪龙、康永久：《主动在场的本分人——农村学生家庭文化资本的实证研究》，《全球教育展望》2017年第11期。

[3] 卢荷：《"混"的留守儿童同辈群体社会网络关系——以JD民办寄宿制留守学校为例》，硕士学位论文，南昌大学，2018年。

[4] 程猛：《向上流动的文化代价——作为阶层旅行者的"凤凰男"》，《中国青年研究》2016年第12期。

[5] 郭湛：《主体性哲学：人的存在及其意义》，云南人民出版社2002年版，第51页。

然力、生命力，是能动的自然存在物；这些力量作为天赋和才能、作为欲望存在于人身上①。在尼采的意志主义哲学中，人的意志对"现象世界"的决定作用不断凸显，生命（权力）意志存在的整体状态被视为"永恒轮回"②，而这种永恒轮回不是物理学或机械论意义上的万物都无可改变地再来一次，而是创造，更是永恒③。对于"留守"群体而言，在生命历程之中，他们的个体能动性与"生命的意义"是怎样凸显的？作用机制是什么？蕴含着怎样的内在逻辑和实在意义？新分析视角不断推进着"留守"研究进一步扩展。

（三）"留守"研究也应当具有社会学的想像力

在《社会学的想像力》一书中，美国学者C·赖特·米尔斯指正大众由于"他们对自身生活模式与世界历史的潮流之间错综复杂的联系几乎无一所知……被信息支配了注意力"从而落入"个人困扰"的同时，进而提醒大众，"他们需要的以及他们感到需要的，是一种心智的品质，它也可以称之为社会学的想像力"④。这种社会学想像力有多重要呢？米尔斯接着指出："由于社会学的想像力对不同类型个人的内在生命和外在的职业生涯都是有意义的，具有社会学的想像力的人能够看清更广阔的历史舞台，能看到在杂乱无章的日常经历中，个人常常是怎样错误地认识自己的社会地位的"⑤。也许有人会问："留守"研究的呈现仅仅被视为"困扰"的解决吗？事实上，由于很长时间受到心理科学的深刻影响，"留守"研究着重开

---

① ［德］卡尔·马克思：《1844年经济学哲学手稿》，人民出版社2018年版，第103页。

② ［德］弗里德里希·尼采：《尼采遗稿选》，［德］君特·沃尔法特编，虞龙发译，上海译文出版社2005年版，第117页。

③ 成杰、张新珍：《尼采的生命哲学观》，《温州大学学报》（社会科学版）2007年第4期。

④ ［美］C·赖特·米尔斯：《社会学的想像力》，陈强、张永强译，生活·读书·新知三联书店2005年版，第1—3页。

⑤ ［美］C·赖特·米尔斯：《社会学的想像力》，陈强、张永强译，生活·读书·新知三联书店2005年版，第3页。

发了群体的心理测量功能，而一直欠缺社会学维度。对"留守问题"特殊性和复杂性缺乏足够的认识，进而也难以建构深层理论和深度解读，这是值得我们引起高度重视的。

  这就需要寻求社会学的理论支持，特别是过去三十年新兴的社会学合集。基于经济社会发展趋势下"家庭衰退"假设的学术争论，以尤金·利特瓦克①、马文·苏斯曼②、维恩·本特森③为代表的家庭社会学家们强调，尽管社会的离心力使家庭成员之间产生了距离，但大家庭通过现代通信和交通技术保持了两代人之间的凝聚力。梅林·西尔弗斯坦和维恩·本特森运用代际团结模型④验证了情感亲密、价值观一致、地理邻近、接触频率、工具援助和家庭责任感六项影响代际团结要素的强度。研究者们通过将情感亲密与价值观一致两个显性指标作为亲近感维度纳入模型拟合后发现，代际团结显著地增强了，而这一结果恰恰响应了情感社会学的理论基调，即情感是一种有意识的身体合作意识，带有一种理念、思想或态度，并带有这种意识的标签⑤。同时，作为更自由、更有力量的个体社会

---

① Eugene Litwak, "Geographic Mobility and Extended Family Cohesion", *American Sociological Review*, Vol. 25, No. 3, June 1960, pp. 385 – 394.

② Marvin B. Sussman, "The Isolated Nuclear Family: Fact or Fiction" in Suzanne K. Steinmetz, eds., *Family and Support Systems Across the Life Span*, New York: Springer Press, 2013, pp. 1 – 10.

③ Vern L. Bengtson and K. Dean Black, "Intergenerational Relations and Continuities in Socialization" in Paul B. Baltes, Hayne W. Reese and Lewis P. Lipsitt, eds., *Life-Span Developmental Psychology: Introduction to Research Methods*, New York: Academic Press, 1973, pp. 207 – 234.

④ Merril Silverstein and Vern L. Bengtson, "Intergenerational Solidarity and the Structure of Adult Child-Parent Relationships in American Families", *American Journal of Sociology*, Vol. 103, No. 2, September 1997, pp. 429 – 460. 注：Silverstein 与 Bengtson 在研究中将研究对象选用为1500名年龄在18—90岁的成年人，但代际团结模型的应用只关注到与父母分开居住的成年子女之间的关系，对于中国"留守"问题研究的适用性需要进一步考量。

⑤ Arlie Russell Hochschild, "The Sociology of Feeling and Emotion: Selected Possibilities", *Sociological Inquiry*, Vol. 45, No. 2 – 3, April 1975, pp. 280 – 307.

学、希望社会学①等理论源流也一同汇集。批判性视野呼唤着新的概念框架，无论是"亲近感""情感"抑或"希望"——作为有意义的日常能动性和意图，这一潜在的社会学理论集迫不及待地被唤醒，成为解读"留守"研究的新方法。

第三节　问题聚焦及其研究要义

一　问题聚焦

本书以叙事为方法论前提，将核心问题聚焦于两个层面：在过程上，从整体历程、教育历程以及监护历程的历程性角度出发，挖掘农家子弟留守生活中的实在体验与历程特性；在学理上，探讨"留守"的社会学意蕴，发现农家子弟"留守"背后所映射的个体能动性，以及探究"留守"历程中个体能动性的具体运行逻辑与实际作用。

本书具体探究五个方面：第一，在长期与父母分离的过程中，农家子弟面临的留守处境是什么？从整体历程、教育历程以及监护历程来看，农家子弟的留守历程有何种特性？蕴含着何种意涵？他们的实在体验又是什么？第二，农家子弟在留守的日常生活中需要应对哪些风险？根植于个体间的能动性力量是如何应对这些风险的？假使驱动个体的能动性力量是"希望"，那么在留守的日常生活中，"希望"这一力量是如何发挥作用的？第三，农家子弟在留守的教育生活中是如何寻求自我发展与向上奋斗的？在这一进程中，他们是怎样将"读书"这一希望的微观实践内化于身的？其行为背后体现了怎样的思维模式？同时，在他们改变人生轨迹的教育实践中，他们的行动策略是什么？又有哪些外部性因素助推了他们实现学业进

---

① ［美］乔恩·威特：《社会学的邀请》，林聚任等译，北京大学出版社2014年版，第293页。

步?第四,除了基于本体的、发生学机理的叙事外,更进一步地,站在一个结构性的农村社会视角下,探寻农村社会对农家子弟施加的希望力量,发现哪些存在的农村社会要素能够助推农家子弟成长?这些要素又是如何与个体交织、互动并形成个体成长的张力的?随后,一个社会变迁的演进视角是,在现代化进程加快的时代背景下,发现乡村社会的变迁危机、实在挑战以及未来的发展可能。第五,聚焦于"希望",再次挖掘农家子弟"希望意识"的具体所指并探索作为社会外在条件的家庭、学校以及社会应当如何提高个体的希望能力;与此同时,对希望在方法论的适用性进行探讨。

二 研究要义

(一)理论要义

第一,探究能动者的意义创造。每一个独立个体所需要思索的是,究竟抱持怎样的信念才能使个体在愈发多样化、富有挑战性或逆境翻涌的现代社会中得以生存与顺利发展?在最近的研究中,越来越多的学者将这种信念聚焦到个体层面去探究。在本书中,有留守经历的农村籍大学生群体何以在逆境中实现个体发展与教育攀登也同样映射其中。在先期研究中,有些研究者认为是既存于个体层面的心理品质发挥着重大作用,如心理韧性[1]、心理弹性[2]、抗逆力[3]等;也有学者通过口述史探查发现,农村子弟的教育攀登实际上是一个连续性成就达成与意识觉醒[4]的进阶过程。现如今,"促进人的全面发展""倡导个人权利、自由和义务"不断融入国家民主法

---

[1] 杨琴、蔡太生、林静:《留守经历对大学生心理韧性的影响》,《中国健康心理学杂志》2014年第2期。

[2] 杨梦莹、王演艺、刘硕:《留守经历大学生心理弹性与主观幸福感的关系》,《青年与社会》2018年第36期。

[3] 同雪莉:《留守儿童抗逆力生成研究——整合定性与定量的多元分析》,博士学位论文,南京大学,2016年。

[4] 陈乐:《意识的觉醒:助力农村子弟的教育攀登之旅——基于一项口述史研究》,《教育发展研究》2020年第23期。

治与思想建设的话语体系,在中国社会由传统向现代转型的进程中,精神、文化、制度的革新呼唤着个人不断实现自我超越,追求幸福、继续奋斗、永不停歇,这不仅是为了促进人类与社会的进步,更是个体作为能动者的生命意义追求。因此,本书通过对置于中国社会转型与时代变革背景下农家子弟留守历程的叙事,以及他们发展过程中个体能动作用的探讨,进一步拓展个人发展理论、生命历程理论。

第二,实现对受动者的意义省思。农家子弟的个人能动性是无限放大的吗?他们是完全依靠个人的努力去改变自身命运的吗?其并不完全是这样。马克思指出"作为自然存在物,而且作为有生命的自然存在物,具有自然力、生命力,是能动的自然存在物……但另一方面,人作为对象性的、感性的存在物,是受动的"[1]。人总是在社会生产生活中受到制约和限制,不是为所欲为的。因此,从限制条件下的受动者角度来说,人的能动性与受动性具有内生的复杂性。农家子弟们不仅受个人能动力量驱使,也依赖于社会结构。社会结构不仅对人的行动具有制约作用,而且也是行动得以进行的前提和中介,它使行动成为可能;行动者的行动既维持着结构,又改变着结构。能动者利用社会规则和手头的资源进行社会活动,结构借助这些活动得以存在,这些活动也作用于结构,甚至改变它[2]。因此,本书旨在进一步揭示个人与社会结构的复杂关系,为社会学理论和具体的结构理论提供实践依据与理论延展。

第三,探索新社会结构塑造及其可能。在社会转型与结构变迁的当代中国,由于长期以来二元分割的城乡经济体制以及尚未完成的现代化进程,使得旧有的社会结构仍旧掣肘当前的社会发展,并

---

[1] [德]卡尔·马克思:《1844年经济学哲学手稿》,人民出版社2018年版,第104页。

[2] 转引自仇立平《社会研究方法论辩背后的中国研究反思》,《新视野》2016年第6期。

在城乡教育差异的对比中格外引人瞩目。一方面，在农村经济文化发展水平较低、优质教育资源集聚于城市的现实背景下，城乡高等教育机会获得不均等的状况依旧存在[1]；另一方面，由于受父辈职业、家庭经济、文化资本、性别外貌等先赋性因素以及社会潜在共识的制约，个人能否通过努力，依托个人能力，打破隐藏在社会中的"人脉""圈子"等关系网络，冲出"阶层固化"的牢笼并逐步走向成功仍未可知。理念可以概念化利益、价值并塑造制度。理念呈现出多样的形式：具体的政策理念、一般的纲领性理念、下属的公共哲学、基础经济理念、关键时刻产生的集体记忆[2]。如果说当代农家子弟被赋予了能动性的意义创造的同时产生了共同的价值理念，又能够在理念的指导下实现个人与社会的共同生长的话，那么作为崛起中的新兴社会群体或新兴社会阶层人士，他们的新理念必定对旧有社会制度产生冲击并塑造新的社会结构。中国社会科学领域内对留守儿童的相关研究很多，但是对于深藏其中的个体能动力量、社会结构关系以及新社会结构突破等议题讨论的却很少，本书期待进一步推动留守儿童研究逐步走向社会科学研究的中心地带，建立更加多样化、更具突破性的理论视角。本书试图实现视域突破，达成三个目标。一是以农村为空间视域，扎根中国经验、展现中国乡土特质，挖掘乡村社会的文化基因；二是聚焦"留守"这一特殊经历对农家子弟的深远影响，发掘"向上"的留守群体编织属于自己意义之网的过程性机理；三是从历时性角度认识农村留守儿童问题，以高等教育地位获得的农家子弟在乡野间的生命历程为研究重点，将"社会—教育"与"教育—社会"相结合，通过"实践性把握"与"知识性学习"挖掘农家子弟的社会化过程，实现过程性解释的

---

[1] 叶晓梅、杜育红：《先赋抑或自致？城乡高等教育机会差异的影响因素分析》，《教育科学研究》2019 年第 1 期。

[2] Vivien A. Schmidt, "Taking Ideas and Discourse Seriously: Explaining Change through Discursive Institutionalism as the Fourth 'New Institutionalism'", *European Political Science Review*, Vol. 2, No. 1, March 2010, p. 3.

续接与连贯。

（二）实践价值

第一，呈现基本社会事实。如果每个人脑子里的"社会事实"太不一样并且相互不可知、不可衔接的话，那么学术群体则不易形成共同话题，不易形成相互关联而又保持差别和张力的观点，不易磨炼整体的思想智慧和分析技术[①]。现有研究对"留守"的探究已经从趋同转向了分化，本书的实践价值之一就在于借以叙事民族志的方法重新讨论"留守"这一话题，建立对这一社会事实的新的基本认知。将留守群体与普通人放置在公平秤上，以过程性研究作为依据，在具体情境的分析中对留守群体做出相对科学、合理的判断。第二，进一步推动政策发展。通过农家子弟的生命历程叙事来展现曾经留守大学生的成长经历，更加关注个体心理以及个体发展的能动力量，让我们能看到留守儿童是如何与社会环境、家庭成员以及不同群体之间交往互动的。在了解群体心智模式与塑形机制的基础上，以期为政策制定提供可靠的依据，为诸如留守儿童关爱中心、中小学校、高等院校等权威机构提供留守儿童健康发展的干预策略，提供引导留守大学生积极向上的理论解释与实践理路。第三，实现榜样激励。现代社会结构要求人们成为积极主动的人，要对自己的问题负全责，进而发展出一种自反性的自我[②]。许多学者都注意到，在20世纪80年代和90年代，中国的个体如何受市场力量的牵引而离开家庭、亲属群体、社区或工作单位闯入市场经济的大潮之中，由此他们不得不对自己的幸福和自身发展担负全部责任[③]。新生代农家子弟的崛起之所以能够引起国家的重视和学界的关注就在于，他

[①] [美] 詹姆斯·克利福德、乔治·E. 马库斯编：《写文化——民族志的诗学与政治学》，高丙中、吴晓黎、李霞等译，商务印书馆2006年版，第3页。

[②] 阎云翔：《中国社会的个体化》，陆洋等译，上海译文出版社2012年版，第328页。

[③] 阎云翔：《中国社会的个体化》，陆洋等译，上海译文出版社2012年版，第330页。

们在生命历程中遭遇了由转型社会带来的发展风险与情感困境，是社会转型与变迁的见证者、亲历者，而重拾个体关注的要义不仅在于发现社会转型所引发的系列挑战，也在于通过个体"自我奋斗"意志与行动识别社会变迁背景下个体与社会结构的复杂互动关系，可以观察到作为独立个体是如何面对复杂世界来审视自我的构成性存在并给大众以反馈，还可以发现个体能动性发挥是如何在社会秩序失范时起到有机愈合作用、如何给他人以省思并起到示范效应。

第四节　核心概念与理论基础

一　核心概念

（一）"留守"的概念溯源与研究定位

"留守儿童"既是"留守"问题研究的基础概念，也是"留守"问题的重要研究对象。一直以来，对于"留守儿童"的概念界定学术界基本已达成共识。一般地，"留守儿童"是指农村地区因父母双方或单方长期在外打工而被交由父母单方或长辈、他人来抚养、教育和管理的儿童[①]。"留守儿童"这一概念的争议大多是围绕研究对象的外延展开的，如留守儿童的年龄范围如何限定？留守经历持续多长时间才算留守儿童？过去有过留守经历现在已不处于留守状态的儿童是否算留守儿童？对父母双方均外出与父母一方外出的儿童是否作一定的区分？等等[②]。当然，根据不同研究者各自的研究取样与规范定义，这些问题也可以随之化解。但就研究本身而言，"留守儿童"的概念争论在相当程度上使研究者们忽视了对"留守"这一

[①] 叶敬忠、王伊欢、张克云、陆继霞：《对留守儿童问题的研究综述》，《农业经济问题》2005年第10期。

[②] 罗静、王薇、高文斌：《中国留守儿童研究述评》，《心理科学进展》2009年第5期。

本体概念的内涵探讨，也遮蔽了对"留守"所蕴含的学理性。因此，本书追溯古今脉络，对"留守"概念进行一定梳理并指明本书的概念范畴。

"留守"一词自古有之，含义有二：一作官名或官署名。从隋唐时期开始，皇帝亲征或出巡时，就以亲王或重臣留守京师，称京城留守；留守司或"大都留守司"①，顾名思义就是留守官员的办公场所。自唐朝以来，"留守"作为军事要地设立的官职一直延续至清朝。唐宋时期陪都与行都置留守，正留守为正二品，副留守正三品，常以地方行政长官兼任，或以重臣担任。辽五京置留守，留守行府尹事。金五京留守兼本府尹及本路兵马都总管。元朝有大都留守，掌守卫京城，供应皇室需求，营缮宫室。明朝有中都（今安徽凤阳）留守，掌防护皇陵。清代于盛京（今辽宁沈阳）设将军，相当于历代之陪京留守，但已不用留守之名。二作职能。宋代东京留守的职能见于《宋史·职官志》的一段概括："留守、副留守，旧制天子巡守、亲征，则命亲王或大臣总留守事。建隆元年，亲征泽、潞，以枢密使吴廷祚为东京留守，以留守管掌宫钥及京城守卫、修葺、弹压之事，畿内钱谷、兵民之政皆属焉。"② 由此可见，东京留守的职能范围相当广泛，囊括了政治、军事、行政、经济等方面。东京留守设置的目的就是捍卫皇权，然而东京留守的职能在北宋时期并未体现得十分显著③。当官员被指派为"留守"这一官职的同时，也呈现了一种守护状态，如同《汉书·张良传》中所言，"沛公乃令韩王成留守阳翟"④；《宋书·武帝纪上》则表述为"五月，至下邳。留船，步军进琅邪，所过筑城留守"⑤。从中国古代文史资料溯

---

① 柯劭忞：《新元史》，开明书店1935年版，第151页。
② （元）脱脱等撰：《宋史》，中华书局1978年版，第3959—3960页。
③ 孙婧：《宋代东京留守职能初探》，《黑龙江史志》2015年第9期。
④ （汉）班固撰、（唐）颜师古注：《汉书》，中华书局1999年版，第1569页。
⑤ 许嘉璐、安平秋等：《二十四史全译：南史》，汉语大词典出版社2004年版，第9页。

源看，无论是官名、职能还是作为一种状态，"留守"皆是融入于陪都留守官制中。从概念本质来说，"留守"顾名思义就是意指留下来守护，在彰显政治职能的同时被赋予皇权象征。

令人诧异的是，"留守"的古今意义大相径庭。随着封建官僚制度的瓦解，"留守"所附带的政治职能完全消失，当它被定义为一种状态时，也与古代所表达的意象截然不同。1991年上海人民艺术剧院演出了名叫《留守女士》的话剧，此剧讲的是近些年来"出国潮"中一些出国留学或打工人员和留在国内家属之间悲欢离合的故事。当时，"留守"是指丈夫出国留学或打工时留下妻子在家抚育孩子、赡养老人、看管家庭财务等状态。这一定义是在"出国热"时代产生的，反映了人们对出国人员的支持、期待或无可奈何的心态，又不乏幽默之感。[①] 但是，"留守女士"之后的"留守"被赋予的意义却与之前的定义不尽相同，正如前文所述，大众焦点由"出国潮"中的"留守"[②] 转向了"打工潮"中的农村"留守"。值得注意的是，留守老人、留守妇女和留守儿童的群体聚类将"留守"的意义消解，"留守"仅仅是作为一种对象性的弱势身份而存在的。

要强调的是，本书重拾"留守"的社会学意涵，"留守"不再被当作对象与群体的指称，而是作为一种"经历"存在，并与生命历程结合起来。在社会变迁的宏观背景下，父母双方或一方外出促使农村儿童被置于"留守"处境，而随着年龄的增长，这一经历对于他们来说具有怎样的意义？或者说，在这一生命历程中"留守"扮演了怎样的角色？较长时间的"留守"经历又把他们整合成为怎样的个体？成为本书概念阐释的重要方向。

(二) 当代农家子弟

从社会变迁层面来说，"当代"意指市场经济体制改革后的时

[①] 王志方：《"留守"别解》，《语文学习》1993年第5期。
[②] 一张：《"留守儿童"》，《瞭望新闻周刊》1994年第45期。

期。在这一时期的农家子弟经历了与父母的长时间分离,家庭收入来源结构从以农业劳动为主转向以外出务工收入为主。从文化意涵阐释层面来说,本书将"农家子弟"与"农人"概念相连。"农人"一词由来已久,自古就有"有农人芸于山下"[1]"我取其陈,食我农人"[2]"天下农人"[3] 等,从这些山野志怪、诗词歌赋、乡土文学中可见乡野耕种之人早就被赋予了"农人"的形象标签。与现代化产业中"农民"的职业化称谓不同,"农人"多了些"乡土气""野气""朴实气",而这些气质实质上指向了一种"文化气"。而作为这些"农人"的子女,"农家子弟"概念便如此沾染了这些品性以及与"家"有关的"亲热气"。本书用"农家子弟"一词特指曾在高等院校就读的、具有留守经历的农村籍大学生,意在使"农家子弟"的形象更富有文化感与亲近感,更易于理解,从"农家子弟闯天下 1 元生意变 7 亿""农家子弟成了美国院士""农家子弟跳龙门"等屡见不鲜的新闻报道中可以窥见该词的鲜明特性。"农家子弟"概念的另外一层含义是"向上奋进"的品格,它与研究对象的特质高度重合。在本书中"寒门贵子"概念或许会偶尔浮现,与"农家子弟"概念的内涵大致相同,他们皆指当代农民的子女,但"寒门贵子"更多地与不平等、阶层再生产等话题维系起来,他们受结构性因素制约,但又试图突破阶层的桎梏。而本书更加注重"农家子弟"的生命历程研究与个体意识的意义阐释。

综上所述,"当代农家子弟"指在市场经济体制改革之后出生,父母主要从事体力劳动且至少有一方外出务工,有较长时间的农村生活经历并具有留守经历,家庭经济情况相对较低却能进入重点大学深造的农民子女。

---

[1] (清)蒲松龄:《全铸雪斋白话聊斋志异(中册)》,吴海、桑思奋编,中国妇女出版社 1990 年版,第 479 页。
[2] 《诗经(下)·雅颂》,王秀梅译,中华书局 2006 年版,第 509—513 页。
[3] 鲁顺民:《天下农人》,花城出版社 2015 年版。

二 理论基础

(一) 生命历程理论

1. 生命历程理论发展的基本轨迹

20世纪伊始,随着社会学学科的兴起,生命历程研究作为研究社会变迁与个人发展的新范式与新方法也从萌芽期走向成熟,并逐步被纳入社会研究的学科体系。生命历程理论将个体看作是在一生中按照一定顺序不断地扮演社会角色和参与生命事件的主体,试图通过描述个体生命轨迹和转折的结构与顺序,将生命的个体意义与社会意义相联系[1]。从研究内容来看,生命历程理论通过考察个人生活史的方式展开研究,关注早期事件如何影响未来的决定,如结婚和离婚[2]、生育意愿[3]、早期职业生涯和晚年健康[4]、参与犯罪或发生疾病[5]等。一般认为,生命历程理论的萌芽源于威廉姆·托马斯和弗洛里安·兹纳涅茨基的早期著作《身处欧美的波兰农民》。在19世纪90年代末至第一次世界大战期间的"进步时代",庞大的外来移民在美国本土造成了相当多的社会问题,诸如穷人犯罪、社会解体,特别是家庭解体。作为最早研究移民文化及其社会组织的重要学者,托马斯和兹纳涅茨基不仅正确评价了外来移民对美国文化的潜在影响,还创造性地发明了一

---

[1] 柴彦威、塔娜、张艳:《融入生命历程理论、面向长期空间行为的时间地理学再思考》,《人文地理》2013年第2期。

[2] James M. White, Todd F. Martin and Kari Adamsons, *Family Theories: An Introduction*, California: Sage Publications, 2008, pp. 119 – 154.

[3] Ann Berrington and Serena Pattaro, "Educational Differences in Fertility Desires, Intentions and Behaviour: A Life Course Perspective", *Advances in Life Course Research*, Vol. 21, September 2014, pp. 10 – 27.

[4] Aleksi Karhula, Jani Erola, Marcel Raab and Anette Fasang, "Destination as a Process: Sibling Similarity in Early Socioeconomic Trajectories", *Advances in Life Course Research*, Vol. 40, June 2019, pp. 85 – 98.

[5] John Lynch and George Davey Smith, eds., *A Life Course Approach to Chronic Disease Epidemiology*, Oxford: Oxford University Press, 2004, pp. 1 – 473.

种新的社会调查方法——生活研究法。① 托马斯指出，研究移民首要的问题是"必须运用纵贯研究的方法来研究移民的生活历史，这种研究必须关注不同类型个人的生活经验和他们在不同环境中生活时间的长短。并且跟踪这个群体的未来生活，获得关于发生在他们生活中的各种经历的连续记录"②。在实际调查中，他们让外来移民讲述自己的生活故事。形式上要么有偿请外来移民来参与，要么是查找他们讲述自己生活经历的文献资料，特别是信件③。随着社会变化同生命历程的联系日益密切，现实生活中突如其来的生活实践迫使人们认识到必须建立生命模式和社会历史变化之间互动关系的理论概念。

20世纪60年代，美国学者格伦·埃尔德在托马斯和兹纳涅茨基生活史研究的基础上，将心理学的毕生发展思潮吸收到生命历程的概念中来，并开始融入对年龄的最新理解，建构起了生命历程最初的理论框架，在这一框架中，不仅毕生发展概念得到了进一步的发展，生命周期和生活史这两种理论传统的可贵之处也得到了继承，一方面生命与毕生和世代相联系，另一方面变迁社会中各种事件和社会角色的年龄序列也出现了④。由此，生命历程理论开始走向跨学科发展、形式化多样、持续性追踪的理论化道路。

2. 生命历程理论的核心概念、分析路径与主要范式

生命历程有许多定义，有的比较笼统，有的比较具体。埃尔德在早期研究阶段给出了一个相对简洁的定义：生命历程由贯穿一生

---

① [美] W. I. 托马斯、[波兰] F. 兹纳涅茨基：《身处欧美的波兰农民》，张友云译，译林出版社2000年版，第1—2页。
② 李强、邓建伟、晓筝：《社会变迁与个人发展：生命历程研究的范式与方法》，《社会学研究》1999年第6期。
③ [美] W. I. 托马斯、[波兰] F. 兹纳涅茨基：《身处欧美的波兰农民》，张友云译，译林出版社2000年版，第2页。
④ 包蕾萍：《生命历程理论的时间观探析》，《社会学研究》2005年第4期。

的连续轨迹或路径组成，并以一系列事件和社会变迁为标志[1]。这个定义的优点是足够广泛，可以涵盖各种各样的解释，但是它的缺点是，既没有充分说明事件、行为和时间的相互关系，也没有提及生命历程的核心——作为个体的行动者[2]。另一个由吉伦和埃尔德提出的定义更加具体，即把生命历程看成是个人在一系列社会事件中和在一定时间内所扮演的角色，这些角色和事件的顺序是按照年龄的层级排列的[3]。根据以上概念框架，与生命历程理论相关的分析路径往往围绕着"轨迹"和"变迁"展开。从"轨迹"来看，许多研究往往采取整体的方法将生命历程视为有意义的事件，突出强调复杂时间内的相互依赖关系，其目的是整合个人在较长时间内的生命模式[4]。而"变迁"总是在生命轨迹中发生，往往依靠特殊事件（如第一次结婚，第一次参加工作）。此外，有些变迁是以年龄为过渡的自然范畴，但也有一些突发事件不能划入这一范畴。

随着生命历程研究的日益成熟，埃尔德将生命历程理论主要概括为四个范式性主题[5]：第一，一定时空的生活：个体的生命历程嵌入了历史的时间和他们在生命岁月中所经历的事件之中，同时也被这些时间和事件所塑造着。个体及其社会性行为必然是涉及社会和物质环境的多个层次，但每一个个体的经验又是如此的独特，这是

---

[1] Elder Jr, Glen H. and Angela M. O' Rand, "Adult lives in a Changing Society: Sociological Perspectives on Social Psychology" in Karen S. Cook, Gray Alan Fine, James S. House, eds., *Sociological Perspectives on Social Psychology*, Boston: Allyn and Bacon, 1995, p. 454.

[2] Laura Bernardi, Johannes Huinink and Richard A. Settersten Jr, "The Life Course Cube: A Tool for Studying Lives", *Advances in Life Course Research*, Vol. 41, September 2019, p. 100258.

[3] Giele Janet Zollinger and Elder Jr Glen H., eds., *Methods of Life Course Research: Qualitative and Quantitative Approaches*, California: Sage Publications, 1998, p. 22.

[4] Raffaella Piccarreta and Matthias Studer, "Holistic Analysis of the Life Course: Methodological Challenges and New Perspectives", *Advances in Life Course Research*, Vol. 41, September 2019, p. 100251.

[5] Giele Janet Zollinger and Elder Jr. Glen H., eds., *Methods of Life Course Research: Qualitative and Quantitative Approaches*, California: Sage Publications, 1998, pp. 9–11.

因为他们所身处的时空是特定的。出生在大萧条时期的孩子肯定与其他时期出生的孩子不同,因而他们所遭受的痛苦也不同。第二,相互联系的生活。人总是生活在一定的社会关系之中。个体不是脱胎于社会背景之外的,而是镶嵌在具体的社会关系(文化、制度、社会、心理、社会生物学)之中的。有些人可能会被纷杂的社会关系扰乱,而有的人却能在社会文化期待与个人努力的交织中平顺地度过一生。第三,个人能动性。任何动态系统都会随着时间的推移而持续存在,并使其行为适应环境以满足其需求。个人和群体满足自身需求的动机导致他们积极地做出决定,并围绕经济安全、寻求满足和避免痛苦等目标组织他们的生活。根据现有的行为理论,一个关于生命历程的行为理论的不言自明的假设是,随着时间的推移,行动者试图改善或至少保持他们身心健康的各个方面,同时避免其他的大损失。这些努力往往是自发和无意识的,但它们必须被理解为行为过程的一部分,在这个过程中,行动者有可能做出与他们一生中所采取的行动相关的选择①。因此,个体能够通过自身的选择和行动,利用所拥有的机会克服历史与社会环境的制约,从而建构他们自身的生命历程②。第四,生活的时间性。即一系列的生活转变或生命事件对于某个个体发展的影响,取决于它们什么时候发生于这个人的生活中。个体会对事件发生的时机做出反应并采取行动。如大萧条时期贫困家庭的女孩更早地开始了婚姻和家庭劳动,早期女权主义者在职业生涯初期就对"节欲"感兴趣。

从生命历程理论的核心概念、分析路径与主要范式来看,生命历程理论要求从多维度来研究个人生活,并强调时间、空间、事件的节点性与顺序性。既然美国学者格伦·埃尔德在《大萧条的孩子

---

① E. J. Masicampo and Roy F. Baumeister, "Conscious Thought Does Not Guide Moment-To-Moment Actions: It Serves Social and Cultural Functions", *Frontiers in Psychology*, Vol. 4, July 2013, p. 478.

② [美] G. H. 埃尔德:《大萧条的孩子们》,田禾、马春华译,译林出版社 2002 年版,第 426—432 页。

们》一书中的研究已经实现了生命历程理论的实践应用,那么对于已成人的曾留守儿童来说,他们是如何嵌入于社会变迁与特殊事件之中的?他们具有怎样的体验?又是借助于何种力量改变自己的生命轨迹的?从理论基础来看,生命历程理论不仅对于"留守"群体所遭遇的生命事件和生命轨迹追踪具有范式性和方法性的宏观指导意义,蕴含其间的个人能动性更为农家子弟的向上流动提供了学理性分析框架与解释路径。

(二)希望社会学、希望的多学科研究以及希望理论应用

1. 希望社会学

一个研究预设是,农家子弟在"留守"的日常生活实践中也富有创造性与能动性。那么,在研究中如何表达这种不断接续的动力呢?社会学的新取向——作为希望的社会学,为本书提供了理论视野。

(1)希望社会学的发展轨迹与理论源流

在20世纪中叶至第二次世界大战期间,极端暴力行为、灾难性的社会崩溃和现代化条件下大规模毁灭性技术的出现,使得人类在预料全球毁灭的图景之后,急切地把注意力寄托于"希望"之上。恩斯特·布洛赫、埃里希·弗洛姆和维克多·弗兰克等学者群体也开始急切地呼吁:"希望使我们的生存状况成为一个迫切需要讨论的问题"[1]。此外,它还促使我们反思人类历史的意义,并促使我们寻求集体的手段来摆脱物质和社会的压迫。在这一时期,对希望的分析与一种现代主义乌托邦话语联系在一起,这种乌托邦话语认为,通过集体行动和物质条件的变化,可以实现积极的社会变革、社会进步、个人解放和社会超越[2]。1979年,法国社会学家亨利·德罗奇的《希望社会学》英译本诞生,明确地将希望社会学作为一门具

---

[1] Ernst Bloch, *The Principle of Hope* (Vol. 3), trans. by Neville Plaice, Stephen Plaice and Paul Knight, Cambridge, MA: MIT Press, 1986, pp. 1938–1947.

[2] Alan Petersen and Iain Wilkinson, "Editorial Introduction: The Sociology of Hope in Contexts of Health, Medicine, and Healthcare", *Health*, Vol. 19, No. 2, March 2015, pp. 113–118.

体学科。作者聚焦于千禧年期间人类学和宗教社会学背景下的希望现象，将有关弥撒亚宗教和世俗邪教的文献汇集在一起，而所有这些内容都指向建立一个基于希望的乌托邦理想[1]。当然，希望社会学不止于面向宗教的追寻，在有关健康、疾病和治疗等问题上，"希望"得到了最充分的表达。这不仅是由于疾病和痛苦使个人对康复充满希望，它也是一种结构，充满希望的态度越来越被视为个人健康的一个有价值的方面。在健康、医学和保健领域，关于希望的文献在过去 20 年间呈指数增长，各种各样的希望量表[2]与希望管理的新技术被发明。更进一步地，生物学也为"希望"提供了实证依据，研究表明精神对身体的影响可能比以前认为的更为深刻，而积极的心态很可能通过所谓的安慰剂效应影响疾病的进程[3]。

但是，澳大利亚学者艾伦·彼得森与英国学者伊恩·威尔金森也批评道：健康科学和心理学的主导观点代表了我们对希望社会意义理解上的一个缺失，它反映了个人主义和心理治疗取向在管理健康和疾病方面的重要性，换句话说，健康科学和心理学根据对健康及其管理的责任的特定概念来构建希望及其意义。虽然，这种观念确实是权力/知识的形式，但它却限制了我们的认知方式和构建主观意识的能力。希望与技术的消费紧密联系在一起，尤其是承诺提供治疗、减轻痛苦和促进新自我构建的疗法（例如，身体增强和美容技术、心理治疗技术）。这种私有化的、以治疗为目的的希望，与 20 世纪中期盛行的早期社会政治和解放观念的希望，是有明显区别的[4]。当然，对希

---

[1] Harold Fallding, "Reviewed Work (s): The Sociology of Hope by Henri Desroche", *The Canadian Journal of Sociology*, Vol. 6, 1981, p. 209.

[2] Nik Brown, "Metrics of Hope: Disciplining Affect in Oncology", *Health*, Vol. 19, Iss. 2, March 2015, pp. 119 – 136.

[3] Jerome Groopman, ed., *The Anatomy of Hope: How People Prevail in the Face of Illness*, United States: Random House, 2005, pp. 1 – 278.

[4] Alan Petersen and Iain Wilkinson, "Editorial Introduction: The Sociology of Hope in Contexts of Health, Medicine, and Healthcare", *Health*, Vol. 19, No. 2, March 2015, pp. 113 – 118.

望的关注也不止于社会控制、干预治疗，它也在向去社会化、个体化、身体现象转变，期待"自己能变得更自由更有力量"①，呼唤"保持希望，保持前进"② 的个体化取向研究也在增加。

（2）希望社会学中的"希望"概念

概念是对意义的聚集，而意义则是历史过程中人们的认知、思想和观念的体现和凝聚，并在一定的语境中为了特定的目的而使用③。从学科视域出发，"希望"概念的引入能够使我们窥见希望社会学研究的理论脉络，并加深对希望社会学的理解。根据已有研究，"希望"概念大致可分为方法论（实践说）以及存在主义说两种形式。从功能主义方法论或实践角度出发，希望被认为是一种主要运行机制和方法。在宏观层面，希望是"与世界接触的一种方法"，也是"所有知识形成的共同作用"机制，通过这个棱镜，希望既不是知识的主体，也不是欲望的对象，而是知识的一种彻底的、暂时的重新定位方法④。而复归个体生活，希望又产生了一种对生活的坚持和活力的依恋，它使生活变得可以忍受，可以让工人在高度不稳定的劳动力市场中及时调整和适应工作生活⑤。通常来说，希望没有单一的本质或意义，而是赋予了多种意义、表达方式和含义。然而，同样明显的是，希望虽然越来越以个性化的语言表达出来，但仍然经常在绝望、预兆、痛苦和绝望的情况下使用。换

---

① ［美］乔恩·威特：《社会学的邀请》，林聚任等译，北京大学出版社2014年版，第293页。

② Ana Alacovska, "'Keep Hoping, Keep Going': Towards a Hopeful Sociology of Creative Work", *The Sociological Review*, Vol. 67, Iss. 5, June 2019, pp. 1118 – 1136.

③ 李宏图、周保巍、孙云龙、张智、谈丽：《概念史笔谈》，《史学理论研究》2012年第1期。

④ Hirokazu Miyazaki, *The Method of Hope: Anthropology, Philosophy and Fijian Knowledge*, Stanford, California: Stanford University Press, 2004, pp. 12 – 16.

⑤ Ana Alacovska, "Hope Labour Revisited: Post-Socialist Creative Workers and Their Methods of Hope" in Stephanie Taylor and Susan Luckman, eds., *The New Normal of Working Lives*, London: Palgrave Macmillan, 2018, p. 50.

句话说，风险语境与功能论的导向促使希望成为关于设想和想象有意义的、合乎道德的和可选择的生活方式。使得个体即使面对最艰难的环境，希望也能促成个体在不稳定的条件下找到目标和行动的理由，并矢志不渝地坚持下去。

也有研究者将"希望"定义为一种存在主义的坚持。在这里，希望不被理解为一种对向上流动或成功的名人事业的妄想，而是一种面向当下的社会心理的暂时资源，一种存在主义的态度①。安娜·阿拉卡斯卡在对欧洲东南部创造性工作者（表演艺术家、新媒体工作者、时装设计师）的考察中发现，缘何创造性工作者能够长期忍受低薪的工作，就在于他们将希望作为一种治疗的实践。虽然从方法论上说，它仍旧归咎于功能主义，但是当这种希望表现为祈求上帝的常见的话语策略时，那么它就表明了禁欲主义，作为一种抽象的希望又附带了一种具有超越的性质。综上所述，"希望"可以概念化为两种形式：一是依托存在主义的情感立场；二是面向现实的积极的道德实践，即一种使劳动者在现实困境和不确定的情况下仍能继续前进的价值取向。就目前研究进展来看，"希望社会学"这一取向还是"浮现中的实践"，它能否作为具有分支学科性质的指称还存在不少争议。但至少"希望"研究的涌现趋势以及"希望"的开放性概念为本书提供了一种相当开阔的路径、丰富的理论内涵并给予研究者以信心，也代表了对本书走向社会学多样化实践的期待。

2. "希望"的多学科研究

（1）"希望"的溯源

在"希望"的先期研究中，我们发现了"希望"的多维表达：一个是依托存在主义的情感立场；另一个则是面向现实的积极道德实践。尽管如此，我们要想完全理解希望还存在一定难度。如果我

---

① Cheryl Mattingly, ed., *The Paradox of Hope: Journeys through a Clinical Borderland*, California: University of California Press, 2010, pp. 200–215.

们仍要厘清"希望"到底是什么,那么不妨看看希望是如何产生的,发现希望的关键指标,辨别希望的方向。只有这样,我们才能依托希望的学理根基去破解农村留守儿童的成长迷思,并运用"希望"的学理机制去阐释农家子弟何以借此化解危机并迸发向上的力量。那么,希望到底是什么呢?从词源追溯,希望的希腊词源是"elpis",意思是期待、向往、耐心等待的信念。旧约中常见的希伯来语"希望"的根源是"batah""mibtah""betah"和"bittahon",它们都传达了信任和安全的概念。当然,希望在神学、哲学、心理学和社会人类学视域里也会有不同的解读。

①神学视角:"神"即希望

在拉比犹太教[①]第一和第二世纪,没有像"elpis"这样表达希望的词存在。希望是与救世主的期望联系在一起的。弥赛亚[②]的到来可能会加速或延迟,这取决于神与他子民的关系。一个经过计算的保证期望的主题出现了,真正的希望是与上帝而不是与人联系在一起的。按希腊犹太教[③]的话说,神是一切谨守他人的盼望。对于不虔诚的偶像崇拜者来说,希望是徒劳的、空洞的或看不见的。这里提到了好的和坏的希望。希望是恐惧的对立面,是快乐的必要条件。现代犹太教包含工作(祈祷)和等待的辩证。埃米尔·法坎海姆考虑了犹太人的历史危险,得出犹太人被禁止对上帝绝望的结论,因

---

① 拉比犹太教是现存犹太教所有形式的基础,拉比犹太教不是一个派别,它只是犹太教发展过程中一个阶段性宗教。一般认为,它诞生于1世纪,已被学术界广泛地接受(饶本忠,2007)。饶本忠:《拉比犹太教探源》,《学海》2007年第1期。

② 在亚伯拉罕宗教,弥赛亚是一个救世主或一群人的解放者。弥赛亚主义和弥赛亚时代的概念起源于犹太教和希伯来圣经;一个弥赛亚是国王或大祭司,在圣经时代,犹太人用向人或物上涂抹或浇倒油的方式使受膏者得以神圣化,因此,受膏也就成为国王即位或祭司受职的仪式(傅有德,1997)。傅有德:《犹太教的弥赛亚观及其与基督教的分歧》,《世界宗教研究》1997年第2期。

③ 希腊犹太教是犹太教在古典时期的一种形式,结合了犹太宗教传统和希腊文化的元素。在西罗马帝国覆灭和早期穆斯林征服地中海东部之前,希腊犹太教的主要中心是埃及的亚历山大和叙利亚的安提阿。

为犹太人有"希望的戒律"①。对基督徒来说,希望是"固定在上帝身上的",包括对未来期望、信任和耐心的等待。圣保罗在《罗马书》8 章 24 节中揭示,希望不能与那些看起来是短暂的,如肉体的事物有关。希望与我们看不到的东西联系在一起,但我们焦急地期待,信任会出现。希望与信心和忍耐元素交织在一起。根据圣·奥古斯丁的说法,希望的神学美德以上帝为对象。希望与常识的世界是矛盾的。它对人来说是一种神秘的惊喜②。约翰·希格尔将希望描述为上帝的秘密,他在耶稣身上与所有人分享③。罗伯特·C. 布罗德里克认为,希望是一种超自然的、充满活力的美德,是救赎的必要条件,它与信仰(对上帝的信仰)和慈善(对上帝的爱)联系在一起,并为实践信仰和爱提供动力④。

②哲学视角:因为"人",所以"希望"

当代马克思主义者布洛赫认为,人是一种充满希望、幻想、梦想未来并努力实现未来的生物。人类的存在可以被视为一种必须忍受的囚禁环境中的考验或斗争⑤;因此,人类受制于希望或绝望。加布里埃尔·马塞尔指出,所有人一生都必须忍受考验或灾难。只有在陷入困境的时候,真正的希望才会出现。"希望是一种行为,通过它,绝望的诱惑被积极地或胜利地克服了"⑥。马塞尔对"希望"和

---

① W. Copps, "The Future of Hope" in Fackenheim, E., eds., *The Commandment to Hope: A Response to Contemporary Jewish Experience*, Philadelphia: Fortress Press, 1970, pp. 68 – 91.

② St Thomas Aquinas, ed., *Summa Theologiae: Volume* 33, Cambridge: Cambridge University Press, 1966, p. 97.

③ John Heagle, ed., *A Contemporary Meditation on Hope*, Chicago: Thomas More Press, 1975, pp. 1 – 112.

④ Robert C. Broderick and Virginia Broderick, eds., *The Catholic Encyclopedia (Revised and Updated Edition)*, New York: Thomas Nelson, 1987, p. 274.

⑤ Walter H. Capps, "The Future of Hope" in Ernest Bloch, eds., *Man as Possibility*, Philadelphia: Fortress Press, 1970, pp. 50 – 67.

⑥ Gabriel Marcel, *Homo Viator: Introduction to a Metaphysic of Hope*, trans. by Emma Craufurd and Paul Seaton, New York: Harper and Row, 1962, p. 36.

"希望如此"作出了区分。"希望"是一种期待自我实现状态。"希望如此"意味着一个具体目标,并包括一个实现希望目标的时间表①。弗里德里希·威廉·尼采"上帝已死"的哲学表明,他从完全自由人中迸发了一个超人社会的理想,即在此找寻希望,这与基督教的希望对象形成鲜明对比。让-保罗·萨特和阿尔贝·加缪哲学中反映出生活是徒劳的理念,即一种以绝望为特征的模式,希望一直被加缪认为是人类的弱点,当生活的无意义显而易见时,加缪质疑生活的意义②。同样的,根据马塞尔的说法,绝望使生活瘫痪③,绝望是彻头彻尾的失败主义,绝望是地狱,在这种情况下,神秘的希望的礼物被拒绝了,没有什么情感比绝望更使人衰弱④。

③心理学视角:"精神"即希望

在心理学中,希望作为一种个体精神,具体表现为成就、依恋、信任等认知。艾瑞克·弗洛姆说希望是最早也是最不可或缺的美德,它存在于每个人心中,当新生儿在第一次见到值得信赖的养育者时,希望就在他的心中生根发芽,作为经验的一个基本品质,希望已然确立。与此同时,希望是不朽的信仰,可以达成强烈的渴望,尽管黑暗的涌现和疯狂标志了希望存在的开始。希望是信仰的发生学基础,受到成年人充满关怀的信仰的滋养⑤。希望为一种幸福的感觉奠定了基础,而绝望则让人觉得未来是无法忍受的,是徒劳的。与用贝克抑郁

---

① Lionel Blain, "Two Philosophies Centred on Hope: Those of G. Marcel and E. Bloch" in Christian Duquoc, eds., *Dimensions of Spirituality*, New York: Herder and Herder, 1970, p. 93.

② Albert Camus, *The Myth of Sisyphus and Other Essays*, New York: Vintage Books, 1955, p. 7.

③ Gabriel Marcel, *Homo Viator: Introduction to a Metaphysic of Hope*, trans. by Emma Craufurd and Paul Seaton, New York: Harper and Row, 1962, p. 36.

④ Irving Solomon, "On Feeling Hopeless", *Psychoanalytic Review*, Vol. 72, Iss. 1, Spring 1985, pp. 55–69.

⑤ [美] 爱利克·埃里克森:《洞见与责任》,罗山、刘雅斓译,世界图书出版公司2017年版,第97—99页。

量表测量的个体抑郁状态相比,绝望状态更能预测自杀(使用贝克绝望量表①)。除了把一个人从绝望的痛苦中拯救出来,希望还能使人成功地应对绝望,它是一种能量,一种活化剂,被伊贾兹·科尔纳描述为个人应对武器的中心②。希望是相信有办法摆脱困难的信心,而绝望是无法应付的结果③。在与希望相关的多个概念中,信念(信任)是最重要的。只有信任能够带来希望,而不信任则带来绝望。

④社会人类学视角:"变革"中的希望力量

没有精神焦点的社会视角为希望提供了另一个维度。莱昂内尔·泰格指出,希望是人类进化的核心。在这方面,希望是对理想、美好的社会和物质未来的期望。希望(泰格用它作为乐观主义的同义词)是一个社会维持自身生存的必要特征。泰格将私人乐观视为一种公共资源。在一个完全官僚化的工业社会中,人们感到无能为力,个体可能会产生绝望感④。因此,一个发达的社会有必要成为一个不仅关心物质而且关心个人的社会,在这样的社会之中,健全的制度是必要的,良性的互动也是必要的。此外,在希望的社会学学科视野里,社会学家期待运用"希望"进行学科改造。比如环境社会学家米歇尔·安妮特·迈尔斯认为将希望整合到子学科是为了使用改良主义这个概念。这种技术看待世界既不是本质上的好也不是本质上的坏,它只有在人们的行为中才会被认为是好或是坏,或者变得更好或更坏。利用改良主义,环境社会学家可以看到一个充满多种可能性的世界,其中之一就是环境可以变得更好。它也可能是

---

① David J. A. and Roger Covin, "The Beck Depression Inventory – II (BDI – II), Beck Hopelessness Scale (BHS), and Beck Scale for Suicide Ideation (BSS)", *Comprehensive Handbook of Psychological Assessment*, Vol. 2, 2004, pp. 50 – 69.

② Ija N. Korner, "Hope as a Method of Coping", *Journal of Consulting and Clinical Psychology*, Vol. 34, No. 2, April 1970, p. 134.

③ William F., Lynch, *Images of Hope: Imagination as Healer of the Hopeless*, Notre Dame, London: University of Notre Dame Press, 1974, p. 32.

④ Linonel Tiger, *Optimism: The Biology of Hope*, New York: Simon & Schuster, 1979, p. 200.

最适合处理环境挑战的心理倾向①。

基于此，我们获得了不同视角下对"希望"的理解（见表1）。在神学视角中，"神"是希望的主题，希望形成的一切条件环绕着是否信任上帝展开，在这里希望的状态被凝结为"信念"，与"神"紧密相连；而在哲学视角中，"人"才是希望的一切，在困境的牢笼中，"人"因为希望的充盈而跳脱陷阱，呈现出一种希望的"经受"状态；心理学视角将"精神"理解为希望，作为重要生活元素之一，希望与生命和成长签订了长期精神契约，当希望满足人之需要时，它就成为促进的力量；而在社会人类学视角中，希望变得更加开放，它根植于变化，在人与人、人与事件的紧密关系中不断凝结，并成为促成社会"变革"的力量。

表1　　　　　　　　不同视角下的"希望"

视角构成	神学	哲学	心理学	社会学
主题	"神"即希望	"人"，所以希望	"精神"即希望	"变革"中的希望
条件	是否信任上帝	是否陷入困境	是否满足需要	是否发生变化
状态	信念	经受	存在	改变

（2）"希望"的指向

① "希望"的正反极

像双生兄弟一般，在"希望"的探讨中，"绝望"总是与之相伴而行。在阿奎那看来，与希望相对立的罪恶是绝望和傲慢。圣·格雷戈里指出："没有什么比绝望更需要避免的了，因为拥有绝望的人在日常的生活劳作中失去了坚贞，更糟糕的是，在信仰的斗争中

---

① Michelle A. M. Lueck, "Hope for a Cause as Cause for Hope: The Need for Hope in Environmental Sociology", The American Sociologist, Vol. 38, No. 3, October 2007, pp. 250 – 261.

失去了坚贞"①。科尔纳更强调,希望的一个关键目的是避免绝望②以及伴随而来的痛苦和悔恨的感觉,懒惰来自于绝望。假定绝望是希望的另一种邪恶,阿奎那将其定义为:"绝望"自信地依赖自己的能力,试图获得超出个人能力的东西;"绝望"以一种扭曲的方式依赖神的仁慈或力量;"绝望"期望得到永生却没有应得,期望得到宽恕而没有悔改。"绝望和傲慢都是对希望的攻击和毁灭"③。在阿奎那、格雷戈里与科尔纳的定义中,"绝望"是毁灭"希望"的罪恶之源,是"希望"信仰斗争的失去状态,是一种"希望"的绝对负向指向。但是,在维克托·弗兰克尔的观点中,"绝望"并不是这样消极。弗兰克尔指出,那些使人绝望的苦难的情况是可以忍受的,通过受苦的人创造所爱的人的精神形象,通过宗教,通过治愈自然之美,通过幽默,或者通过某种方式在苦难中找到意义。弗兰克尔表示,在彻底绝望的边缘,对心爱的人的凝视使人能够忍受痛苦④。在这里,"绝望"是作为过程存在的,无论"绝望"在人的历经过程中是如何的痛苦,但是总有化解的方法,比如治愈、比如爱的凝视,实际上,"绝望"最终的结果是指向"希望"的,那么,在这个意义上"绝望"就是正向。

② "希望"的时间观

"未来"与"此在"也是"希望"在时间上的两个重要表现。指向"未来"的希望往往存在于"期望"话语的表达之中。托马斯·默马尔认为希望意味着有一个期望,并且存在于一个面向未来

---

① St Thomas Aquinas, ed., *Summa Theologiae*: *Volume* 33, Cambridge: Cambridge University Press, 1966, p. 97.

② Ija N. Korner, "Hope as a Method of Coping", *Journal of Consulting and Clinical Psychology*, Vol. 34, Iss. 2, April 1970, p. 134.

③ St Thomas Aquinas, ed., *Summa Theologiae*: *Volume* 33, Cambridge: Cambridge University Press, 1966, p. 175.

④ Viktor E. Frankl, *Man's Search for Ultimate Meaning*, New York: MJF Books, 2000, p. 133.

的存在①。阿尔弗雷德·阿德勒的虚构目的论也谈及未来的期望，并被称为"仿佛"心理学。在阿德勒看来，人类的行为和动机更多地受到他们对未来的期望而不是过去的经历的影响。人所设定的虚构目标（如仁者的天堂、罪人的地狱）被阿德勒认为是心理事件的主观原因和行为的重要动机；表现得"好像"一个预期的未来期望将成为现实。阿德勒认为，这种虚构认识是儿童要从其与现实世界接触过程中所感觉到的那种"缺陷感"中争取出来的渴望，是儿童构筑未来的桥梁，是创造自己以后行动指南的最早尝试。在虚构和现实的交互作用中形成的虚构目的，建立起儿童的生活计划，后来又转变为成年人的生活哲学。在阿德勒看来，个体的虚构目的并没有独立存在的意义，而是把它看作一种手段，借助它去展望未来，化为直观地掌握人的最终目的的一般特征②。当然，希望不只存在于未来时间之中，就连"希望"未来哲学的集大成者布洛赫也宣称，"乌托邦乃是一种强大的酵素和催化剂，它不仅有助于加速当下现实的变化过程（潜势），也有助于加速更美好的世界的进程（趋势）"③。他指出，人类和整个宇宙都在朝着一个未完成的本质前进，人类在体验"尚未"的同时，也体验着正在消失的"现在"。因而希望是对世界的开放，希望也寄托在此时此地的乌托邦上，希望不只是"天上的东西……""也为我们面前的事而战"④。

3. 希望的理论应用

"希望"研究的大量涌现为我们提供了一种相当开阔的研究路径，在此前提下，查尔斯·斯奈德的希望理论模型与布洛赫希望哲

---

① Tomas Mermall, "Spain's Philosopher of Hope", Thought: Fordham University Quarterly, Vol. 45, Iss. 1, 1970, pp. 103 – 120.

② 吴杰:《追寻生活的意义——个体心理学及其发展研究》，博士学位论文，南京师范大学，2015 年，第 38 页。

③ 金寿铁:《希望的视域与意义——恩斯特·布洛赫哲学导论》，商务印书馆2016 年版，第 43 页。

④ Walter H. Capps, "The Future of Hope" in Ernest Bloch, eds., Man as Possibility, Philadelphia: Fortress Press, 1970, p. 67.

学进一步为本书探查微观实践中希望的发生机制与哲学方向提供方法论层面的支撑。

(1)"希望"的机制构建

从希望的定义来看,斯奈德和他的同事认为,希望定义的第一种形式是"一种积极的动机状态,它基于一种相互作用的成功感,是动力思维(目标导向的能量)和路径思维(计划实现目标)相互作用的结果";第二种形式是将"希望"描述为"一种认知集合,它是建立在双向的成功动机(目标导向的决心)和路径(计划实现目标)的基础上"[①]。当然,不限于对希望进行定义的成就,斯奈德和他的同事们提出的希望理论模型(见图1)为国内外希望理论的发展与繁荣起到了重要的引领作用。在众多希望研究中,希望理论模型是一个较为清晰、完整的解释框架,它不仅清晰地厘定了希望中的要素,更在此基础上形成了一个相对融贯的对"希望"的学理

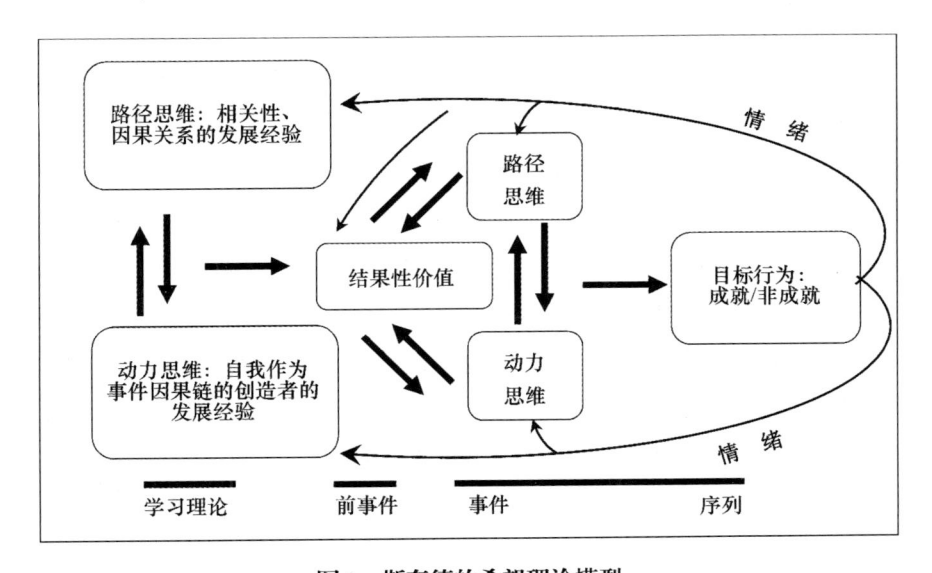

图1 斯奈德的希望理论模型

---

① C. R. Snyder, *Handbook of Hope: Theory, Measures, and Applications*, Academic Press, 2000, p. 8.

性解释。如果我们要理解希望理论模型，目标、路径和动力是最重要的三个组成部分。

目标作为希望的核心部分，既是希望的方向，又是希望的终点。斯奈德早期"思维样本"采访的一部分目的就是询问（受访者）所做之事。他指出当人们宣称他们正在努力完成某件事时，都有着非常独特的声音——他们在寻找一个目标。当我们假定人类行为是目标导向的，那么目标就是一种心理动作序列的目标，它们提供了锚定希望理论的认知成分。当然，斯奈德也强调目标的价值性与可能性，目标可以是短期的，也可以是长期的，但目标必须要有足够的价值来占据我们的意识思维。同样，目标是可实现的，但希望的目标通常有一些不确定性，在确定性连续体的一端——如果绝对确定的那些目标100%可能实现，那么他们不需要希望，在确定性连续体的另一端，追求站不住脚的目标（实现的可能性为0%），通常也是适得其反而不是有用的[1]。

为了实现目标，人们必须认为自己有能力找到实现这些目标的可行途径。这个过程，斯奈德称之为路径思维，表示一个人在产生通往预期目标的可行路径方面的感知能力。斯奈德认为路径思维在任何给定的实例中都涉及能够生成至少一条，通常是更多的，通往预期目标的可用路径的想法。当遇到障碍时，几种路径的产生是很重要的，而满怀希望的人认为他们很容易找到这样的替代路径；此外，满怀希望的人们实际上是非常有效地生产替代路线[2]。

希望理论中的动机部分就是动力，即使用一种路径以达到预期目标的感知能力。动力思维反映了自我参照的想法，指的是开始沿着一条路径前进和继续沿着那条路径前进。斯奈德认为，满怀希望的人会

---

[1] C. R. Snyder, *Handbook of Hope: Theory, Measures, and Applications*, Academic Press, 2000, pp. 9 – 12.

[2] C. R. Snyder, Cheri Harris, John R. Andersn, et al., "The Will and the Ways: Development and Validation of an Individual-Differences Measure of Hope", *Journal of Personality and Social Psychology*, Vol. 60, No. 4, April 1991, p. 570.

欣然接受这种自言自语的激动人心的话——"因为我能做到这一点，而且我不会被阻止"①。在他看来，动力思维在所有目标导向思维中都很重要，但当人们遇到障碍时，它就具有特殊的意义。在受到阻碍的情况下，动力帮助人们将必要的动机应用到最佳的替代途径。

在斯奈德的希望理论中，动力思维与路径思维是具有衍生关系的。他认为有希望的思维既需要想象可行路径的感知能力②，也需要有目标导向的能量③。在追求事件序列的希望思维过程中，路径思维会增加动力思维，而动力思维又产生了进一步的路径思维，以此类推。因此，总体而言，路径和动力思维在给定的目标导向认知序列中是迭代的，也是累加的④。

（2）"希望"的哲学基础

本书的另一理论基石是"希望哲学"。恩斯特·布洛赫这个名字对于社会学或教育学研究者可能稍显陌生，但在哲学研究领域，他却是一位独领一代风骚、叱咤时代风云的哲学大家。他所著述的《希望的原理》被誉为"20世纪最伟大的著作"，他所构建的"希望哲学"实现了一次具有划时代意义上的理论突破。与神学家奉"上帝"为肇始的神学观相比，布洛赫完成了一次"没有神的国度""从神那里出走"的哥白尼式尝试。在他看来，为了伦理的完整性，必须完全脱离"创造了这个邪恶世界的邪恶之神"，于是，人篡夺神独有的宝座，人本身成为神一样的存在。因此，布洛赫主张的是没有超越者的超越运动，进而建设一个没有神的"人的王国"⑤。

在《希望的原理》一书中，布洛赫将人描述为一种充满希望的动

---

① C. R. Snyder and Shane J. Lopez, eds., *Handbook of Positive Psychology*, Oxford University Press, 2001, p. 258.
② 这是路径思维，表现为"我肯定能找到解决问题的办法"的内部语言。
③ 这是动力思维，表现为"我能做到""我一定要坚持下去"的内部语言。
④ C. R. Snyder and Shane J. Lopez, eds., *Handbook of Positive Psychology*, Oxford: Oxford University Press, 2001, p. 258.
⑤ 金寿铁：《希望的视域与意义——恩斯特·布洛赫哲学导论》，商务印书馆2016年版，第145页。

物，表达了对一个"尚未"的家的渴望。按照布洛赫的观点，作为一种指向未来的意识，这一预先推定的意识是建立在"尚未存在的存在论"基础上的，但这种存在论与传统形而上学的存在论有着本质区别。众所周知，传统形而上学一直把"存在"确定为事物的本质，仅仅思辨地追问"存在是什么"；与此相反，尚未存在的存在论则追问未来人的生活是什么，从而把存在论奠定在历史过程中的、物质运动中的、社会变革中的"趋势—潜势"之上，即奠基在本原的希望之上。这一希望的存在论哲学可分为两方面来考察：一方面，预先推定"尚未被意识到的东西"；另一方面，预先推定"尚未形成的东西"。前者从主观层面赋予我们以希望，后者则从客观层面赋予我们以希望。从学理角度上看，希望的主观层面乃是人的内心憧憬、期待或关于未来的梦的解释学，而希望的客观层面乃是关于社会和劳动的历史趋势学[①]。

在布洛赫那里，"尚未"的反映形式是预先推定、乌托邦[②]、客观幻想等，但这一系列反映形式完全不同于妄想或梦想。如果说妄想和梦想植根于任意主观世界，那么"尚未"的反映方式则既植根于人的主观性又植根于客观世界的倾向性和潜在性中。对象世界是一个未完成的、不完满的世界，恰恰从对这种未完成实在的主观不满出发，乌托邦等"尚未"的反映形式转化为一种能动地变革世界的物质力量。这时，人们就能享受更美好的生活，就能以这种清晰

[①] 梦海：《一个更美好生活的梦——论恩斯特·布洛赫的未来希望哲学思想》，《求是学刊》2006 年第 3 期。

[②] 在日常用语中，"乌托邦的"（utopisch）一词往往具有"非现实的""非实践的""远离世界的"意义。从历史上看，乌托邦这一未来美好社会的图像源自人们对时代矛盾的批判揭露以及对相应解决方案的不懈寻求。例如，托马斯·摩尔所描述的理想社会（乌有之乡）与 16 世纪"羊吃人"的英国社会图像截然对立；康帕内拉所描绘的理想社会（康帕内拉）与当时作为修道院中心的西欧僧侣国家截然对立；圣西门所描绘的理想社会（实业社会）与当时"黑白颠倒的金字塔式"的法国社会图像截然对立，如此等等（转引自金寿铁《希望的视域与意义——恩斯特·布洛赫哲学导论》，商务印书馆 2016 年版，第 35—38 页）。但是，布洛赫所提出的"乌托邦"概念不同以往，作为"预先推定的意识"，布洛赫的"乌托邦"与当下变化复杂的现实世界相联系，也可在"现实性""可能性""趋势—潜势"等概念意义上使用，指代的是能够拥有解决现实困境的意志。

的意识做起白日梦，布洛赫称之为"一个更美好生活的梦""希望的原理"①。

哲学家布洛赫也对"希望"的定义与来源做出了解释，他认为，"在人之中存在——不是作为情绪活动而是作为情绪状态——某种类似特征的轻快心情，即希望。那么该如何解释与区分情绪活动与情绪状态呢？他进一步阐释道："情绪活动或情感是作为活动的冲动感而存在。拿饥饿②来举例，从一开始直接起作用的不单单是直接的冲动。直接冲动是作为'被感知的东西'，即作为某种冲动感传达给人们的，从中人们强烈地觉察到某种渴望或厌恶"③。在布洛赫的希望理念世界中，情感是活动中冲动的催生，在活动中感知某物即情绪活动。但是，与情绪活动不同，情绪状态更类似于一种专注力，是需要外部物唤起的更强烈的存在。

> 如果一个人凝神专注于独一无二的情绪之中，那么这种情绪就变成热情。所有情绪活动都穿过我们的身体，但是我们感受到一种十分特殊的活力流经我们的身体，这种活力来自心脏，它也可称作"心理之血"。与感受、表象不同，在一切情绪中都蕴含着某种内在的温度，所以我们也就感觉到这种温度本身。
>
> 这样，作为部分直接传达的自我感情、情绪及其过程就在我们意识的近旁。但是，借助于此，并非最终把情绪与感受、

---

① 梦海：《一个更美好生活的梦——论恩斯特·布洛赫的未来希望哲学思想》，《求是学刊》2006年第3期。

② 在布洛赫的希望哲学世界里，"饥饿"一词反复出现。在他那里，饥饿是人类世界的最根本的冲动。无论是人类生活，还是人类行为，"饥饿"是人类生存的最古老的生存的窘境。当人面对饥饿者时，同情感是唯一广泛的情感，或能够广泛拥有的情感。人们也许会产生直接了解的悲叹，也可能相信自己会遭此不幸，即便是冷酷的妇女有时也会把吝啬小气忘得一干二净。在这种通常的情感中，包含着对自身困境的思考和自身饱满的愿望。

③ ［德］恩斯特·布洛赫：《希望的原理》（第一卷），梦海译，上海译文出版社2012年版，第61页。

表象区别开来。情绪与活动的感情相关，并浮现为一种清晰的外部对象，但是，在如此清晰地浮现为外部对象之前，情绪在这种"对象化的"自我觉察中，只是作为含糊不清的对象而发生。这种情况不仅存在于扩散和不确定的心理状态之中，例如最初存在于"现身情态"之中，而后存在于情调或"气氛"之中，而且也存在于确定不移的心理状态之中，例如至少存在于从小时候起就属于有机体"素质"的那种情绪活动之中。

例如，某个性爱型年轻人毕生沉湎于一种热恋，即"不及物的"情绪活动，可是在这种匪夷所思的热恋中，事后才出现热恋的对象。在此，这种热恋并非那喀索斯式的，尽管爱情的对象含糊不清，但是它预先存在于自身的身体之中。因此，在人之中存在——不是作为情绪活动而是作为情绪状态——某种类似特征的轻快心情，即希望。希望绝非在清楚地了解到它所期待的东西时才显露出来。

人们曾谈论或正在谈论令人情绪振奋的全部有机素质，例如谈论一种性情开朗的（或正相反对的忧郁的）"气质"。这种气质可以超出单纯的情绪状态，一直延伸到没有对象的情绪活动中，尽管这种气质根本不具有或只具有微弱的"基础性的"表象内容。但是，一旦感受和表象的内容越来越多地出现，这个无对象的希望进程也就越来越清楚地与对象发生关系，越来越明确地寻求自身的目标；通过表象，含糊不清的渴望过渡到具有它所想望的内容的某物，因此在情绪世界中，起支配作用的是对某物的爱，对某物的希望，对某物的快乐。无论如何，对于没有唤起人的情绪的外部某物，我们全然感受不到厌恶或贪婪。[1]

---

[1] ［德］恩斯特·布洛赫：《希望的原理》（第一卷），梦海译，上海译文出版社2012年版，第61—62页。

在这里，我们发现了布洛赫所表述的希望产生的三个条件。第一个条件就是"凝神专注"，当我们专注于情绪活动时，会体悟到一种特殊的心理，它剥离感受与表象，在我们意识的近旁，作为某种温度的存在，它让我们感知，促使我们周身流动的是这样的"心理之血"；第二个条件是"自我觉察"，情绪状态是在逐渐"对象化"之前的"自我察觉"，它是模糊不清的，它最初存在于"现身情态"之中，而后又显露在"气氛"之中，在布洛赫眼中，它至少是存在于有机体"素质"的情绪活动之中；第三个条件是"外部某物"的唤起，存在某种外部某物可以唤起人的情绪状态，当我们越来越清楚地与对象发生关系时，这种对厌恶或渴望的感知就越明确。

第五节　研究方法与研究设计

一　研究方法

（一）基于叙事民族志的自传社会学与自传分析

研究方法主要指获取科学研究认知的途径或手段，是实现研究目的的核心方式，也是研究效果的重要保障。科学且适切的研究方法与实践过程能够较为全面地为研究主题服务，同时也是研究成果被学界接纳与认可的前提。钟宜兴认为，研究方法应是一个、一组或是成套解决问题的手段，具体而言主要指研究资料的收集或处理方法[①]。本书主要基于现实问题出发，以叙事民族志作为研究方法，在"写作小组"运作的基础上，以产出的系列"教育自传"作为主要分析文本。

叙事是为原本随机和断裂的事件和经验施加秩序的重要途径。由于叙事嵌入话语之中并形塑经验，因此讲故事和自我紧密相连。我们

[①] 钟宜兴：《比较教育的发展与认同》，高雄：高雄复文图书出版社2004年版，第238页。

将自己的生活经历符号化地融入人生故事的情节，这种叙述身份有助于形成自我连续性的主观意识。叙事的乐趣在于它对于事件发生的认知严丝合缝地转化为讲述①。如何才能最好地捕捉和表现农家子弟的"留守历程"是本书的一个方法性的挑战。因此，本书将叙事民族志作为研究方法，并采取了方法学的创新——自我民族志的分支——基于"自传社会学"的学科方法与一种"自传"的表现形式。

作为一种新的质性研究方法，自我民族志正在日益受到学界的关注。自20世纪60年代以来，随着后现代研究运动的兴起，民族志等传统的质性研究方法备受诟病。研究者尝试用多种方法来写作民族志，凸显个性化叙事和表达性说明，试图用自己的亲身体验和自我意识来表达文化、讨论文化，深化对文化的解读。这种"唤起式"写作实践被冠名为"自我民族志"②。而在学科内，自我民族志已经发展出了一些地方性变体来，而自传性社会学就是其中的一种③。罗伯特·默顿率先提出了社会学自传概念，认为"自传作者能够以他人所不能的方式反省和回顾自我"④。诺曼·弗里德曼指出，自传社会学是所有社会学研究取向和方法中最具个体性的，它深入地探究并强调个人的重要性⑤。据国内学者介绍，自传社会学的研究方法已经被用于教育向上流动的社会底层子弟，例如杰克·赖安和查尔斯·夏克瑞在《天堂的陌生人》的写作过程中，就采用发起自传邀请信的方式，邀请已经成为学术圈成员、有工人阶级背景

---

① [美]诺曼·K. 邓津、伊冯娜·S. 林肯主编：《质性研究手册：研究策略与艺术》，朱志勇、韩倩、邓猛等译，重庆大学出版社2018年版，第501页。
② 蒋逸民：《自我民族志：质性研究方法的新探索》，《浙江社会科学》2011年第4期。
③ [美]诺曼·K. 邓津、伊冯娜·S. 林肯：《定性研究：经验资料收集与分析的方法（第3卷）》，风笑天等译，重庆大学出版社2007年版，第785页。
④ 鲍磊：《社会学的传记取向：当代社会学进展的一种维度》，《社会》2014年第5期。
⑤ Norman L. Friedman, "Autobiographical Sociology", *The American Sociologist*, Vol. 21, No. 1, March 1990, pp. 60–66.

的学者们撰写自传，最终对 24 个白人中产阶级的自传进行了研究①。埃德尔的丈夫马蒂尔达·怀特·赖利也将自传分析笔记引入对生命历程理论定性与定量研究方法之中②。他们关注对移民群体信件与日记的分析，在撰写自传分析笔记时，强调要注重对年龄（或某一主题）社会意义的认识、生命历程阶段性、不同群体差异与时代变化、生活研究与社会结构研究相结合的分析方法。在以往的"留守"研究中，关涉私人的事件总是被屏蔽掉。而自传不仅能够成为一种被收集的研究资料，更能够与自传分析笔记相结合，通过叙事民族志的方法促成研究者与大众对农村留守儿童现象以及衍生教育问题的重新理解，进而推进理论的纵深发展。

（二）资料收集方法

研究资料具体包括研究对象书写的教育自传、文学创作以及日记等文本性资料。通过两年的自传采集与焦点小组讨论，辅之以深度访谈，形成 40 余万字的自传资料和访谈记录。特别要强调的是，访谈大纲的搭建不是一蹴而就的过程，而是根据个人翔实的自传材料以及在写作过程中的研究需求不断调整访谈结构与方向。焦点小组是在一个相对透明、无压力的环境中，针对某个话题进行有计划的群体讨论。焦点小组讨论融合了个人访谈的特点，在观察潜在的群组动态性的条件下了解参与者的认知和情绪反应。焦点小组讨论通常需要由 6—12 名同质的参与者和一个经过训练的主持人组成③。为了唤起农家子弟关于"留守"的记忆，在教育自传撰写的过程中，采取线上焦点小组讨论，邀请乡村小学校长、留守儿童纪录片导演、

---

① 程猛：《"读书的料"及其文化生产：当代农家子弟成长叙事研究》，中国社会科学出版社 2018 年版，第 45 页。

② Giele Janet Zollinger and Elder Jr. Glen H., eds., *Methods of Life Course Research: Qualitative and Quantitative Approaches*, California: Sage Publications, 1998, p. 28.

③ Oliver T. Massey, "A Proposed Model for the Analysis and Interpretation of Focus Groups in Evaluation Research", *Evaluation and Program Planning*, Vol. 34, Iss. 1, February 2011, pp. 21–28.

专业志愿者、一线教师、电台主播以及专家学者作为讨论的主持人，与农村籍大学生共同探讨"留守"话题，以期加深农村籍大学生对"留守"的客观认知以及实现完整留守历程的回溯。深度访谈则是通过与被调查者深入交谈以此来了解某一社会群体的生活方式和生活经历，探讨特定社会现象的形成过程，提出解决社会问题的思路和办法[①]。采取深度访谈方法是为了保证叙事的真实性与对农家子弟留守历程把握的连贯性，在对全部自传阅读、思考的基础上，拟定半结构访谈，与自传作者就自传内容与"留守"话题进行深度讨论。在深度访谈的进程中，不断地逼近"留守"事实，实现叙事过程性链条完整，或许也会收获一部分不可书写的私人性隐秘故事。生命线访谈法为了保证受访者生命历程呈现的完整性、客观性与连贯性，研究者自己开发的留守历程工具包在一年期的深度访谈中得以实施，具体的工具包涵盖留守历程轨迹地图填写说明（见图2）、留守历程轨迹地图填写（见图3）。

【绘制】生命（留守）历程地图

＊请在表格至少表现出以下信息：
●年份：请您将年份的**首年**和**末年**补全，填写1岁、16岁时对应的年份。以参考表格为例：如1992年出生，行为水平轴1的上一格填写年份1992；
●父母行为：至少说明父亲与母亲在您0～16岁期间的**具体工作情况以及去向**（请标明具体省份、城市、县城、村庄）；
●生命历程轨迹：至少说明您0～16岁期间与哪些主要亲人一起生活；
●教育经历：至少说明您0～16岁期间在哪里（村/乡/镇/县/城市）接受何种教育（未上学、幼儿园、小学、初中、高中），转学需要特别标注，包括从村里转到乡里；
●可根据自己的实际情况，**合并**、**更改**表格，非常感谢您的支持！
＊＊见下页

图2　留守历程轨迹地图填写说明

---

① 孙晓娥：《扎根理论在深度访谈研究中的实例探析》，《西安交通大学学报》（社会科学版）2011年第6期。

图3 留守历程轨迹地图填写样例

实物分析主要通过两种方式获取资料,一是依靠农家子弟们曾经书写过的信件、日记,二是通过网络上公开的可以记录农家子弟个人生活与情感生活的微信朋友圈、QQ 空间以及微博等平台。教育自传是研究者通过个人定向、海报张贴宣传、支教社团扩散、互联网宣传的方式在全国范围内邀请有"留守"经历的农村籍大学生参与撰写,收集并整理形成当代农家子弟留守历程的自传集。

(三) 资料编码说明

对资料进行编码是资料分析思考的正式表现形式[1],资料来源种类繁多且数量庞大,为了更好地促成下一步理论分析,本书以不同资料来源为分类标准,进行资料编码(见表2)。

表2 教育自传、文学作品、个人日记以及公众号日志的资料编码方式

资料种类	种类编码	户籍分布	性别	作者编码	留守时长	资料编码方式
教育自传	A	E/M/W	F/M	1~25	T	A + E/M/W + F/M +1~25 + T
文学作品	L					L + E/M/W + F/M +1~25 + T
个人日记	D					D + E/M/W + F/M +1~25 + T
公众号日志	P					P + E/M/W + F/M +1~25 + T

---

[1] [美]凯瑟琳·马歇尔、格雷琴·B. 罗斯曼:《设计质性研究:有效研究计划的全程指导》(第五版),何江穗译,重庆大学出版社2015年版,第251页。

根据资料种类的不同进行编码，教育自传编码为 A，文学作品编码为 L，个人日记编码为 D，公众号日志编码为 P。具体编码方式如下：种类编码＋户籍所在省编码＋性别编码＋作者编码（代表每份教育自传所对应的作者编号）＋留守时长编码。其中，户籍分布编码方式：东部省份为 E，中部省份为 M，西部省份为 W；性别编码方式：男性编码为 M，女性编码为 F；作者编码从 1—25 的序号顺序排列；留守时长编码为 T，表示 16 周岁之前（含 16 周岁）留守了几年。

深度访谈为 ID，焦点小组访谈为 FG。

表3　　　　深度访谈与焦点小组访谈的资料编码方式

资料种类	数量	户籍所在省	性　别	编码方式
深度访谈	8	/	/	ID＋F/M＋1～8＋Y/N
焦点小组访谈	9	/	/	FG＋1～9

深度访谈（电话/实地）编码方式为深度访谈编码＋性别＋序号（代表教育自传所对应的作者编号）。焦点小组访谈的编码方式为焦点小组访谈编码＋序号（代表每份自传所对应的作者）（见表3）。

（四）教育自传收集具体情况（见表4）

表4　　　　农家子弟教育自传收集情况

编码	名称
AMF 01—16	"留守"回忆
AWF 02—03	爱没有限制
AMF 03—11	回望
AEF 04—04	脚踏黄土，仰望星空
AEF 05—09	留守：生命的停留与守护
AEF 06—5.5	留守心中的方田
AMM 07—11	旅程
AMF 08—05	那年，我留守在家

续表

编码	名称
AMF 09—16	那些荡漾在我心头的涟漪
AEM 10—04	那些年，我的留守生活
AMF 11—10	其实也还好
AWF 12—12	润物细无声
AMF 13—16	虽不舍，但坚持 虽孤独，但坚强
AWF 14—03	童年，蜗牛慢慢
AWM15—10	我的留守记忆：父母不在身边的十年
AWF 16—09	我的十四行诗
AEM 17—16	我是谁？
AWF 18—06	我与我的留守岁月
AWM19—14	心路历程
AWF 20—11	一个一个人
AMF 21—16	依锄望，处处有青青之痕
AEF 22—12	因为来过，所以脚步更坚定
AMF 23—16	悦纳·陪伴
AMF 24—16	在留守中成长，我难以忘怀的生命过往
AMF 25—04	这些人，那些事

二 研究设计

（一）目的抽样与追踪调查

以目的抽样作为研究的主要取样方法，主要通过选取具有重大影响力的个案来实现研究目的。2016年9月选择曾留守农村籍大学生作为目的抽样对象，撰写招募书（见图4）后，采取定向邀请、海报张贴、支教团内招募等多种形式，在国内多所大学招募有留守经历的优秀大学生撰写心路历程、学业追求等方面的成长回顾反思，形成文集以带动并激励当今留守儿童成长。

在此基础上，共33名有留守经历的优秀农村籍大学生主动报名教育自传撰写活动。经过为期一年半的撰写，25名"曾留守"农村籍大学生坚持完成了教育自传，并被标定为研究对象，实现二段抽

> **招募书：为留守儿童写一本成长启示录**
>
> **项目简介：**
>
> 招募30名有留守经历的优秀大学生撰写心路历程、学业追求等方面的成长回顾反思，形成文集以带动并激励当今留守儿童成长。
>
> **招募者简介：**
>
> 我们是"乡村守望"留守儿童关爱小组，我们是一支年轻的公益服务与科学研究团队，虽来自五湖四海，却因乡村教育而结缘。我们身处于某科研院所，常年关注乡村教育问题，并多次参与农村地区调研，通过向当地教育行政部门、教师、村民深入了解留守儿童的生存状态与成长历程，对他们的生存困境和成长需求有了更清晰的把握，为项目的实效性打下坚实基础。

图4 "曾留守"农村籍大学生招募书（节选）

样。在教育自传撰写进程中，研究小组前期招募研究生作为教育自传作者的陪访员与写作督导员，完成预访谈工作与9次焦点小组讨论（见表5）。

表5　　　　　　　　　教育自传撰写推进机制

	研究者工作要点	研究者工作内容
第一阶段	柔性对话 建立信任	· 与曾留守农村籍大学生初次会面 · 与研究生写作督导员初次会面
第二阶段	收集信息 全面调查	· 制作曾留守农村籍大学生个人信息卡 · 收集曾留守农村籍大学生留守经历介绍（由曾留守农村籍大学生提供） · 制作研究生写作督导员通联表 · 建立"曾留守农村籍大学生——研究生写作督导员"对接联系表
第三阶段	告知信息 破解疑惑	· 召开教育自传撰写说明会（线上与线下结合）： 首先，进行项目介绍与督导机制说明 其次，全体成员自我介绍，加深了解 再次，为参与活动成员答疑相关问题 最后，全体成员签订隐私保护协议

续表

	研究者 工作要点	研究者工作内容
第四阶段	提供资料 加强培训	·召开研究生写作督导培训会,说明项目的运行周期、社会意义、文稿写作原则、督导办法(周周反馈,按月研讨),指导培训研究生写作督导进行预防谈
第五阶段	深入对话 感知经历	·定期召开焦点小组讨论"留守"相关话题: 焦点小组讨论第一期: 参与人员:研究者(主持人)、曾留守农村籍大学生、研究生写作督导员、乡村教育公益组织从业者(分享嘉宾)、高校教师 焦点主题:故乡、农村留守儿童 焦点小组讨论第二期: 参与人员:研究者(主持人)、曾留守农村籍大学生、研究生写作督导员、乡村教育公益组织专业志愿者(分享嘉宾)、高校教师 焦点主题:支教活动开展、农村留守儿童 焦点小组讨论第三期: 参与人员:研究者(主持人)、曾留守农村籍大学生、研究生写作督导员、知名留守儿童纪录片导演(分享嘉宾)、高校教师 焦点主题:农村留守儿童 焦点小组讨论第四期: 参与人员:研究者(主持人)、曾留守农村籍大学生、研究生写作督导员、山西省某乡中心学校校长(分享嘉宾)、高校教师 焦点主题:乡村教育发展 焦点小组讨论第五期: 参与人员:研究者(主持人)、曾留守农村籍大学生、研究生写作督导员、重庆市某乡中心学校校长(分享嘉宾)、高校教师 焦点主题:学生学业成就与个人发展 焦点小组讨论第六期: 参与人员:研究者(主持人)、曾留守农村籍大学生、研究生写作督导员、吉林省某家庭教育栏目电台主持人(分享嘉宾)、高校教师 焦点主题:家庭教育 焦点小组讨论第七期: 参与人员:研究者(主持人)、曾留守农村籍大学生、研究生写作督导员、河北省某三八红旗手及其女儿(分享嘉宾)、高校教师 焦点主题:家庭教育 焦点小组讨论第八期: 参与人员:研究者(主持人)、曾留守农村籍大学生、研究生写作督导员、参与此次活动的某位农村籍大学生(分享嘉宾)、高校教师 焦点主题:留守历程 焦点小组讨论第九期: 参与人员:研究者(主持人)、曾留守农村籍大学生、研究生写作督导员、参与活动的某位研究生写作督导员(分享嘉宾)、高校教师 焦点主题:活动感悟
第六阶段	自传收集 询问补充	·回收教育自传
第七阶段	编辑纠错 内容呈现	·整理教育自传

2018年10月至2019年2月期间对25名曾留守农村籍大学生中的8位典型性样本进行了2—3次深度访谈，每次时长在1—1.5小时。与此同时，对25名曾留守农村籍大学生的学业层级与个人发展情况进行持续性追踪调查。总体而言，研究依循质性研究的目的抽样方法，以教育自传撰写为质性文本核心，通过多阶段深度追踪收集样本信息（见图5）。

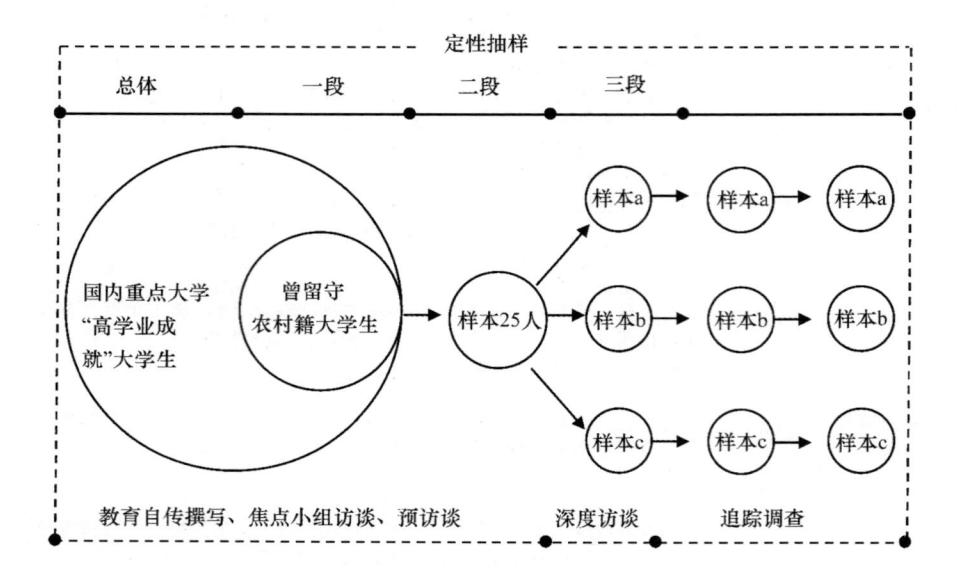

图5　目的抽样与追踪调查流程

（二）选样标准与选样特征

一般认为，目的抽样是一种广泛用于定性研究的技术，用于识别和选择信息丰富的案例，以最有效地利用有限的资源[①]。在此基础上，研究设置了一些指导原则和具体的判定标准（见表6），为实现有限样本证据的效用最大化和达到定性研究的理解深度提供准备。

---

① Michael Quinn Patton, *Qualitative Research and Evaluation Methods* (3rd), Thousand Oaks, CA: Sage, 2002, p.230.

表6　　　　　　　　　　目的抽样的选样标准

指导原则	具体判定标准
1. 实现理论饱和度	通过持续取样直到没有获得新的实质性信息来获得全面的理解，以下为大致的数量标准：如至少3—6人参与多次访谈（现象学研究）/至少20—30人参加1次或2次访谈（扎根理论研究）
2. 样本能够呈现的典型程度	抽样群体必须与研究问题和研究假设所要研究的群体特征一致，需要选取典型的案例，甚至极端典型的案例
3. 个人或群体的可用性和参与意愿	可用性：个人或群体具备能够清晰表达和反思的方式交流经验和意见的能力 参与意愿：个人或群体至少不抵触参与研究、同意或乐于参与研究

资料来源：H. Russell Bernard, ed., *Research Methods in Anthropology: Qualitative and Quantitative Approaches* (5th), Walnut Creek, CA: Alta Mira Press, 2011, p.154。

在具体的判定标准指导下，实际的目的抽样呈现了以下抽样与选样结果：

一是最终的样本量为25人，结合教育自传、文学作品、个人日记、公众号日志、访谈资料等约43万字的实质性文本，研究达到了一定的理论饱和；

二是根据既定的研究问题和研究假设，选取典型性研究样本（见图6）。在研究中，依据社会身份、精神特质和自我认知三重特性将样本群体整合为能够最大可能消解"留守"不利处境、具有奋发向上精神的"农家子弟"形象。

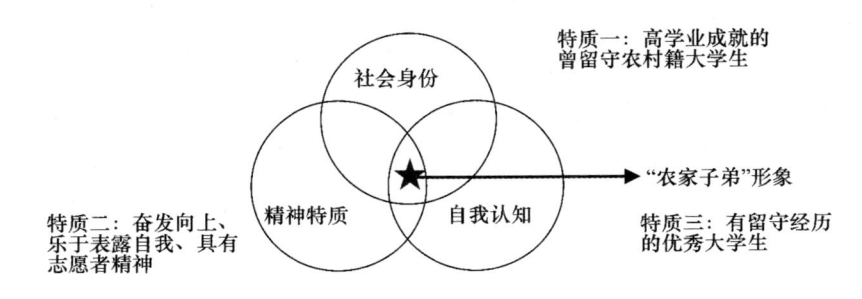

图6　抽样样本的典型性特质

特质一是将研究样本的社会身份标定为高学业成就的曾留守农村籍大学生，表示他们由于能够获取高等教育地位，因而具有抗击逆境的能力。在这里，也符合了通过教育实现社会流动意义上"成功"的研究假设。正如1976年塞缪尔·鲍尔斯与赫伯特·金蒂斯在《美国：经济生活与教育改革》中的符应原理所指出的，教育系统通过教育的社会关系与生产的社会关系的结构性对应，有助于将青年人统合到经济系统中去[①]。虽然该原理旨在批驳美国教育促进社会平等的盲目乐观主义情绪，进而提出学校乃是一种与不平等紧密相连的制度本质，但中国20世纪90年代末期的高校扩招与"985工程"和"211工程"的"两轮并驱"事实表明，中国的高校扩招不仅具有公平效应（尤其是对农村孩子而言，高考更是跳出农门的最佳选择），以"985工程"与"211工程"为代表的重点大学建设更加承担了精英教育和精英再生产的功能[②]。这就意味着，获取高等教育地位的农家子弟，能够突破阶层的代际传递，实现阶层跃迁，并在社会意义上被认为是取得学业成功的人。2017年1月，经国务院批准同意，教育部、财政部、国家发展和改革委员会印发了《统筹推进世界一流大学和一流学科建设实施办法（暂行）》，推进"世界一流大学和一流学科"建设（以下简称"双一流"建设），也是中国高等教育领域继"211工程""985工程"之后的又一国家战略。作为被研究的25名农家子弟，他们绝大多数来自"双一流"建设高校或"双一流"建设学科，因此他们被认定为具有向上流动的最大可能。

特质二是将研究样本的精神特质标定为愿意自我表露、具有志愿者精神、能够超越自我的当代奋斗大学生形象。习近平总书记强调："青年一代有理想、有担当，国家就有前途，民族就有希望，实现中华民族伟大复兴就有源源不断的强大力量。"农家子弟，他们绝

---

① ［美］S·鲍尔斯、H·金蒂斯：《美国：经济生活与教育改革》，王佩雄等译，上海教育出版社1990年版，第195页。
② 田丰：《高等教育体系与精英阶层再生产——基于12所高校调查数据》，《社会发展研究》2015年第1期。

大多数人都积极参加公益与社会实践活动,能够弘扬奉献、友爱、互助、进步的志愿者精神。教育自传活动是农家子弟完全出于自愿精神参与的,通过参加撰写自传活动,我们也发现他们乐于表露自我,充满积极、向上的心态,并迫切地袒露出希望借自己的留守经历帮助置于同样处境中的农村留守儿童。以上种种被看作是个体突破"小我"走向"大我",以彰显个体生命意义和价值的过程。

特质三是将研究样本的自我认知标定为自我认可的"成功者"形象。在招募农家子弟书写教育自传的实践活动中,招募"有留守经历的优秀大学生"(具体见招募书)作为招募的重要介绍与认知标准被传达给公众与被招募者。

(三) 研究伦理

质性研究一般是个体或者社会组织对人的主观思想和行为意义的深层次挖掘,而把个人内心思想揭示出来,有可能对个人产生极大的影响甚至危害。如何处理研究与被研究者之间的利害关系,关系到研究能否成功,被研究者是研究中的利害要素,如何取得他(她)们的信任和支持,如何保护当事人的隐私、利益和人格,使研究成为公正合理的社会行为,也使研究结果有利于人类进步,是摆在质性研究者面前的关键问题[1]。研究者将严格遵循以下原则:第一,研究者需要事先征求被研究者的同意,确保每位被研究者签署知情同意书。对被研究者提供的信息严格保密,研究中涉及的人名、地名和具体村落均使用化名。第二,研究者承诺不将获取的教育自传用于任何商业目的。第三,研究对象的招募与选取遵循自愿的原则,对中途离开的被研究者表示尊重,不强行挽留,并做好离开者的安抚工作,对可能出现的一切风险因素做出预案。第四,公正地对待被研究者和研究结果,恰当地处理敏感性资料,将伦理道德贯穿于整个研究过程。

---

[1] 李玲:《论质性研究伦理审查的文化适应性》,《比较教育研究》2009 年第 6 期。

第 一 章

留守历程魔方

> 岁月是一场有去无回的旅行，好的坏的都是风景。
> ——罗启锐《岁月神偷》

生命历程是由贯穿一生的一连串事件和社会变迁所标志的环环相扣的轨迹或路径组成的。在 20 世纪 90 年代的中国，国家计划生育、改革开放以及城镇化发展等大政方针踏浪而来，在那个大刀阔斧的改革年代，撬动的不止是国家经济体制与社会结构的总体变轨，与国家紧紧维系的个人命运也随之沉浮。当然，农村留守儿童也不例外。当汹涌的"民工潮"与国家发展的号角共同演绎发展的协同变奏曲之际，父母离乡后的复杂情绪渲染与独特的留守经历体验也如游丝般融入他们的生命血脉，在归属与分离、融入与辗转、熟悉与陌生的留守历程体验交叠之中，他们走过了别样童年。

第一节 农村留守儿童的整体历程：动态留守

一 不稳定童年

在孩童时期，我们总是期盼着轻松、快乐、无忧无虑的生活。

"池塘边的榕树""夏日蝉鸣""操场的秋千""下课的瞬间",罗大佑在《童年》这首歌曲里的描绘让我们深切地感知到童年的意象,童年是池塘榕树边的惬意,童年是夏日课后的舒缓,童年是人类自然的天真烂漫状态。每一个人回忆起记忆中最灿烂、最快乐、最美好的一段时光当属童年,它给人以希望,让人无尽地憧憬;它给人以渴望,让人无限地回味。童年也是具有明确指向的,人不能总是囿于童年,度过了"一天又一天""一年又一年",当"盼望长大"的号角吹响之际,成人的理想便占据人生主位,孩子们更希冀走向广阔的生活世界,当然,这也是合规律的通往人类成长与发展之路。但是,我们有想象过童年的巨变吗?来看看美国北卡罗来纳大学社会学家埃尔德为我们描述的大萧条年代。

> 全国所有的行业都遭遇着经济停滞和困苦的生活,1933年失业人数达到了劳动力人数的1/3,工作时间缩短和收入减少的人数的比例就更高……①
> 我们曾经非常富有,但是1929年大萧条降临以后,我们变得非常贫穷。在随后的几个月里,我的父亲失去了经纪人的工作,也失去了收入。后来他去开货车,每周能挣15美元②。
> ——奥克兰出生组的成员

大萧条年代,最常见的是人们对社会失败的感触,一切事物都糟透了,所有前进的步伐都陷入了僵局。然而,让人们没有想到的是,它开始传导式地将这种影响由父辈连带给下一个时代的孩子们,并给孩子们带来童年的危机。

---

① [美] G. H. 埃尔德:《大萧条的孩子们》,田禾、马春华译,译林出版社2002年版,第4—40、411页。
② [美] G. H. 埃尔德:《大萧条的孩子们》,田禾、马春华译,译林出版社2002年版,第61页。

孩子开始怀疑他们的父母。因为家中的生活必需品匮乏，他们过早地离开了家庭。他们必须尽快地找到工作。
——劳工组织者，熟练手艺工人之子

大萧条中的各种条件迫使孩子承担了本应由成人履行的职责，从而使这些孩子应该受到保护的无忧无虑的青春期成为不可能。正如阿尔伯特·科恩所回忆的那样，在大萧条中已经"没有十几岁的孩子了"①。

每个家庭孩子的生命历程都嵌入这个不稳定的年代，整个童年乃至成年时期皆受到这次波折事件的影响。孩子们不得不承担家务劳动，甚至过早地步入社会去迎接本不该属于他们的历练。我们也会发现，这种历练主要是以年龄、性别、职业和居住地的差别作为分野的，存在着程度上的不同。中产阶级家庭更为常见的是地位和名誉的丧失以及因此出现的一些焦虑，对于中产阶级的孩子而言，在家庭经济中承担生产性角色并不需要牺牲自己的教育，更不会因此而在与同龄人的社会交往方面受到明显限制；而物质极度匮乏和贫困主要集中在城乡的下层阶级，中下层阶级与下层阶级的痛苦生活令人印象深刻，他们成为"19世纪中叶伦敦沿街推卖水果、蔬菜和鱼的小贩"，他们的后代也往往子承父业，扮演生产性角色②。

现在，让我们回到中国景象，与大萧条年代截然不同的是，千禧年之交的世界经济充满动荡，中国迎来的却是改革的纪元。在1980—2000年的发展年代里，中国不仅GDP（按不变价格计算）增长了5.4倍③，而且由于市场经济的发展、计划体制的推动、高收入

---

① ［美］G. H. 埃尔德：《大萧条的孩子们》，田禾、马春华译，译林出版社2002年版，第59、40页。

② ［美］G. H. 埃尔德：《大萧条的孩子们》，田禾、马春华译，译林出版社2002年版，第411页。

③ 胡鞍钢：《从人口大国到人力资本大国：1980~2000年》，《中国人口科学》2002年第5期。

的刺激，中国农村大批剩余劳动力涌向城镇第二、第三产业。到 20 世纪 80 年代末，这些流入城镇的劳动力约有 3000 万，1992 年数量猛增，引起了社会的注意，据有关部门估算，到 1994 年春，这支大军大约有 6000 万人，被称为"民工潮"①。与大萧条年代相似的逻辑是，世纪之交的中国也会促使孩子们的童年卷入经济生活的变轨之中。我们已经预感到城乡儿童可能存在幅度上的差异，而独特的"民工潮"现象催发的次生群体——"农村留守儿童"变得格外引人瞩目。社会学者与教育家们将眼光聚焦于农村留守儿童的人格发展与教育问题，中央政府与地方部门试图以政策议题来切入、援助并稳定农村留守儿童可能出现的复杂生活。基于主体化的个人叙事，他们的命运沉浮与个体生命历程又将他们的生活呈现出怎样的场景，我们至少需要从两个侧面去了解：经济发展年代下特殊的"民工潮"现象造就了农村留守儿童怎样的不稳定童年？作为具有生命力的儿童个体在缺乏父母支撑后的童年生活该怎样展开，这一群体是如何经历变动和感知变动的？这些都是我们感兴趣的问题。

二 理解动态性

为了理解农村留守儿童的生命历程，一个解读他们童年生活的关键概念——"动态"被引入。那么，什么叫作动态呢？吕不韦在《吕氏春秋·尽数》中给出了一个生动的比喻："流水不腐，户枢不蝼，动也。"② 万事万物皆处于运动当中，如滔滔江水般涌动，奔腾不息；又如门轴一样，必定会常常转动。而当"动"与"态"相结合，一种流水之"势"便跃然纸上了。当然，除了根植于字词本身的解读之外，根据《汉语同韵大辞典》《当代汉语词典》等辞海典籍的记录，"动态"概念至少被镌刻上了三种内涵：一是与"静态"

---

① 陆学艺：《21 世纪中国的社会结构——关于中国的社会结构转型》，《社会学研究》1995 年第 2 期。

② （战国）吕不韦门客编撰：《吕氏春秋全译》，关贤柱、廖进碧、钟雪丽译注，贵州人民出版社 1997 年版，第 82 页。

相对；二是描述（事情）发展变化的情况，如毛泽东同志在《中国农村的社会主义高潮》一书中，名为《新情况和新问题》文章的按语所描绘的"这个材料描绘了农村中各阶层的动态"[1]，与作家魏巍在《东方》中所呈现的"每天早晚和深夜向敌军广播着我军的胜利消息，板门店和谈动态"[2]；三是描述活动中的状态、状况。朱光潜在《谈文学》[3]中写道："叙事与绘态之中还是叙事最要紧，叙事其实就是绘动态"，指的是通过一连串事件与活动中描绘出状态。事实上，"民工潮"指代的是农村务工人员的群体性迁移现象，从个体角度出发，"城乡两栖"更为贴切地描述了作为农村务工人员个体性的动态表达。首先，"城乡两栖"呈现的生活是与静态对立的，它决定了作为农村留守儿童的父母无法长期生活在某一特定区域。通过观察农村务工人员的生命轨迹可以发现，他们或往返于城市与乡村之间，或频繁地进行跨省流动，或在某个时间段内返回家乡，他们的生活不断地随着迁徙变动。当父辈们的"动态"生活与家庭教育决策交织在一起时，最直接的结果就是导致孩子的生活辗转并使得孩子们的生活经历如同父辈一般，充满着"动态性"。

（一）静的对立：动态的生活

农村留守儿童与城市儿童的最大不同就在于他们生活的动态性。让我们想想，人的一生能够经历几次变动。在美国社会，搬家往往被认为是人生变动的重要标识，也是人们生活当中压力最大的事件之一，经常与疾病、失业和离婚并列，大约50%的孩子在10岁生日之前至少搬过一次家[4]。而在英国，2008年之前房主在购买第一套房产

---

[1] 中共中央办公厅编：《中国农村的社会主义高潮》（共三册），人民出版社1956年版，第373页。

[2] 魏巍：《东方》，人民文学出版社2000年版，第967页。

[3] 朱光潜：《朱光潜全集》（第四卷），安徽教育出版社1988年版，第200页。

[4] Qin Ping, Bo Mortensen and Pedersen Carsten Bøcker, "Frequent Change of Residence and Risk of Attempted and Completed Suicide Among Children and Adolescents", *Archives of General Psychiatry*, Vol. 66, No. 6, June 2009, pp. 628–632.

后平均搬迁 3.6 次，到 2018 年他们一生平均变动次数降低到 1.8 次[1]。搬家可能与经济形势、家庭破产、职业变动、租期到限有关，也会与不同国别的居住特性有关，比如相比英国人，美国人更容易做出搬家的决策。但频繁的搬家在中国社会并不常见，余美华通过对平均年龄为 21.14 岁的年轻人调查发现，中国青年历史居住流动性的均值为 0.93，标准差为 1.02，表明被试的搬家次数平均为 0.93 次，范围为 0—4 次[2]。与中国青年居住流动性均值不足 1 次相比，农村儿童频繁搬家或迁移却成为常态，下面是较为典型的一例：小梦[3]，24 岁，舒姚镇[4]人。她的童年经历概览如下（见表 1.1）。

表 1.1　　　　　　　　　小梦的童年经历概览

阶　段	年龄段	整体历程	状态
阶段一	0—2 岁	生活在舒姚老家，母亲在家务农，父亲在外打工	留守
阶段二	3—4 岁	跟着打工的父母去西北城市	流动
阶段三	5—6 岁	与母亲、哥哥返回老家，父亲南下务工	留守
阶段四	7—11 岁	母亲外出打工，跟着祖辈生活，哥哥在城里上学	留守
阶段五	12—14 岁	抵达南部沿海城市，与父母团聚	流动
阶段六	15—16 岁	母亲带着小梦回到老家县城	留守

回顾小梦的童年时期，作为农村留守儿童的她并不是一直被固着在留守生活之中的。她的童年生活富有"动态"特性，并延展出间断连续和交替轮转两种特征。作为农村留守儿童，一方面，小梦的"留守"生活间断而又连续。她的"留守"生活并不是在整个时

---

[1] Gompertz S., *Moving Home is Becoming a Rarity*, BBC NEWS, 2018-3-27.
[2] 余美华：《居住流动性影响决策偏差》，硕士学位论文，中山大学，2020 年，第 37 页。
[3] 小梦是教育自传编码 AMF03—11 的作者。
[4] 本书对所有地名均作了化名处理。

间序列上呈现连续状态,她从一出生就经历了第一次留守,历时两年的时间,第二次留守是从5岁开始到11岁结束,第三次留守则是从15岁开始到16岁①结束,表现出了"留守"历程的间断性。与此同时,11年的留守经历贯穿了小梦童年的始终,"留守"生活的融贯性又将她的"农村留守儿童"身份被识别出来并得到强化;另一方面,我们可以看到她在童年时代历经了不同生活样态的轮转,从"留守"到"流动",从"流动"到"留守",再从"留守"到"流动",又从"流动"到"留守",她经历了"留守"和"流动"两种生活样态及四次交替过程。

> 那时我生下不到一个月,我爸就出去了两趟(打工),后来我三岁多跟着爸妈去了西北地区的城市,在那里待了一年半,从那回来后的那几年老妈留在家里照顾我和我哥,而我爸则经常在外打工。
>
> ——摘自教育自传 AMF03—11

小梦在不到一岁的时候就成了留守儿童,随后的日子里,她开始经历生活的辗转,一会儿是留守儿童,一会儿又变成了流动儿童,她的生活总是难以停歇,很少在某一地有长时间的停留。由此,我们可以感知到她的生活展现了同"静态"的对立,是一种动态的生活。

(二) 童年之变:归属与分离

从生活内容的发展与变化来看,农村留守儿童的生命历程体验凝结成为一个主题:归属与分离。在一开始描述自己作为农村留守儿童生活的时候,让很多农家子弟记忆犹新的是自己和父母的分离。

> 在我要上小学一年级的那年夏天,我妈和我爸一起去了南

---

① 实际上,小梦的留守生活一直延续到她17岁高中毕业,截止到16岁是根据政策议题中对农村留守儿童定义的截止时间。

方，老哥去了城里的寄宿学校上学。我记得那天我推着自行车追了我爸妈好远，他们在前面挥手示意我回去，我站在原地直到看不到他们才离开。

——摘自教育自传 AMF03—11

有一年，妈妈来看我了，我很开心，妈妈带了好多零食还给我买了新衣服，我觉得妈妈真好，我真想回家天天待在妈妈身边，可是第三天妈妈就要走了，我就哭，一个劲抱着妈妈的腿要她带我走，外婆、舅娘们哄我好久才把我拉开，妈妈的身影消失了，而我还在哽咽。

——摘自教育自传 AWF18—06

留守儿童问题的本质就是亲子分离，即农民工家庭父母与子女长期分开居住生活[①]。留守儿童与亲代反复分离的生活状态和生命经历展现了留守的动态机制，即"留守"是一种亲子分离的历程体验，父母的工作变动与家庭教育决策促使身为孩子的他们不得不时常经历与父母的分离与重逢，同时这种情境具有反复的特性。从经历父母离家的第一次阵痛，到节假日来临后的规律性重逢——"快到过年的时候就很激动，期盼它的到来，因为爸爸回家之后，就是我们四口之家团圆的日子"，但随后又是离别——"爸爸又走啦，家里就剩妈妈、弟弟和我三个人"。（摘自教育自传 AMF01—16）在与父母重逢的日子里，农家子弟感受到了家的归属，小党[②]认为只有父亲回来，家里才是团圆，家才能称之为家。但这种归属感是转瞬即逝的，在短暂重逢之后，父母与孩子们又不得不面对异地生活的处境。

虽然在政策视野里，从"动态留守"生命历程的视角出发，我

[①] 唐有财、符平：《动态生命历程视角下的留守儿童及其社会化》，《中州学刊》2011 年第 4 期。

[②] 小党是教育自传编码为 AMF01—16 的作者。

们无法对农村留守儿童的规模进行精确测量①，但叙事背后所隐匿的真实生活使我们不仅感知到了这些农家子弟留守生活的动态性，更发现了他们"动态"背后所呈现的复杂心理状态，这可以表征为集体性的"情感律动"②——"忧伤与孤独"。就像商业周期一样，"忧伤与孤独"的情感律动被农村留守儿童演绎为一种整体又持续的节奏，融构着他们的留守生活与叙事表达。

> 3岁时，我要被奶奶接回老家，与父母在火车站离别的场景现在想想还是会流泪，那是撕心裂肺的分别，所有人都在哭，我舍不得的是爸爸妈妈，可是爸爸妈妈除了舍不得我外还会舍不得奶奶，这一分别不知道要多久才能再见面。父母把我和奶奶送上火车，找到座位把行李安放好后就要下车了，在他们即将离开的那一刻我泪流满面，父母转过身离开火车，连头也没回，渐渐远去的背影令我心痛，我不敢去看，只好趴在奶奶的怀里默默地流泪，火车开动后不知道我哭了多久才平复了心情。不仅仅是这一次，很多次的离别都是如此的撕心裂肺。
>
> ——摘自教育自传 AMF13—16

在教育自传中有75次哭泣的场面被提及，而23次叙事都是关涉农家子弟回忆与父母分离的场景。"哭泣、流泪、悲伤、不开心"都是他们忧伤情绪体验的表达。而"孤独、害怕、寂寞、绝望、空洞、空落落、恐慌"的孤独情绪也渲染了他们整个留守生活。

---

① 唐有财、符平：《动态生命历程视角下的留守儿童及其社会化》，《中州学刊》2011年第4期。

② Vilfredo Pareto, *The Rise and Fall of the Elites: An Application of Theoretical Sociology*, New York: Transaction Publishers, 1991, p.31, 注：在这里，成伯清（2009）将"rhythm of sentiment"译作"情感律动"。成伯清：《从嫉妒到怨恨——论中国社会情绪氛围的一个侧面》，《探索与争鸣》2009年第10期。

在留守的那段日子，我最大的感受就是孤独。因为经济原因父母外出打工，路途太远，车费高昂，一年也回不来一次，过年工厂因为加班费更多些，定好的车票只能忍痛退掉，心里默默期盼下一个回家的日子。

——摘自教育自传 AMF01—16

入冬后姥姥到城里住了，爸爸为了照顾我，就在村里找了活干。妈妈不在家里，爸爸要出去干活，感觉什么事情都要自己做了。以前总想着什么事都有妈妈，所以会做的事也不经常做，现在妈妈不在家，就一切靠自己了。早晨爸爸早早就去干活了，交代我上午去地里把长好的葵花摘回来。爸爸走后我就睡不着了，孤独的感觉一下子涌上心头，眼泪情不自禁地掉下来。

——摘自教育自传 AMF24—16

意大利社会学家维弗雷多·帕累托提出"情感律动"是因为他看到了人类历史中两种社会学现象的形式：一种是确定实际事物之间关系的客观形式，另一种是确定各种心理状态之间关系的主观形式。在大众视野中，我们往往会因为农村留守儿童"忧伤与孤独"的情感律动而产生情感共鸣，但我们不应当满足于对主观现象的观察，而更应当从主观现象中推断出其背后的客观原因。在学理层面上，农村留守儿童的"情感律动"实质揭露出动态留守生活对他们造成的情感震荡，我们应当识别造成其情感变化的"动态"情境，更进一步地判断出具有"情感律动"的农村留守儿童整体可能具备哪些统一的人格特质与群体特征，进而为他们的下一步行动做出解释与归因。人类的大部分行为并不起源于人们的逻辑推理，而是起源于情感，对于农村留守儿童来说，当他们保持着这样一种情感律动时必定会形塑他们的人格或诱发他们做出某些具体行动[1]。

---

[1] 比如本书中的农家子弟马乔，他会因为忍受不了孤独而产生寻找南下务工母亲的辍学行为。

（三） 时间刻度：留守的定格

在农村留守儿童"动态留守"的生命历程中，我们不仅感知到"归属与分离"的内容命题，一个时间刻度上解读的留守生命历程也由于"动态性"变得格外丰富。我们首要做的是选择哪种形式或意义上的时间刻度去进行阐释，一个可参考的框架是芝加哥大学历史系教授莫伊什·波斯通在时间维度上的历史社会学分析。

为了考察现代资本主义社会中社会必要劳动时间的范畴与时间本质关系以及追踪该社会的历史动态特征，波斯通辩证地提出"具体时间"与"抽象时间"两种时间概念。他认为"具体"可以被用来描述各种时间，它们是事件的功能，可以通过自然与人类生活的周期性以及特定任务或过程（如煮米饭所需要的时间）来指代和理解。与之相对的则是"抽象时间"，它是均匀的、持续的、同质的、"空"的时间，独立于事件。作为独立变量，抽象时间是一种被抽象出来的均等的、可分的常数单位，而当它与"时钟"工具相结合时，人类的日常生活就愈发规范化了，也正是因为这种抽象的零时标准化，才完成了古斯塔夫·比尔芬格所谓的"资产阶级日"的纪元。通过这种方式，人类活动由一个具体的因变量变成了控制人类活动的一个抽象的独立变量，并逐步缔造了社会建构过程中的劳动异化。人们根据统一的时间，将工资水平和劳动产出之间的一种事实上的实际社会关系在历史上呈现出来，这种关系是在时间上衡量的——反过来，它隐含了生产力的概念，即单位时间的劳动产出。[1] 可以看到，在抽象时间观背后是一种劳动的抽象化现象，内隐式的一统时间用活动取代事件来度量时间，人在单位时间做了何种事情被转换为单位时间内人的劳动产出。由此看来，"留守"的政策概念也是基于这样一种抽象的理念，当不满16周岁的未成年人被划定为留守儿童范畴时，0—16岁的时间刻度将"留守"标定，并将其抽象为一

---

[1] Moishe Postone, *Time, Labor, and Social Domination: A Reinterpretation of Marx's Critical Theory*, Cambridge University Press, 1995, pp. 201–216.

种基于"留守"活动的时间。它对叙事的意义消解是，抽象时间观极有可能导致留守内容性的统一，甚至走向虚无，因为人们往往会专注于抽象时间的计时与分类功能而忽略了人类真切丰富的体验以及具体时间维度上事件所蕴含的多重意味。叙事策略与具体时间观视角呼唤着我们重新进入，基于事件的各种具体时间在农家子弟的留守历程线上亟待延展。以时间形态为分野，我们可以将留守历程中的具体时间划分为定格时间与过程时间。定格时间中所发生的事件穿梭在时间点与时间段的切片之中，无论是留守生命历程凝结的核心内容命题——归属时刻、分离时刻，还是站立在时间点上的交流时刻、争吵时刻、煎熬时刻，叙事的内容都会从这些"点"中迸发出来。

> 我从小学到初中的家长会，爸妈一直缺席，每次老师询问哪位同学的家长没来开家长会，并且有时候会让在全班同学面前罚站，都是我最煎熬的时刻。
> ——摘自教育自传 AWF12—12

对于娟子①来说，参加家长会既是尴尬的时刻，更是她要面临的煎熬处境，一个孩子既要面对父母不能来参加家长会的窘境，还会遭受来自老师的严厉惩罚。当娟子面临如此煎熬的处境时，除了情绪升腾之外，行动上也会旋即而来。

> 渐渐地，对于父母每年刚刚过完年就离家，有时甚至竟不回家过年的做法我就深感不解，甚至迁怒于父母，赌气不接他们的电话，过年回家也躲着不见他们。
> ——摘自教育自传 AWF12—12

---

① 娟子是教育自传编码为 AWF12—12 的作者。

而另一种过程时间则是从时间点出发开始延长的一条射线,在时间上它更为长久,即独立个体在较长时间段内所历经的事件,如独处时间、亲近自然时间、陪伴时间、努力学习时间等。

> 从小学到上高中之前,我经历了有父母陪在身边到他们出去的反复,以及最后自己独自一人长时间在学校生活,这大约是十年。十年,对于有的人来说,或许收获了成功的事业,或许得到了一份珍贵的感情,或许交了很多挚友。而十年对于我来说,它教会了我如何一个人去面对害怕、孤独,它让我明白了在困难面前,我是可以的,它更让我懂得了"独立"二字的真正含义……
>
> ——摘自教育自传 AMF11—10
>
> 那时我并没有把这看作是干农活,而认为是儿时的另一种"游戏",同时帮助家人干活自己也收获了额外的快乐,有一种小小的成就感。我们还会在田地头烤玉米吃,吃到嘴巴黑黑的,很是享受这种时光。用十几年的时间亲近过乡土自然后,我也走向过"繁华世界"。
>
> ——摘自教育自传 AMF13—16

"独处时间"竟能收获沉思,"干农活时间"也可以获得亲近乡土自然的体会,农家子弟的内容叙事将"具体时间"依赖事件的功能凸显,并延展出一系列不同的结果。当然,我们也可以看到,在各种具体时间中呈现的事件,消极的后果也被反射出来。"爸爸常年奔波于各地打工,更多的时间是妈妈和我们姐弟俩相处"(摘自教育自传 AMF01—16),对于小党和弟弟来说,他们获得了妈妈陪伴的时间,但另一个侧面是,他们失去了父亲的陪伴时间——"大学之前都是我、妈妈还有弟弟在一起,爸爸常年在外打工,一年最多也就回来两次"(摘自教育自传 AMF01—16)。当定格时间与过程时间双重交织时,场面则变得更难以言喻:"看着熟悉又陌生的面孔,时间似乎在那一刹那凝固，一时间竟手足无措，喉咙凝噎，怯于说话，不知说些什么，更是无从说起。时间的绵长、空间的阻断早已在面前悄无声息地竖立了一道透明却固若金汤的天然屏障，用来保护我逐渐陌生的心，也捆绑住了我在父母膝下本然的自由"（摘自教育自传 AEF22—12）。悠长的留守生活已经磨灭了晓晓[①]对于父亲的记忆，在与父亲重逢的那一刹那，本该充沛着喜悦心情的她却感到无言。

当然，具体时间与叙事内容的统一不仅可以从时间形态分野的角度出发，而且一种基于主体的时间认知也将映射在具体时间内的留守历程描绘得更加生动。

> 现在想想他们（曾经的同学）给了我一段鲜活的记忆，让我知道"对手"这个词。只是当时的我，懵懵懂懂，说话不管他们的感受，只顾自己一时的快活，定是给他们幼小的心灵留下了不少伤疤。其实在我的内心深处，是十分渴望和他们成为好朋友的，只是时间没有给我犹豫的机会。
> ——摘自教育自传 AWF16—09
>
> 我现在想想到现在都欠着两个对不起。时间真是无情，它才不会在乎你是否真正成长。只要你稍微犹豫就把你欠下的对不起，变成还不起。
> ——摘自教育自传 AEF22—12

不同于抽象时间，当时间与事件相结合，具体时间的呈现不仅让我们理解事件，甚至会将事件拟人化并强化农家子弟对留守生活的情感理解。社会情感选择性理论认为，时间认知在社会目标的选择和追求中起着基础性作用。根据该理论，社会动机可以分为两大类：一类是与获取知识相关的，另一类是与调节情绪相关的。当时间被认为是开放的，与知识相关的目标会被优先考虑。

[①] 晓晓是教育自传编码为 AEF22—12 的作者。

相反，当时间被认为是有限的时候，情感目标就会占据首要地位①。"时间没有给我犹豫的机会"（摘自教育自传 AWF16—09），"时间真是无情"（摘自教育自传 AEF22 —12），在有限的时间向度内，我们发现了农家子弟对时间的感知。而更为有趣的是，一种巧妙的转移现象逐渐被呈现：农家子弟为有限时间的意识提供了一种透视感，当他们的话语离开叙事并转移到具体时间时，负面情绪开始软化，并提高了对生活方面的理解。总之，无论是基于不同形态的具体时间分野，还是结合主体的时间认识，留守的生命历程在时间维度上会将内容叙事表现得深刻而又富有动态。

三 新的概念观

我们总是以功能主义的概念视角将农村留守儿童群体整体地理解为"一直留守"或始终保持稳定的"留守"状态。人们往往会表达他是留守儿童，或者他不是留守儿童，抑或将留守儿童识别为一个单一的政策群体。然而，这是一个简化论者的观点。在有关"留守儿童"的研究文献中，有学者批评道，人们往往对"留守儿童"概念做过于简化、静态化的处理，缺乏"动态"的生命历程的视角。就现状而言，定义"留守儿童"与"非留守儿童"其实只是一种暂时性的区分，它掩盖了目前的非留守儿童有可能是刚刚由留守儿童转换而成的，目前的留守儿童可能在不久之前还是非留守儿童②。也有研究者发现由于父母外出打工，农村留守儿童可能会在"留守—流动"或"流动—留守"不断变换和交替的过程中成长③。从归属

---

① Laura L. Carstensen, Derek M. Isaacowitz and Susan T. Charles, "Taking Time Seriously: A Theory of Socioemotional Selectivity", *American Psychologist*, Vol. 54, Iss. 3, March 1999, p. 165.

② 罗国芬：《农村留守儿童问题的"问题化"机制研究——以其学业成绩的"问题化"为例》，博士学位论文，华东师范大学，2014 年，第 45 页。

③ 吕绍清：《农村儿童：留守生活的挑战——150 个访谈个案分析报告》，《中国农村经济》2006 年第 1 期。

与分离的童年之变,到时间映刻下的留守定格,农村留守儿童的"动态留守"生命历程呼唤着新概念观的出现。现在是克服简化观点的时候了,我们需要另一种方式来获取生命轨迹的活力,这种新的方法论需要掌握变化(而不是稳定),而"动态留守"概念型所蕴藏的意义就在于此。

因而作为一种特殊样态的生命历程,"留守"不止限于对一次体验的总结,也不仅仅是政策扫描进程中的一次身份标定,它指代的是农家子弟曾历经的一种"动态性"的"留守"过程,"动态留守"更为适切地描绘了农村留守儿童的总体历程。从概念演绎视角出发,如果说"动态"即(事情)变化发展的情况,那么推之于"动态留守",则指农村儿童处在一种变化发展的"留守"样态中。"留守"通常是由农村家庭迁徙引起的次生活动,其承受主体主要是与父母共同生活、不满16周岁的未成年人。"动态留守"不同于"留守"既有定义所承载的静态内涵,而指向了"留守"样态的扩展。它不同于趋势变动,不是朝着单一方向的持续运动,而是伴随留守、"常态"以及流动等多重生活样态的交替[1];它也不同于季节变动,季节变动有比较固定的规律,且变动周期大多为一年,但留守却无特定规律,周期长短不一、变动频率不固定。在25篇教育自传中,大部分农村留守儿童的"动态留守"表征如下:假定留守(Ⅰ型)、"常态"(Ⅱ型)、流动(Ⅲ型)为三种起始形态,那么他们的人生则从起点形态开始,"常态"、流动、留守,甚至是事实孤儿[2]的状态中不断辗转,直至从儿童迈入成年。

在我们收搜集的25篇教育自传中,有9种"留守"历程轨迹陆续被发现(见图1.1)。当我们假定一位农家子弟在童年时期经历了

---

[1] 这里的生活状态指的是以"留守"为核心状态的相对改变,主要包括"留守""常态"和"流动"。

[2] 在25位撰写教育自传的作者中,我们发现马乔有半年的时间成为事实孤儿,由于异地不能参加小升初考试,马乔在六年级下学期时回了老家。在这半年时间里,他无人抚养并过着独自生活的日子。

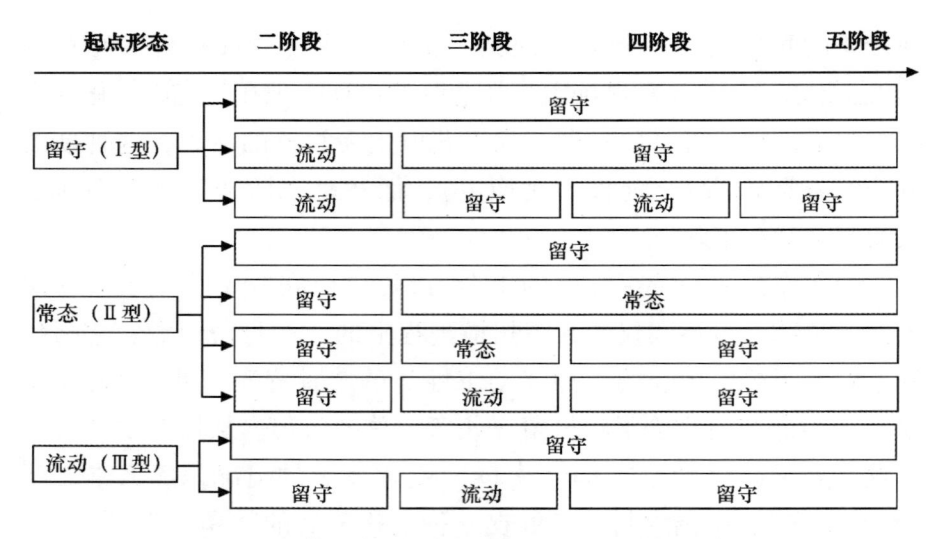

图 1.1　25 篇教育自传中呈现的 9 种留守整体历程轨迹

5 次变动，那么将 3 种生活样态（留守、常态、流动）5 次转换后，我们则得出了 243 种可能。当前，中国共有 902 万名农村留守儿童，作为独立个体的他们虽然人生轨迹不尽相同，但可以肯定的是，这 902 万名留守儿童有可能演绎着 243 种动态人生。

第二节　农村留守儿童的教育历程：迁移上学

一　迁移上学

在农村留守儿童教育历程中，转学与寄宿两类教育迁移行为得以凸显。一直以来，农村留守儿童寄宿是学术界与政府研究的重点。周宗奎等人在对 1200 余名农村儿童的问卷调查发现，留守儿童绝大多数都接受了正常的九年义务教育，初中时期绝大多数都在学校寄宿，而小学的情况地区差异很大，有的从一年级开始在校寄宿；有的从四年级开始在校寄宿（在部分乡完小），一年级至三年级走读（在村教学点）①。众多研究者②倡导将寄宿作为一种弥补农村留守儿童的政策手段，呼唤有条件的学校为农村"留守儿童"实施寄宿制度，如学者张俊良、马晓磊认为寄宿制学校可以一定程度上弥补农村"留守儿童"家庭教育的缺失，能够为孩子提供一个大"家"，使孩子在小家中缺失的温暖在这里得以部分补偿，而且同时还可以监督孩子的学习、照顾孩子的生活、保障孩子的安全③。为了解决留守儿童家庭缺失与教育问题，教育部于2004—2007年在中西部农村开始实施"农村寄宿制学校建设工程"④。2018年出台的《国务院办公厅关于全面加强乡村小规模学校和乡镇寄宿制学校建设的指导意见》进一步完善举措，明确指出"切实加强对留守儿童受教育全过程的管理，优先满足他们的寄宿需求，配齐照料留守儿童生活的必要服务人员"⑤。

而另一种隐匿在农村留守儿童生活中的教育迁移行为——转学，在既往研究与政策视野中较少被提及。在发达国家，特别是美国，转学被视为一种普遍现象，一些城市学校学生转学率甚至高达50%以上⑥⑦。美国社会的社区教育领域，转学更是被视为一

---

① 周宗奎、孙晓军、刘亚、周东明：《农村留守儿童心理发展与教育问题》，《北京师范大学学报》（社会科学版）2005年第1期。

② 范先佐：《农村"留守儿童"教育面临的问题及对策》，《国家教育行政学院学报》2005年第7期；于慎鸿：《农村"留守儿童"教育问题探析》，《中州学刊》2006年第3期。

③ 张俊良、马晓磊：《城市化背景下对农村留守儿童教育问题的探讨》，《农村经济》2010年第3期。

④ 财政部：《关于"加大农村寄宿制学校建设投入，解决留守儿童教育问题"提案的答复（摘要）》，索引号：A01920080116，2008年3月18日。

⑤ 国务院办公厅：《关于全面加强乡村小规模学校和乡镇寄宿制学校建设的指导意见》国办发〔2018〕27号，2018年5月2日。

⑥ Karl L. Alexander, Doris R. Entwisle, Susan L. Dauber, "Children in Motion: School Transfers and Elementary School Performance", *The Journal of Educational Research*, Vol. 90, Iss. 1, Sepmber/October 1996, pp. 3–12.

⑦ Majida Mehana and Arthur J. Reynolds, "School Mobility and Achievement: A Meta-Analysis", *Children and Youth Services Review*, Vol. 26, Iss. 1, January 2004, pp. 93–119.

种教育制度安排，比如学生在社区学院修完两年的转学课程后可转到四年制大学、学院的三年级继续学习更高层次的课程，转学功能实现了副学士和学士教育的衔接，为学生获得本科教育提供了一条费用合理、入学方便、确保质量的变通途径①。与美国"转学"教育制度不同的是，中国往往将"转学"的研究对象指向城市儿童与流动儿童，将研究内容指向转学现象的成因分析。城市地区的学生会因为家庭居住地的变化或为了追求更好的教育质量而转学；而对于农村学龄儿童的转学，关注点主要聚焦在农村剩余劳动力向城市转移进程中流动儿童转学问题上。陶红、杨东平等人 2009 年在对北京、上海等 10 个城市 4650 名农村户籍流动儿童的问卷调查发现，20.8% 的学生随父母多次迁移转学。在多次转学的小学生中，23.6% 转学 2 次，31.6% 转学 3 次以上；在多次转学的中学生中，23.6% 转学 2 次，41.1% 转学 3 次以上，8.1% 转学 5 次，找到质量更好的学校和父母职业流动是转学的两大主因②。

当我们聚焦农村留守儿童，由于整体上呈"动态留守"特征，在排除农村留守儿童转为流动儿童身份后的转学经历，与父母长期分离的农村留守儿童也会经历转学。那么，农村留守儿童为何要转学？农家子弟又是如何通过转学成为留守儿童的呢？

二 缘何去迁移

从农村留守儿童对为何转学的解释来看，影响转学的原因可划分为外生和内生两个部分。在外生原因方面，农村留守儿童转学主要受到三类政策或体制影响。

第一，户籍制度牵连下的异地升学政策。1958 年颁布的《中华

---

① 杨彬：《美国社区学院转学教育功能研究》，《比较教育研究》2004 年第 3 期。
② 陶红、杨东平、李阳：《农民工子女义务教育状况分析——基于我国 10 个城市的调查》，《教育发展研究》2010 年第 9 期。

人民共和国户口登记条例》开始严格控制农村人口向城市迁徙，标志着中国"城乡二元"户籍制度的形成。有研究者指出，通过户籍制度，国家及各级地方政府不仅可以限制社会成员自由流动、控制城镇人口规模（特别是限制农村人口流入城市），而且可以对社会成员实施属地化管理①。改革开放后，面对国家经济上升发展趋势以及农村剩余劳动力不断从土地上释放，国家逐渐弱化了户籍对人口流动的限制功能，农村人口得以自由进城择业。但是，在既有户籍制度框架下，农村进城人员却并未享有与城镇居民同等的各项权利，在教育领域表现为随迁子女无法享有在城镇就学、升学和考试的权利。我们所追踪的农家子弟大多出生于1990—2000年，他们正是社会转型后成长起来的第一代流动儿童，因为考虑到异地升学的困难，他们不得不回归家乡，又化身为第一代农村留守儿童。

> 三年级②暑假时，家里打来电话，再不转学回家，学校就要取消我的学籍了。爸爸考虑到千元的借读费，便又在我没和我曾经的伙伴道别的情况下将我送回了老家。
>
> ——摘自教育自传AWF12—12

在异地升学考试的制度屏障中，更为显性的是高考政策。检视历年来的"教育部普通高等学校招生工作规定"皆可发现，关于考生报名地点和办法的相关规定最为基本的两条就是：一是申请报考高校的所有考生，必须在其户籍所在省（区、市）高校招生委员会规定的时间和指定的地点报名；二是各省级招委会办公室应要求本省（区、市）各级招生考试机构认真履行考生报名资格审查工作职责，严格审查考生报名资格③。面对以户籍为基础的"就近高考"

---

① 陈映芳：《"农民工"：制度安排与身份认同》，《社会学研究》2005年第3期。
② 根据笔者与作者的访谈确认，作者转学年份发生在2006年。
③ 葛新斌、尹姣容：《农民工随迁子女异地高考困局的成因与对策》，《华南师范大学学报》（社会科学版）2014年第2期。

政策，许多流动儿童家庭选择将孩子送回原籍。当这些孩子返回家乡时，父母却并不会同样选择留在家乡，因此农村儿童不得不面临与父母分离的处境而成为留守儿童，并重新去适应新的生活与教育环境。

> 考虑到日后高考终归要回到户籍所在地参加考试，我不得不离开父母，回到老家读初中。
> ——摘自教育自传 AEF04—04

> 听说户口不在当地是不能在本地参加高考的，所以在我该上初一下学期①时回了老家。老妈在那一年也同我一道回去了，只有老爸独自留在外务工。回去之后我去了我们县城的一所寄宿学校上学……老妈把我送过去后，没过几天就回去找老爸了。
> ——摘自教育自传 AMF03—11

第二，植根于农村地区演化而生的独特办学形态——"教学点"。与城市小学有完备的学制不同，由于部分偏远农村地区人口稀少、居住分散，为了满足低年级学生就近入学的需要，以复式教学为主的小规模不完全学校——"教学点"较为普及。一般认为，在小学阶段，有5种不同性质的初等教育组织：教学点、初小、完小、非完小和中心校。所谓教学点是只有一名教师，对不同年级的孩子实施复式教学的教育组织形式。有研究者指出，"教学点"是根据人口规模不同、地区环境差异设置的一种教学组织形式，如果组织得当，教师可因材施教、增加个性化辅导，学生可以"就近入学"、降低生活成本②，这也是国家因地制宜进行教育制度安排的体现。但是，这也意味着几乎每个身处偏远地区的农村儿童都会有转学经历

---

① 根据笔者与作者的访谈确认，作者转学年份发生在2010年。
② 范先佐、郭清扬、赵丹：《义务教育均衡发展与农村教学点的建设》，《教育研究》2011年第9期。

的可能，并具有原生性质。农村儿童原本是在离家较近的教学点上学的，由于农村教学点的学制不完整，到了一定的年级后，他们不得不转学到其他学校，从农家子弟的叙述中也证实了这点。

> 我上的第一所小学只到二年级，算上学前班整个学校就三个班……而我在上二年级时去了另一所离家较远的小学。
> ——摘自教育自传 AMF03—11

近年来，随着教学点体制改革的深化，传统一师一校局面有很大改变，现在教学点的教师隶属于中心校并由中心校派出，可以实现多位教师同时走教到教学点上课[①]。据统计，2001 年全国小学总数为 491273 所，其中教学点数达 114384 个，约占全国小学总数的 23.28%；全国乡村小学数为 416198 所，教学点数为 110419 个，乡村教学点占全国乡村小学数的 26.53%。但我们可以看到，农村儿童由此面临着转学境遇，而且这种可能性在逐年增加。与 2001 年相比，2019 年全国小学总数已缩减至 160148 所，教学点数却仍然维持在 96456 个，教学点数已占全国小学总数的 60.23%，比 2001 年高出 36.95%；与 2001 年相比，2019 年全国乡村小学已缩减至 88631 所，但教学点数却维持在 84495 个，乡村教学点占全国乡村小学总数的 95.33%，比 2001 年高出 68.8%（见图 1.2）。

第三，"撤点并校"政策也会促成农村留守儿童根据学校布局进行上学迁移。随着中国社会经济发展，为了进一步优化教育资源配置，使学校布局适应人口分布，2001 年国务院颁布《关于基础教育改革与发展的决定》，提出要"因地制宜调整农村义务教育学校布局"。这一文件的发布，开启了全国范围内对农村小学尤其是农村教学点的撤并风潮，我们也将这一进程称为"撤点并校"。对于娟子来

---

① 邬志辉：《中国农村学校布局调整标准问题探讨》，《东北师大学报》（哲学社会科学版）2010 年第 5 期。

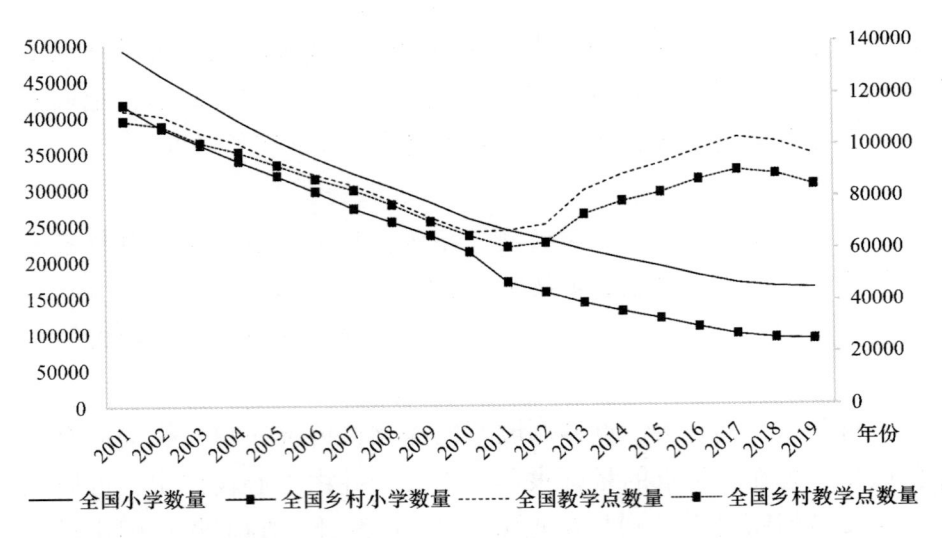

——全国小学数量 ——全国乡村小学数量 ……全国教学点数量 ——全国乡村教学点数量

图1.2 全国小学与教学点、乡村小学与教学点数（2001—2019年）（单位/所）

说，囿于户籍制度下异地升学困境，她不得不从父母的打工地转学回到老家，她的身份也从流动儿童转变为农村留守儿童，然而由于"撤点并校"政策的实施，村里的小学已被撤并，为此她又不得不辗转到离家较远的村里去上学。

> 回到老家由于撤点并校，我们的村小没了，又辗转到沟外的村子继续上小学，办理学籍的时候很麻烦，后来几经辗转终于在原来小学关老师的帮忙下才解决。
> ——摘自教育自传 AWF12—12

对于"撤点并校"这一现象，叶子[①]也从另一个侧面上有所感知。

> 在四年级的时候，由于村里的小学撤并，我们班级里突然

---

① 叶子是教育自传编码为 AWF14—03 的作者。

多了好多学生，当时四年级只有一个班，五六十人，有的来自很远的村子。

——摘自教育自传 AWF14—03

制度环境是构成农村留守儿童转学经历的主要外生原因，户籍制度牵连下的异地升学政策使得部分流动儿童难以在城市学校顺利升学，独特的"教学点"办学体制与"撤点并校"政策也会对个体产生强约束，迫使农村留守儿童不得不进行教育迁移。

在内生原因方面，促成农村留守儿童转学也可能是家庭自我选择的结果。一个问题是，为什么中产阶级家长能够参与孩子的"协作培养"，而工人家庭出身的孩子和贫困家庭的孩子却只能在家庭和监护人的放任下成就自然成长[①]呢？实际上，除了归因于安妮特·拉鲁所声称的家庭是否有意识地为孩子安排监控的、有组织的教育活动外，还在于日常生活中这些家庭是否具备足够的精力与能力照看与监管孩子。与农村家长为什么做出把孩子留在家里的决定一致，孩子连续的生活变动也可能源于家庭成员的有限能力。

四年级时，奶奶要去城里带叔叔的孩子，我和妹妹只好转学到城里去找爸爸妈妈。

——摘自教育自传 AEF06—5.5

对于部分农村家庭来说，青壮年为了寻求经济利益外出务工，家中的老人需要承担多个务工者子女的照料工作。家庭为了生计而产生合作行为，而孩子当然也是其中的一环，尽管有的时候频繁转学成为代价，但这是家庭成员遵从方便原则的结果。研究中的另一发现是，流动儿童也会因为不能完全适应城市生活而选择返回家乡。

---

① [美]安妮特·拉鲁：《不平等的童年》，张旭译，北京大学出版社2010年版，第1—14页。

有些农民工父母可能会基于对孩子学习状态的整体考量做出将孩子转回老家的决定。

> 升初中的时候，由于父母担心沿海城市高考升学压力较大，便让我回老家读书，我的留守生活也就此开始了。
> ——摘自教育自传 AEM10—04

也有些孩子因为体质孱弱不能适应工业城市生活而选择归乡。

> 那年，我六岁，爸爸妈妈在城市工作，那时的城市一味追求着经济的高速发展，而不去顾及环境的治理与维护，经济的增长以环境的损坏为代价，环境脏得一塌糊涂。对于一个抵抗力很弱的孩子来说，那并不是一个多么好的成长环境……我出现了严重的高烧与脱水，意识模糊。由于我发病特别急，等父母送我去医院的时候，我已经严重脱水，并且父母已经没有办法唤醒我。在各位医生阿姨和护士阿姨争分夺秒的努力下，我从"死神"的手里溜了出来……经过这件事情，老爸老妈把我放回乡下爷爷家休养……脱离了车水马龙与乌烟瘴气的环境，我变得生龙活虎起来。
> ——摘自教育自传 AMF08—05

选择归乡的原因是多样化的，但是我们也可从中管窥到，城乡场域的差别会在个体体验中反馈出来。

尽管为了维持生活或提高经济收入的进城打工行为会消耗农民工家长的大量精力，但是部分农村家庭也会投入时间为孩子安排转学事宜，以求更好的学校教育。当然，这也成为推进农家子弟取得高等教育地位的一种"希望"力量，我们在后面的研究中还会加以讨论。

> 从小我便被父亲送到城里去，他实在瞧不上许多学校，小学辗转了三次终于把我送进了县里最好的那所小学。
>
> ——摘自教育自传 AWF02—03

> 初二下学期我转学了，从镇上的初中转到了县里的初中，只因为那里有更好的基础设施和师资力量。
>
> ——摘自教育自传 AMF11—10

三 迁移的意味

农村留守儿童的迁移上学教育历程既会受到国家与地方教育政策的影响，有时也会受家长能力、家庭教育决策与个人选择的制约。但无论如何，对于农村留守儿童来说，"转学"造成的频繁迁移是既定的事实。

（一）教育迁移：转学为标志

实际上，在农村留守儿童的教育历程中，以转学为标志或转折点的教育迁移是一次教育轨迹中的重要转变。转变作为一种短期观，描述了各种状态的变化，如孩子从依赖发展到独立发展，或心情从忧郁转为开心等，而转折点对于转变则非常重要，它代表了一种方向的变化。每个人都会经历入学、毕业这种以社会规定事件为标志的转变，并在短时间内发生。特别的是，转学作为一种不同于入学、毕业等普通社会规定的事件，当其与城乡二元语境相融合后，转学作为人生转折点的意味则更加强烈，它也必定会在农村留守儿童身上留下社会影响的烙印。

每一次转变都嵌套在一定的轨迹之中，代表着一定角色的建立和丧失。转学之于农村儿童，首要的意味就是身份的转换。第一种身份转换是留守儿童、非留守儿童、流动儿童三种角色之间的交换。有的孩子从小就是留守儿童，但是经历转学后，他不仅成为非留守儿童，更获得了流动儿童的社会身份。

> 我的留守生活在转学后便结束了，初到城里，一家人住在

自家开的零食铺里。

——摘自教育自传 AEM17—16

也有的孩子一直跟随父母在城市务工，当回到家乡上学时，他们又被识别为留守儿童，典型的比如小骥①和小梦，他们囿于异地升学政策的限制，都选择了转学回家，并最终成为农村留守儿童。第二种身份转换则是从非转学儿童到转学儿童的转变。无论是留守儿童还是流动儿童，在历经转学之后，转学生的身份标签将他们同普通的同学区分出来。当然他们面临的不止于这个身份。

> 这些孩子从最年长的、最具责任感的、最出名的和在学业和体力上最有能力的，变成了他们所在的社区中最年幼的、最不为人知的成员。这种变化对孩子个人有什么影响？他或她的行为、态度、自信，尤其是工作，会在多大程度上受到影响？转学过程对某些孩子的影响会比其他孩子更大吗？如果是这样，谁是最脆弱的，谁将享受……这个挑战？②

正如玛格丽特·萨默菲尔德所描述的，作为"转学生"，这些孩子必须在他们的教育生涯中做出调整。对于农村留守儿童，他们也必将经历与父母在生活和情感上的分离，认知与感知转学处境，学会适应并融入陌生的学习环境，这些挑战不仅来自情感认知，也可能来自生活安排，甚至是语言方面。在这个意义上，转学之于农村留守儿童也意味着在环境改变后的迁移体验的获得。

（二）迁移体验：融入与辗转

农村留守儿童经历的辗转不止于从流动儿童到留守儿童的身份

---

① 小骥是教育自传编码为 AEF04—04 的作者。
② Margaret Summerfield, "Academic Performance after Transfer" in Michael Youngman, eds., *Mid-Schooling Transfer: Problems and Proposal*, Windsor: NFER-Nelson, 1986, p. 11.

层面，生活的辗转、监护人的交接，甚至是跨地域的重新适应，以转学为契机的多重辗转境遇就这样交汇。

  因为撤点并校的缘故，我辗转到沟外的村子继续上小学。可以说，我的求学经历就是一部辗转的求学史，那是不为灰色的灰色。

——摘自教育自传 AWF12—12

  "辗转"一词最早见于《诗经》。《诗经·关雎》有"悠哉悠哉，辗转反侧"，《诗·陈风·泽陂》有"寤寐无为，辗转伏枕"，其意皆为"翻来覆去睡不着的样子"，后来又引申出"反复不定"和"经过许多地方"之意，如《后汉书·来历传》的"历怫然，廷诘皓曰：'属通谏何言，而今复背之？大臣乘朝车，处国事，固得辗转若此乎！'"，又如《文选·古乐府〈饮马长城窟行〉》的"他乡各异县，辗转不可见"，如今又有了表示"事物或者东西非直接地传达，经过许多人手"之意[①]。在农家子弟成为留守儿童的教育历程中，以"转学"为契机的"辗转"事实上是生命实体在教育空间的动态转换和呈现的续接状态，它既是多个教育场所间的游离，又是对固定教育场所的嵌入尝试，反映了生命实体与教育环境之间的互动关系。
  而由辗转迸发出的孤独意识则是农村留守儿童对转学经历体验的意识显现，"日子变苦了""孤独与害怕"是孩子们在经历转学后的集体情感。

  那时，确实只剩我一个人，在一个陌生的地方，听不懂语言，听不懂老师上课，这是从来没有过的无助。他们交流、上课都是方言，而我习惯说着普通话变成了人人围观的怪物。我

---

 ① 王业奇：《"辗转"考辨及对联绵词的再研究》，《天津大学学报》（社会科学版）2015 年第 4 期。

在某一个晚上终于懂得了什么叫思念和孤独,我终于学会了哭。那时候我只想回家,而只能是想想而已。所以,我开始沉默寡言,开始排斥别人,开始喜欢一个人独来独往,也开始排斥别人的帮助。

——摘自教育自传 AWF02—03

新的学校里,我又想缩进壳里,用"内向"来抵御这不熟悉的环境,来熬过这一年半的时间……陌生的地方,陌生的人,我心里满是茫然和害怕,不敢和同学说话,不敢自己一个人去食堂吃饭,不想一个人回宿舍。晚上,当灯熄灭了,周围安静下来,我的睡意并不浓,睁着眼睛,试图找到一丝亮光……忽地想起自己小学期末通知书上老师的评语,总少不了"内向""不主动地参加集体活动"这样的字句。再想想自己现在的性格,好像和那个时候有很大的相似度,一样的不主动,只想着"独善其身",这或许是这段经历留给我的性格记忆。

——摘自教育自传 AMF11—10

农家子弟在辗转中呈现的孤独意识,一方面指他们对陌生环境的难以把握,体现在对于新生活价值和意义无法企及的焦灼心理以及孤独的情绪体验;另一方面又是他们为了寻求自我发展与新环境中否定"自我"的微弱抗争,体现为独立个体对于自我价值的叩问与寻求。当然,对于这批具有向上的精神力量的农家子弟来说,他们势必会采取一定的行动——"融入"。

那时一次测试,我突出的成绩成功赢得了老师的关注,毕竟在那个学校,想要名列前茅并不是件多难的事。

——摘自教育自传 AWF02—03

幸运的我遇上了她——我的生活老师。她,一个像妈妈一样关怀我的人,会在我进行生地会考的时候给我准备夜宵,会在夏天熬擂茶(南方传统古茶)给我喝,会在我忘记带书本让家里捎过来时帮我去门卫室拿，甚至在初三我们不在一个楼层的时候让我上楼喝汤……虽然只有一年半时间和他们相处，但是独自在外的我却学到了很多，学到了如何与人相处，以及用何种态度来面对自己即将要面对的事。

——摘自教育自传 AMF11—10

在新班级自我介绍时，紧张之余我又见到了过去熟悉的面孔，下课以后，过去的小伙伴一下子蜂拥般围在我的桌边，问东问西，似乎曾经的离别只是一瞬。那一刻，面对热情的伙伴，害怕他们会孤立我的顾虑烟消云散，我感觉自己终于回家了。当时，我们村丽娟和宏达也都是我的同班同学，在大部队散后他俩也凑了上来，记忆中那个胆小但是我最好的朋友的丽娟依旧那般害羞，那个时常挨我"欺负"的宏达则长高了许多。

——摘自教育自传 AWF12—12

第一种策略是以学业作为能力信号的教育融入。农家子弟小燕[①]受限于异地高考政策，在初二年级从南方转学回老家。但是，她所进入的私立学校教学质量相对较差，使得来自城市学校的她很快就能融入。她所依靠的是什么呢？靠的是一种以学业成绩为主的能力标识。在经历一次学业测验后，她就获得了当地老师的认可，并不负众望地考上了本地最好的高中。作为初入学校的转学生，农家子弟小燕实现了学业成功与"学业成就制造"。这是一种与学校自身教学组织形式和教师专业化程度无关，但当个人能力得到凸显时并契合学业成就的社会承认，个体完成群体性融入的行为显像。第二种策略是与教育场域中的灵魂人物——"教师"的亲密接触。无论是妙妙[②]从自身出发感知到的接纳与理解，还是生活教师的点滴关怀，妙妙与学校的生活老师建立了一种融洽关系。妙妙所在新学校中的

[①] 小燕是教育自传编码为 AWF02—03 的作者。
[②] 妙妙是教育自传编码为 AMF11—10 的作者。

生活教师能够做到对学生的日常照料与格外关怀，而妙妙也可以基于老师的行动获得这样一种"接纳"的理解。老师无微不至的关怀消解了留守儿童历经离家与转学的孤独感，从而促使学生对学校产生了安全感与归属感。第三种策略则是依赖于同辈交往。同辈群体是儿童最主要的社会交往对象，是儿童社会化进程中的重要支撑。一个特殊的情境是，娟子和同村伙伴由于"撤点并校"政策共同完成了一次转学，虽然需要适应新的学习环境，但是看到熟悉的伙伴，娟子并没有失去同辈群体的理解、支持与关系，相反的是，他们因为共同的迁移经历而再次凝结在一起。与城市社会"隔离性"融合状态[1]不同，我们看到由于撤点并校和教学点学制不完整所导致的转学经历，产生了农村孩子在村外学校教育融入的"他乡遇故知"的感知，从而导致了学校融入的相对平稳性，有时甚至呈现出如同娟子和伙伴们的"嵌入性"融合状态。他们的教育迁移非远距离跨越，从教学点到村小的辗转并不会打破他们相对稳定的社交关系，而乡村"熟人社会"的人际网络功能也会拉近他们之间的距离。此外，由于乡村社会同质性较强，村小中同辈群体的异质性不强，使得孩子们在经历转学后也会较快融入。在城市社会，社会群体分层的结果会折射在青少年群体中，并出现层化现象，即不同阶层的青少年有着经济条件和价值观念等各不相同的同龄群体[2]。但是，农村儿童家庭生活条件相对一致，在娟子的例子中，他们具有一致的生活价值观念与教育迁移轨迹，这也促使他们得以顺利嵌入学校，并建立起共同的"社交王国"。在流动儿童归乡上学、农村儿童"撤校"转学（既包括"撤点并校"，也包括由"教学点"升学带来的转学）的教育历程上，我们已经看到农家子弟进入新学校的迁移过程，也发现了蕴藏其中的融合策略。实际上，这种基于"转学"的教育融

---

[1] 王毅杰、史晓浩：《流动儿童与城市社会融合：理论与现实》，《南京农业大学学报》（社会科学版）2010 年第 2 期。

[2] 刘莉：《当代中国社会群体分层对青少年发展的影响》，《南方论刊》2009 年第 4 期。

入表现了农村留守儿童与学校的互动关系，并逐渐呈现出多主体的融合过程与多维互动性。

第三节　农村留守儿童的监护历程：交替监护

在个体决策层面，人们选择生活、工作在哪里是基于各种因素，包括他们的现状、过去的经历以及对未来的规划。对于农村留守儿童，他们并不掌握支配生活的权力，从属于家庭似乎是他们童年的真实写照。儿童的生命历程和发展轨迹总是与家庭的生活和发展联系在一起的，农村留守儿童也不例外。在农村留守儿童的监护历程中，父母与祖辈交替轮换，不断上演着一出童年教养的斗转星移。

一　离乡的父母

家庭是最基本的社会单位，是每个儿童赖以成长的地方。在儿童成长发展中，强有力的家庭结构对儿童的身心发展极其重要，而父母正是支撑家庭结构完整的最重要的一环。从"父母—子女"长期分离的经历中可以发现，亲代外出务工所导致的亲子分离营造了家庭关系破损的氛围，构建了亲子关系中父母角色的"陌生人"感知、家庭结构中"家"之观念的"不团圆"认识以及儿童所承受的"父母缺失"认知。

首先是亲子关系中父母角色被构造为"陌生人"。"陌生人"是研究社会距离的重要概念，格奥尔格·齐美尔把陌生人与一个群体没有特定关系的局外人和今天来明天走的流浪者区别开来。他说，这个陌生人今天来，明天可能会留下。陌生人可能是他生活或参与的群体中的一员，但与群体中的其他土著成员保持着距离。与其他形式的社会距离和差异（如阶级、性别甚至种族）相比，陌生人的距离与他的出身有关。陌生人被认为是与这个群体无关的，即使他与其他群体成员关系密切；他的疏远比他的接近更受重视。同样的，齐美尔认为，即使在最亲密的关系中，也不会缺少陌路的痕迹。比如在恋爱阶段，我们所追逐的情感是个体化的，而正是因为我们以前从未感知到这样的爱，才让我们感知到这种爱的唯一性并且是其他感情所无法比拟的，但当这种唯一性的感觉从关系中消失的时候，疏远就会习惯性地出现①。对于亲子关系来说，血缘纽带将父母与孩子相连接，使得这种亲子关系不仅指向了天然的唯一性，并且被整合为"同一"，亲子关系并不是社会距离，没有"我们"与"他们"之分，这是一种亲密的家庭距离。但是，时间会消弭情感，空间会增加距离，当亲子关系被"距离"所切断时，关系的同一性也会随之被打破。亲密型亲子关系不再，社会距离的表现形式将在家庭距离中产生，远离孩子的父母在这里则被感知为"陌生人"。

> 被奶奶接回家后，时隔4年的时间爸爸妈妈终于一起回家过年了，见到父母本该是高兴的，但此时我的内心是复杂的。我一直渴望着与父母团聚的那一天，想着像其他的小朋友一样生活在父母的怀抱中，但是面临已经4年没有见面的父母，突然有了一种陌生感，我不知道该以什么方式与父母相处，不知道自己做什么才能让父母高兴，也怕自己做错什么会惹父母生气。面对妈妈还好，因为妈妈在我6岁时回来过一次，并没有那么多的陌生感，而本就威严的父亲，加上太久没见面，对他的形象已没有太多印象。看到父亲的脸庞，听到父亲的声音，或许是我印象中的父亲，或许不太一样，此时我的内心很乱。爸爸妈妈到家了，所有人都出来接，我也是其中一员，大家纷纷都在和父母说着话，我插不上话，默默走到父母身边叫了一声"爸，妈"。
> ——摘自教育自传 AMF13—16

---

① Georg Simmel, "The Stranger" in Donald N. L., ed., *Georg Simmel*: *On Individuality and Social Forms*, Chicago, IL: University of Chicago Press, 1971, pp. 143 – 150.

以至于有一段时间，父母对于我来说只是电话那边说话的人。

——摘自教育自传 AMF11—10

在内容上，亲子关系演化为陌生关系。而从亲子关系的父子关系视角出发，新的现象是亲子关系中父子关系也在形变并进行着内容演化。我们已经发现了亲子关系可能会呈现陌生样态，与此同时，基于父子关系的父亲也有可能化身为"掠夺者"形象。事实上，男性要想与家人建立起亲密关系，比女性面临的挑战更大。

虽然我丝毫没有察觉到父母打算给我转学的事情，可是却充满了危机感，好像是爸爸要从我身边把妈妈抢走，这让我和爸爸原本就不亲近的关系变得更糟。我和爸爸，以及妈妈和爸爸的矛盾有一部分要归因于爸爸长期在外，他不能参与我们的日常生活。爸爸几乎没有去给我开过家长会，小时候我有一次生病，医院已经下了病危通知书，由于那时候通信和交通很不方便，等到爸爸回来的时候，我已经出院了。在家里，一些男人干的活都需要妈妈去做，看到妈妈很辛苦我就更抱怨爸爸。有一段时间，我甚至都不怎么想跟他说话，甚至连"爸爸"都不叫一声。妈妈劝我，我也不听。

——摘自教育自传 AMF23—16

男性劳动力的外出能够为家庭带来更多的经济利益，实现"养家糊口"的家庭责任。但是，在农村留守儿童眼中，父亲并未履行家庭规范中的性别行为[①]，如参与日常家务劳动，而是承担了性别的意识形态规范——远距离的家庭劳动输出。这样就使得父亲的家庭参与并未被孩子们所"看见"，甚至还营造出一种紧张的家庭关系。

---

① Sarah Fenstermaker and Candace West, eds., *Doing Gender, Doing Difference: Inequality, Power, and Institutional Change*, New York: Routledge, 2002, pp. 205–216.

不可否认的是，家庭成员间的竞争关系是存在的，典型的如"俄狄浦斯情结"，西格蒙德·弗洛伊德在他的性心理发展阶段理论中使用这一术语用来描述孩子对异性父母的渴望以及对同性父母的嫉妒和愤怒。但是，就琳琳①的表达而言，她所感知的"同父亲争夺母亲的行为"并不是出于"俄狄浦斯情结"的儿童心理，主要是源于对外出父亲未履行家庭责任的不满与怨言。年幼的她根据家庭规范中的性别行为进行评判与认知，将母亲指认为更多家庭劳动的承担者，而辅之以小家庭内部的父爱缺失体验，就不难理解她所产生的愤怒情绪与对母亲"付出更多"的不公感知。

其次是基于特殊时间节点下父母缺失情境的"家"观念被构造为"不团圆"。"独在异乡为异客，每逢佳节倍思亲"。自古以来，中国人在特殊的节日往往会唤起对"家"的理解，而"团圆"则是一个生动的比拟。历史上中秋之月与"团圆"意象相结合在唐代已经出现，在中唐以后的文人诗作中愈发凸显，如天宝十五年（756年），长安陷落，杜甫被安史叛军俘虏，于八月中秋作《月夜》一诗，借望月抒发对妻子儿女的思念。及至南宋，家人团聚成为中秋节的重要习俗之一。这种状况有着深刻的社会心理基础，自唐安史之乱后直至五代，社会动乱不断，两宋又面临周边少数民族政权威胁，时有战乱，亲人离散，人们对亲人团聚有着强烈的心理需求，由月圆联想到人的团聚，这种思维在唐宋诗词中多有体现。此外，宋代是中国古代新型宗族体系确立的重要时期，在理学的推动下，家族观念受到了空前的推崇和强化，人们在心理上对家庭、家族更为依恋，因此，"团圆"至迟于南宋时期成为中秋节的核心内涵之一便不难理解了②。在农家子弟的叙事中，无论是节日还是日常生活，对于家庭团圆的祈望是无处不在的。

---

① 琳琳是教育自传编码为 AMF23—16 的作者。
② 黄永林、孙佳：《博弈与坚守：在传承与创新中发展——关于中国传统节日中秋节命运的多维思考》，《民俗研究》2018 年第 1 期。

有好几次临近过年的日子爸爸就会打电话回来，说打算在工地过年。过年工地上的人大部分都回家，工地为了工程能继续，就给能留在工地上的人发奖金。跟他通电话的时候，我就止不住地哭，哽咽地跟他说我们不要那些奖金，只要他人能够回来就好啦（这就是一种不当家不知柴米贵的心态），但是每次还是我和妈妈妥协，尽管这样，我还是听到了电话那头爸爸无可奈何的语气。在外干脏活累活，目的也就是多挣些钱好回家团圆，但最终却回不了家。人这一生，总是需要很多东西，而这些东西有时候又受制于太多东西。

——摘自教育自传 AMF01—16

对于孩子而言，真正的爱从来不是父母在整个家庭关系地位中失去自我的一味牺牲，而是在其成长过程中父母润物细无声、春风化雨般地陪伴同行，爷爷奶奶虽然也很疼爱我们，但毕竟爷孙情代替不了亲子情。于我而言，此点更是深有感受，想来作为孩子在乎的不是物质上的富足，而只求家人在一起的团圆时光。

——摘自教育自传 AWF12—12

在现代社会，家庭成员团聚与和睦构成了日常生活的图景，也正是在家庭关系的凝聚中，家庭成员所付出的责任与义务才能够被看见。

另一个侧面是社会群体对缺失父母的家庭也会融入"偏见"的目光。一个问题是农村留守儿童会遭遇歧视吗？他们到底会遭遇谁的歧视？实际上，既有研究已经发现，单亲、流动、留守儿童以及农村儿童较容易遭受各种类型的校园欺凌[1]，而留守儿童遭受校园欺凌与父母缺位所造成的安全感降低、青春期同伴依恋的归属感以及

---

[1] 胡咏梅、李佳哲：《谁在受欺凌？——中学生校园欺凌影响因素研究》，《首都师范大学学报》（社会科学版）2018 年第 6 期。

青少年彰显的自主性存在感有关①。

> 在小学四年级下学期的时候发生了一件对我影响特别大的事,全班同学不管是男生还是女生都团结起来围攻我一个,脱我的鞋子,把我的鞋子拿去藏了。说实话,那时人身攻击对于我来说已经没有任何影响了,可是有一个女生走过来对我说:"晓得你没有爸爸,该遭!"这句话大概的意思就是我没有爸爸,是我自己该得的,这句话一直在我耳边嗡嗡作响。这成为我心灵上的一道伤疤,揭不得,碰不得。
> ——摘自教育自传 AWF16—09

尽管父母迁移的初衷是为儿童带来利益,但由于父母与子女长期分离所带来的情感影响,导致儿童的心理社会健康受到挑战②。在这里,我们将儿童的心理社会健康的挑战处理为一个情境的问题范畴:在亲子分离的情境下,亲子彼此间不寻常地将对方视为陌生人的现象是一个负向价值的呈现,而遭遇心理伤害后情感隔阂的建构最终将亲子关系指向可能的永恒断裂,当然我们也可以看到,与此同时可能带来的外部社会欺凌。

二 童年捍卫者

(一) 祖辈与童年

长期以来,有些研究者和媒体工作者不认同隔代监护的教养形式。心理学研究者认为祖辈监护儿童的违纪得分显著高于单亲监护儿童,

---

① 王玉香:《农村留守青少年校园欺凌问题的质性研究》,《中国青年研究》2016年第12期。

② Chenyue Zhao, Feng Wang, Xudong Zhou, Minmin Jiang and Therese Hesketh, "Impact of Parental Migration on Psychosocial Well-Being of Children Left Behind: A Qualitative Study in Rural China", *International Journal for Equity in Health*, Vol. 17, No. 1, June 2018, p. 80.

因为他们认为祖辈监护家庭容易形成"管护"空档，对留守儿童缺乏有力的行为监管与约束①。新闻媒体也从另一个侧面对祖辈监护进行了"审判"，他们认为隔代的爷爷奶奶对于父母不在身边的孙子辈溺爱有加，较多地给予他们物质上的满足和过多的宽容放任，而较少精神、道德上的管束和引导②。这样的后果形成了留守儿童监护人"污名化"的观念，造成的结果是人们并没有关注事件本身，而是深化了对祖辈群体的不信任感，并对该群体造成了心理伤害。实际上，在农村留守儿童的养育过程中，隔代亲人也在扮演着"守护神"的角色，对于农家子弟来说，他们对于养育自己的祖辈是充满感情的。

1. "依恋迁移到祖辈"

依恋是指抚养者与儿童之间的一种强烈的、持久的情感联结，儿童早期的依恋关系具有焦虑缓冲功能和身体保护功能，并为儿童提供早期的人际交往经验，对儿童日后的社会性发展具有重要意义。在城镇化背景下，双亲外出的"务工"行为为祖辈依恋的形成创建了场景基础。

> 爸爸妈妈离开了，和爷爷奶奶一起生活，日子久了，对爸爸妈妈的依恋转移到爷爷奶奶身上。
>
> ——摘自教育自传 AMF11—10

在面临威胁和挑战时，儿童也可以从不同的依恋对象身上获得支持，而在农村家庭当中，祖辈无疑是最有力的支撑。

> 小时候的我经常生病，总是让家人担心，也总是或多或少给家人带来麻烦。记得清楚的是曾在半夜发烧时，爷爷背着我

---

① 范兴华、方晓义：《不同监护类型留守儿童与一般儿童问题行为比较》，《中国临床心理学杂志》2010 年第 2 期。

② 曲征：《"奶奶捆死孙子"乃隔代监护之痛》，中国青年网，http://pinglun.youth.cn/dxs/201308/t20130807_ 3658807. htm，2013 年 8 月。

去诊所打针，漆黑的夜晚我就趴在爷爷坚实的后背上。发烧的我迷迷糊糊和爷爷奶奶来到了村里的诊所，大声叫开了卫生所的门，我们进去后医生给我号脉，量体温，然后打针，慢慢天亮了，我的烧也退了，爷爷奶奶终于放心了。之后奶奶细心地照顾我吃药，直到我完全好。上初中后，由于离家较远需要住宿，到了冬天奶奶怕我冻着，提前带我去做棉裤、做羽绒服。我一直还有一个不好的习惯，在考试前一晚会睡不着觉，有时候还会因为压力大担心第二天的考试而哭，奶奶就会搂着我睡，直至将我哄睡了自己才会去睡。奶奶对我的照顾体现在生活中每一件事上，如饮食、日常的关心等，由于奶奶的关心让我并没有因为父母不在身边而缺少很多爱，反而给了我更多的安慰与支持，我很感谢奶奶多年的照顾，给予我的温暖。

——摘自教育自传 AMF13—16

此外，祖辈依恋的支持功能不止于此。也有研究发现，在失调域[①]上母子依恋和祖孙依恋之间存在着交互效应，那些祖孙依恋安全性水平较高的幼儿，他们与母亲的依恋安全性越高，就越能够显著地减少他们的失调行为；但对于那些与祖孙依恋安全性水平较低的幼儿来说，母子依恋的安全性对其失调行为没有预测作用，这说明母子依恋和祖孙依恋对幼儿的失调域发挥着联合作用。失调域主要包括睡眠和饮食等方面，祖辈在这些方面的参与度也是最高的，因此祖孙依恋的质量对幼儿失调域的发展发挥着调节效应[②]。

2. "扮演父亲的角色"

在某种程度上，（外）祖辈们替代了农村留守儿童原生父母的角色，起着情感调节与教养的作用。而在关系的视角上，（外）祖辈与

[①] 失调域是一个心理学名词，一般将失调域作为测量指标之一，多用于衡量婴幼儿以及儿童的社会情绪发展状况。

[②] 邢淑芬、梁熙、岳建宏、王争艳：《祖辈共同养育背景下多重依恋关系及对幼儿社会—情绪性发展的影响》，《心理学报》2016年第5期。

留守儿童二者之间更呈现了一种"拟父子/母子"关系。

> 现在回想起来他老人家真的很努力地扮演父亲的角色，外公年纪虽然不算很大，但也是不折不扣的中老年人了，他在外人面前都是一本正经，满面严肃的一家之主形象，却愿意为了我而去游乐园这种不大符合他年纪的地方。头发花白的他和豆蔻年华的我，形成了鲜明的对比，有时候路人的眼光会注视着我们，带着不知道是心疼还是看笑话的意思，但外公从来都不多说什么，因为他做这一切只为了能让我更开心一点，总是把自己的外孙女放在第一位。他啊，温暖了我的整个留守岁月。
> ——摘自教育自传 AMF21—16

虽然玉文[①]的外公在外是一个严肃的老者形象，但是为了孙女可以做出与他年龄不相符合的事情，比如去游乐园游玩。在农村青壮年外出务工的整体趋势下，祖辈们既承担了对孙辈们日常教养的职责，也在通过扮演"父亲"这一角色去尽力弥补农村留守儿童童年亲情的缺失，即便在外人眼中这一切是不寻常的。

3. "对于爷爷的敬仰"

在与祖辈的交往中，"爷爷"不止于一个亲情符号，在长幼亲疏以及社会关系"差序格局"文化基础之上，"爷爷"象征着权威的人伦传统。在社会学研究中，费孝通的"差序格局"概念往往被视为认识中国社会和文化特性以及本土社会理论的一面镜子。费孝通认为，最能说明差序的便是传统文化最讲究的人伦。而"人伦"是什么呢？费孝通指出："我的解释就是从自己推出去的和自己发生社会关系的那一群人里所发生的一轮轮波纹的差序。"[②] 人伦是有差等

[①] 玉文是教育自传编码为 AMF21-16 的作者。
[②] 费孝通：《乡土中国·生育制度·乡土重建》，商务印书馆 2011 年版，第 29 页。

的次序,"不失其伦"是在别父子、远近、亲疏。更有甚者,"君子"之于"小人"、"上智"之于"下愚"的二元对立彰显的人格不平等是通过身份、权利等不对称的人伦特质实现的。由此,我们获得了对以下人伦传统的理解:在这个机制下,有地位的村庄"长老"比普通村民拥有更多的权力,比如管理村庄财产抑或主持正义。而位在下者对村庄"长老"负有更多的义务,特别是服从和听话。

>爷爷是一个比较平和的人,辈分又比较高,因此在村子里,可谓是德高望重,受到大家的尊敬。我阅历很浅,不是太理解这种感情,隐约觉得是一种担当与习惯。
>
>——摘自教育自传 AMM07—11

从费孝通对"人伦"传统的定义来说,人伦传统似乎包含着"不平等"人格的塑造,但是当人格平等观念已经在当代社会普及以及"长老权力"被收归于国家权力之下时,一个现代社会的和平演变是,爷爷作为村庄"长老"的典型代表,执行的是主持村庄正义的道义权力和掌控事物的知识权力,而管理村庄财产的实质权力被削弱,但从作为祖辈的孩子们的视角出发,承接尊重权威、听话服从的人伦传统义务自然延续,塑造着部分农村留守儿童的品格。

(二)"轴"及其特性

农村留守儿童能够对哪些家庭成员产生依赖,实际上是在回应一个本土问题,那就是中国农村孩子身处在怎样的家庭结构模式之中?有人认为,中国家庭研究正沿着西方核心化的模式发展[1][2][3]。但是,黄宗智对类似的发展观点却持否定态度。他指出:我们所认

---

[1] 唐灿:《小型化:城乡家庭结构变化的重要特征》,《中国社会报》2006 年第 5 期。
[2] 赵静:《当前中国农村家庭结构现状调查研究》,《经济研究导刊》2010 年第 3 期。
[3] 李智超、崔永军:《东北地区农村家庭结构变迁研究》,《安徽农业科学》2012 年第 5 期。

为是必然的、普适的、来自西方社会科学理论的"现代化"模式，使我们错误地把注意力集中于家庭的"核心化"趋势上。他认为，在全球比较视野下，真正应该引起注意的是三代家庭的延续①。这一观点颇为独特，笔者在西岭村②的入户考察也印证了他的论断：从家庭结构所观，西岭村家庭人口规模基本在2—8人，平均家庭人口4.6人。主干家庭在西岭村仍旧占据主导地位，65.1%的农村儿童处于由祖辈、父母或其中一方组成的主干家庭，30.2%的农村儿童处于由父母或其中一方组成的核心家庭，由两个或两个以上核心家庭平行组成的联合家庭占4.7%。研究表明，农村儿童的早期教养不仅依靠父母，更依赖祖辈。西岭村家庭仍坚守着"反馈模式"，并向"互补模式"过渡，即上一代人对下一代人从经济和生活上加以抚育，在下一代人建立家庭之后，上一代人则主要侧重于从经济上补贴和隔代哺育孙代。下一代人对于上一代人的赡养，则集中于精神和日常生活料理方面。其特点在于祖、儿、孙三代人中间一代人承担"上养老，下养小"责任。③这种"抱团取暖"式的家庭结构不仅与中国农村社会传统思想浸润有关，更契合当前农村地区整体社会经济发展状况。由于农业人口集中，家庭经济薄弱，核心家庭的分地经营行为不具备规模经济效益，本来分得的土地面积就少，一旦分家就会导致越分越穷的情况。在农村留守儿童家庭中，正是主干家庭结构与家庭"互补模式"为青壮年劳动力外出务工提供了支持，家里由老人照应，年轻人照顾幼年孩子的隐忧也随之被解除。也正是这样一种隔代教养的代际合作方式，使得父辈和子辈之间可以维系着"不在一起的共同生活"④。

---

① 黄宗智：《中国的现代家庭：来自经济史和法律史的视角》，《开放时代》2011年第5期。
② 证据来自笔者2017年10月对中国北部村庄西岭村的入户考察。
③ 何日取：《我国亲子关系社会学研究的再思考》，《理论界》2010年第4期。
④ 戚务念：《农村留守儿童的学校关爱模式及其讨论》，《当代教育科学》2017年第2期。

那么，作为农村留守儿童的童年守门人，祖辈是怎样"融构"农村留守儿童监护生活的呢？下面让我们引入"轴"的概念来揭示其机理和特征。许烺光首先将"轴"的概念引入，他认为"轴"是二人的关系，是人类相联结的最小单位，如父子、夫妇等。不同的"轴"有不同属性（见表1.2），"轴"的属性对个人的行为以及整个文化具有很大的影响[①]。一个人出生的原初关系对他的未来人格发展占据支配关系，有四种原初关系：父子轴、夫妻轴、兄弟轴以及母子轴[②]。基于当前的现实经验，我们可以看到农村儿童成长初始阶段所依赖的祖辈被划入了父子轴。

表1.2　　　　　　　　　　　　"轴"的主要属性

轴	属性	属性的定义
夫妻	1. 非连续性	不连续或不与他人结合的状态或态度
	2. 排他性	逐出他人的行为，或不愿与他人分享
	3. 性欲性	受性的吸引
	4. 选择意志	可以追求自己的意向，或希望这样的状态
父子	1. 连续性	无间断，与他人结合的状态或希望如此的态度
	2. 包容性	一体化行为，或希望一体化的态度
	3. 无性爱性	与性无关的态度
	4. 权威	命令和强迫服从个人力量，或处在这种力量的状态
母子	1. 非连续性	不连续或不与他人结合的状态或态度
	2. 包容性	一体化行为，或希望一体化的态度
	3. 依赖	依赖他人的状态，或希望依赖他人的态度
	4. 扩散性	向各个方面扩散的倾向
	5. 力比多性	扩散了的或潜在的性爱

---

① 尚会鹏：《心理文化学要义：大规模文明社会比较研究的理论与方法》，北京大学出版社2013年版，第89页。

② 马丹丹、刘思汝：《模棱两可与理解差异——喜洲的文本及回访文本阐释》，《青海民族研究》2018年第3期。

续表

轴	属性	属性的定义
兄弟	1. 非连续性	不连续或不与他人结合的状态或态度
	2. 包容性	一体化行为，或希望一体化的态度
	3. 平等	同他人具有相同地位和重要性的状态，或希望如此的态度
	4. 竞争	争夺与他人平等或超越他人的行为，或希望争夺的态度

在父子关系的框架内，父子轴具有连续性、包容性、无性爱性、权威四个特性。所谓"连续性"，是相对于夫妻关系的非连续而言的，是说一组父子关系与另一组父子关系相联系。一个亲属体系中有两组或多组父子关系，这些父子关系可能彼此联系，构成一个长长的链条。比如，一个家庭中爷爷、父亲、儿子、孙子，就有三组父子关系，它们构成一个链条，其中的"父亲"，既是爷爷的儿子，同时也是儿子的父亲。而"儿子"既是父亲的儿子，同时也是孙子的父亲。这个链条还可以延长。所谓"包容性"，是相对于夫妻关系的排他性而言的。一个家庭中若有五个儿子，就有五组父子关系，这些父子关系中，父亲只有一人，他同时是五组父子关系的父亲。这就是角色一体化行为，或希望一体化的态度。所谓"无性爱性"（或者"去性爱性"），是指父子关系是同性关系，与性的吸引和性行为无关。所谓"权威性"是说，由于生理上的原因，父亲在儿子眼里是强壮的、有威严的，特别是年龄小的时候更是如此。由此产生儿子对来自父亲的命令和强迫性力量的服从倾向，或处在这种力量之下的状态[①]。

在农家子弟的叙事中，我们已经看到祖辈在农村留守儿童监护历程中出现了父子轴的几个特性，比如"连续性""无性爱性""包容性"，但是对于"权威性"的塑造，或许我们可以将其指认为"祖辈轴"，实际上"祖辈轴"也是有着自己特性的。头发花白的爷爷和豆蔻年华的玉文形成了鲜明对比，与父亲年富力强的力量感相

---

① 尚会鹏：《心理文化学要义：大规模文明社会比较研究的理论与方法》，北京大学出版社2013年版，第91页。

比，孩子眼中的祖辈是衰老的，因而农村留守儿童对于祖辈"权威"的体认并不来源于生理层面，上文中我们已揭示出一个"人伦传统"继承的可能性。同时，我们也可以看到，农家子弟对祖孙两代人身体面貌的差距与祖辈辛勤付出的感悟，也演化出了祖辈轴的另一重特性——伦理的传承性。天然的亲情纽带让孩子们自然接受了父母爱的赠予，对于农村留守儿童祖辈来说，在构筑祖孙情感的同时，他们也承担了父母对孩子的教养责任。有学者严厉地指出，这对于农村老人来说是一种"温情脉脉的代际剥削"[1]，但隔代教养的正面意义在于祖辈的辛苦付出让农家子弟学会了理解、感恩，祖辈承接养育孙代的责任起到了教化儿童的重要作用。

三 交替式监护

实际上，农村留守儿童的监护主体并不总是单一群体，在农家子弟教育自传的叙事与监护历程的实际进程中发现，农村留守儿童的监护类型更为多样，并逐渐呈现出"交替式监护"的"动态"特性。从监护类型来看，农村留守儿童监护的类型可划分为以下几种。第一种类型是祖辈监护，是指由祖父母或外祖父母承担监护责任，祖辈作为农村留守儿童童年捍卫者的话语已经融构进叙事之中；第二种类型是单亲监护，是指由父母双方其中一人承担儿童的监护责任。研究发现，超过半数的农家子弟都具有单亲监护的经历，并且单亲监护人大多数为母亲；第三种类型是亲属监护，是由与父母同辈的亲属承担监护责任。比如小党幼儿园之前是在大姨家度过的，小康的父母把她寄宿在一位远方亲戚家；第四种类型是自我监护，指的是农村留守儿童无监护人，进行自我生活管理的监护类型，典型的比如马乔[2]，囿于异地升学政策，马乔在小学六年级一个人回了

---

[1] 胡明山：《学者：农村留守老人最多带过十六个孙辈，老人福利亟待重视》，2020年11月，南方网，https://www.163.com/dy/article/FR7F1PQK05129QAF.html。

[2] 马乔是教育自传编码为AWM15—10的作者。

老家，父母则继续留在城市打工，而他的祖父母也要外出做工，因此他开始过上了一个人的监护生活。

> 我就一个人在老家生活，一个人到集市买菜，一个人煮面条吃，没钱买饭了就到亲戚家吃一两顿，读书饿了就到集市上去，像有钱人要买水果一般，装着试吃人家的水果，一个摊子吃一个，一排下来，十几个摊子，总算是吃饱了。这个时候，我就像一个流浪人似的，倘若有不同之处，便是我还能有个固定的睡觉之地。
>
> ——摘自教育自传 AWM15—10

第五种类型是其他人监护，是与监护人未有血缘关系的人参与农村留守儿童的监护，一般为父母任意一方的朋友。比如父亲为了小燕能上好学校将她安置在县城熟识的朋友家，而晓莹①的妈妈给她找了离外婆家不远的一所邻镇小学，便让她寄居在镇上的阿姨家。

除了监护类型的多样化外，"动态"视角下的农村留守儿童监护历程表现出"交替监护"的特性（见表1.3），并展现出以下三重特征：一是农村留守儿童的主要监护人并不具有唯一性，五种类型的监护人都可能出现在监护历程之中；二是农村留守儿童的监护人具有交替性，一名农村留守儿童可能会经历由单亲监护到祖辈监护，再由祖辈监护到单亲监护的传递过程；三是交替监护在一定程度上呈现了规律性。从层级性来看，大多数农村留守儿童会由双亲/单亲监护转向祖辈监护模式，监护人的层级是由父辈向祖辈传递，也符合农村家庭合作式的教养机理，即当农村劳动力外出务工后，会将孩子留置在乡村交于祖辈抚养。而在单亲监护的性别偏向中，一般单亲监护的家庭角色承担者都为母亲，但当母亲也需要外出务工为家庭寻求经济利益时，祖辈监护也就随之接替。

---

① 晓莹是教育自传编码为 AEF05—09 的作者。

表 1.3　　25 位农家子弟留守期间的监护历程

作者序号	监护历程
1	亲属监护→单亲监护
2	双亲监护→亲属监护→双亲监护
3	单亲监护→双亲监护→单亲监护→祖辈监护→双亲监护→单亲监护→祖辈监护→单亲监护
4	双亲监护→祖辈监护→自我监护
5	双亲监护→单亲监护→双亲监护→其他人监护→祖辈监护→单亲监护
6	双亲监护→祖辈监护→双亲监护→祖辈监护→双亲监护
7	双亲监护→祖辈监护→单亲监护
8	祖辈监护
9	祖辈监护→单亲监护→自我监护
10	双亲监护→亲属监护→单亲监护
11	双亲监护→祖辈监护→双亲监护
12	单亲监护→双亲监护→祖辈监护
13	单亲监护→祖辈监护
14	单亲监护→双亲监护
15	双亲监护→祖辈监护→双亲监护→自我监护→单亲监护→自我监护
16	双亲监护→祖辈监护
17	祖辈监护→单亲监护
18	双亲监护→祖辈监护
19	双亲监护→单亲监护→祖辈监护
20	双亲监护→单亲监护→祖辈监护
21	祖辈监护→单亲监护→祖辈监护
22	双亲监护→祖辈监护
23	双亲监护→单亲监护
24	单亲监护→双亲监护
25	双亲监护→祖辈监护

小　结

　　集体记忆与叙事热忱为我们揭开了农家子弟的童年全貌,当我们打开他们的留守历程魔方后,他们的生活历程、教育历程与监护历程也就随即涌现出来。

　　从整体历程来看,作为被政策识别为农村留守儿童身份的农家子弟也并不是一直被固着在留守生活状态的,他们的童年生活富有"动态"特性,并延展出间断连续和交替轮转两种特征。一方面,农家子弟的留守生活是间断而又连续的,这表现为农家子弟的留守生活并不是在整个时间序列上呈现连续状态,受父辈们"动态"生活与家庭教育决策的影响,农家子弟也会跟随外出务工的父母进入城市生活,随即又会返回家乡处于留守状态,在这样反复的"留守"与"流动"中表征出"留守"历程的间断性。但长时间的留守经历又贯穿在农家子弟童年的始终,"留守"生活的融贯性又将他们的"农村留守儿童"身份被识别出来并得到强化;另一方面,我们可以看到农家子弟在童年时代历经了不同生活样态的轮转,如有的农家子弟会从"留守"到"流动",从"流动"到"留守",再从"留守"到"流动",其经历"留守"和"流动"两种生活样态及多轮样态的交替,表现出交替轮转的特性。由此,我们得以整合成一个新的概念观——"动态留守"。这表明留守是作为一种特殊样态的生命历程呈现的,因为"留守"不止限于一次体验,有时"留守"是始终处于长时段的生命过程,它指代的是农村"留守"儿童留守样态的发展变化性。

　　即使身处稳固的留守生活之中,农家子弟的教育历程也并不是那样稳定,频繁转学是他们常常会面临的境遇。户籍制度牵连下的异地升学、植根于农村地区演化而生的独特办学形态——"教学点"以及"撤点并校"成为农家子弟转学的政策原因,而减轻家庭负担、无法适应城市生活则成为外出务工父母选择将孩子留守家乡的个性化决策。但无论如何，对于农村留守儿童来说，"转学"造成的频繁迁移是既定的事实，在"转学"历程中，农家子弟需要不断调动自身的策略以适应新学校，或是以学业作为能力信号进行教育融入，或是与教育场域中的灵魂人物"教师"形成融洽关系，抑或依赖于同辈交往建立亲密关系。

在监护历程中，根据对监护主体的识别发现，农家子弟的监护类型更为多样，表现为祖辈监护、单亲监护、自我监护、亲属监护、其他人监护，逐渐呈现交替式监护的"动态"特性。在监护内容上，长期的亲情缺失导致了农家子弟与父母的关系演化为"陌生人"，而基于特殊时间节点下父母缺失情境的"家"观念也被构造为"不团圆"，由此他们逐渐将依恋迁移到祖辈并以此汲取亲情的滋养。

第 二 章

更美好生活的梦

最佳品的腐化乃是最恶劣的腐化。

——［德］恩斯特·布洛赫《希望的原理》

在形成生命轨迹进程中，无论我们的社会角色如何，无论我们是否处于社会的中心地位，我们都会对环境中的经历做出符合"个体化"或"个人主义"的反应，我们倾向追逐更幸福的生活，我们有着更美好生活的梦，这既是人类生命历程的共有经验，也是我们谋求生命价值的终极追求。在农家子弟动态留守的复杂历程中，我们要发现，是什么阻碍了他们前进的步伐？又是什么使他们成为创造者而不是受动者？

第一节 留守历程中的"生活之苦"

布洛赫指正道："作为向前的存在，人与世界之中的质料（物质）指向乌托邦，而这种乌托邦发轫于我们所处现实中的那个'经历过的瞬间黑暗'。这个'黑暗'恰恰站在'现在'之上。黑暗不仅是'站在现在之上的历史过程的人的事实此在'，也是对客观瞬间黑暗的摹写，即显现此在的事实根据"①。在农村留守儿童的生命历程中，这个"黑暗"就站立在他们的童年。

一 情感陷阱

"亲子分离"是农村留守儿童经历过的既长久又反复的"黑暗"瞬间，亲子分离意味着父母教养缺失的必然与父母亲情缺失的可能，父母的外出务工促成农村留守儿童的亲子分离，使其落入情感陷阱。在既往社会学的研究中，资本视域下衡量父母的有用性往往为研究者所偏爱，并出现了"父母"对象价值化的倾向，受教育程度、职业、收入水平、民族以及社会经济地位等指标将"父母"概念分解为可测量的资本要素，能否对儿童身心发展起促进作用，能够提高儿童的学业成就是父母资本化的功能外显。这其中蕴含的价值观念是，能够提供强有力家庭资本的父母是有效用的，而以学历低下、职业弱势、收入微薄为代表的"低资本"父母是无用的。但是，在心理学与情感研究的构架内，"高资本"父母与"低资本"父母并未有什么不同，亲子联结的重要依赖路径是亲子间能否有"爱"的传递。长期以来，父母通过抚养孩子并塑造孩子行为的过程来维系并增强亲子关系。虽然社会文化观念、价值态度通过父母以一种个性化、选择性的方式向儿童传递，但衡量亲子关系的唯一指标是"爱"的充盈。留守历程中存在的情感风险是，当父母与子女开始远距离生活时，亲子互动频率减少、陪伴与关怀的情感维系削弱较容易导致农村留守儿童跌落情感陷阱，进而较易产生孤独感、不安全感、失落感等负向情绪。农家子弟也认同"留守儿童是特殊的，在成长过程中，爱的缺失会或多或少影响我的性格发展"（摘自教育自传 AWF20—11），核心的解决方式是——想尽一切办法维持爱——"有爱有伴，即便留守，也不悲伤"（摘自教育自传 AWF18—06）。

---

① 金寿铁：《希望的视域与意义——恩斯特·布洛赫哲学导论》，商务印书馆2016年版，第147页。

以爱为核心的维系过程是留守儿童希望塑造的主要贡献者，并能在整个留守历程中为留守儿童增加抵御外界侵扰的精神力量。新的探索在于发现以爱为核心的情感维系机制是怎样断裂的？如何能够实现续接？在家庭教养人（主要是父母）向儿童传递"爱"的进程中，有两个可以识别的中断过程较为凸显。一是家庭教养人（主要是父母）向子女传递"爱"的中断。作为主要教养人的农民工父母并未意识到爱与陪伴的重要作用，也未开展相应行动。二是儿童作为被照料者感知能力不足或并未感知到来自照料者的"爱"（见图2.1）。

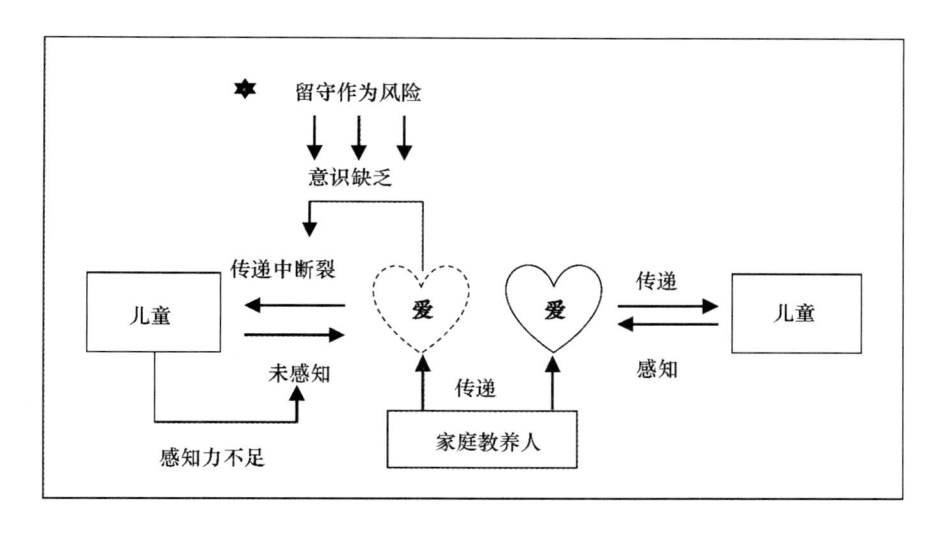

图2.1　以爱为核心的中断过程与维系机制建立

至少在留守视阈下，农村留守儿童所面临的第一重割裂就是近处的父母之"爱"必然消失，而远距离依赖"电话线提拉作用"传递的亲子之"爱"又具有不稳定性与偶然性。一个不言自明的问题是，长期的亲子分离必然会对农村留守儿童产生深远影响。我们并不是要"问题化"农村留守儿童本身，而是一定要厘清留守境遇究竟为农村留守儿童带来何种挑战？我们可以看到，亲情缺失之于农村留守儿童的影响的确是存在的。从受影响的具体方面来看，情感和人格塑造是外显性的。在农家子弟的动态留守生命历程中，我们已经发现他们身上存在一种集体性的情感律动——"忧伤与孤独"，这显然是由于父母亲情缺失所造成的。这种"情感律动"进而又塑造了农家子弟"内向""自卑""独立""坚强"等个体复杂性格。

> 小学期末通知书上老师的评语，总少不了"内向""不主动地参加集体活动"这样的字句。再想想自己现在的性格，好像和那个时候有很大的相似度，一样的不主动，只想着"独善其身"，这或许是这段经历留给我的性格记忆。
> ——摘自教育自传 AMF11—10

> 每一个单独度过的夜晚，都是我最难忘的，每周会给爸妈打一次电话，而每次的话题也都差不多，爸妈总是问我吃得好不好，住得怎么样，让我照顾好自己不要太累。不想让爸妈担心，我养成了报喜不报忧的习惯，每次在电话里总和妈妈说开心的事情，有什么委屈的事，只能自己挂了电话后默默地在出租房子里面哭。我的自我调节能力很好，哭一会儿自己就好了。我会不断鼓励和安慰自己，就这样走过独自度过的夜晚。
> ——摘自教育自传 AMF24—16

农家子弟历经情感陷阱后留给我们的迷思是，当父母缺失情境赋予他们低落情绪时，他们该如何应对？复杂的性格生成是最后的终点吗？或者说，他们自身是不是一直附着这样的"情感律动"成长与前行的？他们又该如何调和情感缺失境遇呢？

二 底层困境

"底层困境"是农家子弟集体遭遇的第二重"黑暗"。在西方国家，"底层"话语被融入后殖民研究和批判理论之中。"底层"这个词最早出现在中世纪晚期的英语中，它用于封臣和农民，到1700

年，它表示较低的军衔，表明农民出身①。19世纪末20世纪初，安东尼奥·葛兰西将"底层"概念引入阶级斗争理论，以识别一种文化霸权，这种文化霸权将特定的人和社会群体排除在社会经济制度之外，以否认他们在殖民政治中的作用和发言权。20世纪70年代末，印度的"底层研究"在英国引起轰动，拉纳吉特·古哈等人编纂《底层研究》期刊前六卷试图以"底层研究"来反对民族主义历史学——民族主义——将发展完全或者主要归结为精英者②的成就，并逐渐开始转向寻找塑造底层意识的独特结构，不论研究者是否能够找寻这样孕育底层意识的结构，但"底层研究"的意义之于当代中国具有丰富的研究意涵。

有中国研究者指明，这些学者的基本学术立场，主要是确立了一种批判精英主义、强调"自主的"底层意识的历史观，以这种历史观为指导，他们致力于探索一套通过对文本进行批判分析、考察底层政治的研究方法。作为社会观察方法的原则，"底层研究"给予普通民众在社会政治变迁过程中以新的定位，或者说，是给予最基层普通民众在政治过程中的"自主性"以应有的重视③。在政治学领域，在经济结构和社会结构迅速分化的市场化中的中国，研究者们延续葛兰西、古哈等人的"底层研究"传统，关注各类底层社会群体的生活形态、利益诉求和政治愿望。传统农民、农民工、流浪者、城镇失业人员等尽皆成为学者关注的对象，底层研究内容多元，除正式的上访外，在维稳框架下，群体性事件、"上网"等均走上了前台；底层维权解释框架多元，从"生存伦理""依法抗争"到"以法抗争""草根动员""弱者的武器"等④。而迁移到了教育社

---

① David E. Ludden, ed. , *Reading Subaltern Studies: Critical History, Contested Meaning and the Globalization of South Asia*, London: Wimbledon Publishing Company, 2002, p. 4.
② 这里的精英者既包括殖民主义者，也包括资产阶级民族主义者。
③ 赵树凯：《"底层研究"在中国的应用意义》，《东南学术》2008年第3期。
④ 刘建义：《中国底层政治研究报告：一个文献综述》，《北京大学2012政治学行政学博士论坛论文集》，2012年，第440页。

会学领域，中国研究者致力于探查底层子弟能否依托教育进行升迁性社会流动①，并揭露底层在精英体系宰治下所经受的"社会排斥"与"教育排斥"现象②。

那么什么是农家子弟遭遇的"底层困境"呢？在这里，我们消解其政治学意涵，将底层困境指认为一种底层社会常见的累积却难以忍受的经济贫乏现象。需要说明的是，这种经济贫乏并不是临时性的家庭收支紧张，而是由世代贫困累积而成的底层境遇，摆脱这样的困境可能需要几代人来完成，而无法跨越者则会永远困于这样的"谷底"。从阶层分化角度看，经济贫乏很容易将不同阶层的家庭区分开来，拉鲁在《不平等的童年》中也描绘了这样一种景象："中产阶级的家庭很少谈钱的事……而在工人阶级和贫困的白人和黑人家庭中，事情正好相反。对经济问题的讨论不仅很公开化而且还经常出现，孩子们都很清楚家长能付得起什么、不能付得起什么"③。经济贫乏之于农家子弟，不仅是他们对生活质量低下的感受，也不仅仅是一次较为持久的"为金钱而焦虑"的人生历程，"穷"与"苦"作为附着在家庭当中难以撕扯的标签，也促使他们陷入了一种底层境遇的冥思："我为何在此处？我又何以脱离此处？"在农家子弟的叙事中，对于家庭经济贫乏场景的描绘以及对于"穷"与"苦"的反思屡见不鲜。

> 说起那时穷，家里在寒冬都找不到一条暖和的可以裹身体的毯子，也许是太冷了，我基本上都是在爸爸肚子上度过漫漫的寒夜。
>
> ——摘自教育自传 AEM17—16

---

① 余秀兰：《教育还能促进底层的升迁性社会流动吗》，《高等教育研究》2014年第7期。

② 徐晓军：《论教育排斥与教育的阶层化》，《广东社会科学》2007年第2期。

③ ［美］安妮特·拉鲁：《不平等的童年》，张旭译，北京大学出版社2009年版，第58—59页。

家里真的是很穷，用我妈的话来说就是睁开眼就发愁。以前我们那里经常有拿着拨浪鼓，推着三轮车，带着个大木箱来村里卖小玩意儿的人，每次我在很远处都能听到鼓声，飞奔过去，看着木箱里的东西，渴望而却不可得。虽然那时老爸常常外出打工，可是却挣不到什么钱，家里也欠了很多债，连外出的路费都是借的。

——摘自教育自传 AMF03—11

三　复杂境遇

生活在一个较原先稍微复杂的背景中，个体的身份会变得多元化，而思想和行为也可能随着身份的变化而得到锤炼。但是，问题的关键在于复杂境遇内容本身的分化造成了并不是所有的孩子都能有幸得到一个有利于自我发展的机会。对于有洞见的中等收入家庭以及富裕家庭父母来说，如何在悠长的假期为孩子们提供一个丰富且精巧的教育实践活动是他们常常要考虑的事情。典型的安排是一个为期六天的沙漠亲子游学夏令营。在这期间，每个家庭都会在专业讲师与地方导游的全程陪同下接受沙漠历练，如接受沙漠文化教育、享受地方特色晚宴、游览博物馆与寺庙等文化场景以及受到全方位的医疗团队保护。一个三口之家大致要花费万余元，但这仅仅是导师费、保险费、营期交通食宿费，还不包括往返路途的交通费、营队期间非集体开销以及服装购置费。就这一具体的教育实践来说，一种基于教育功能植入与多重体验融入的复杂境遇可以实现孩子有组织学习、塑造个人能力以及完善家庭亲子关系的目的。

但是，农家子弟所遭遇的复杂境遇却与此完全不同，相当大的随机性、异质性与扰动性会在留守历程中叠加，并为农家子弟的人生发展制造阻碍与偏离风险。可能的情境有：一是复杂的家庭人际关系。与常态家庭关系不同，农家子弟在留守生活中既面临长期的亲子分离，同时也会受到父母之外的监护人监管或遭遇频繁的交替监护现象，由此编织而成的家庭关系网络使得农家子弟不得不去应对复杂的家庭人际关系，或处理可能的家庭内部冲突。二是教育福祉问题。每一个孩子都应该接受公平而有质量的教育，而农村留守儿童在教育历程中所经历的频繁迁移使其无法接受有保障的教育，甚至催生辍学风险。在转学进程中，他们也可能会因为学校环境适应问题而产生厌学情绪或遭遇校园霸凌。三是基本生存权、发展权、受保护权和参与权方面的脆弱性。一些没有人照料的儿童可能会流落街头，他们也有可能在承担过多家务的过程中失去童年的快乐和纯真，也有些会因为照顾不足而导致身心受到严重损害。

　　至此，我们呈现了农家子弟在留守历程中需要应对的多重挑战，一是亲子分离下父母缺失所塑造的情感陷阱，二是家庭经济贫乏下子女难以避免地陷入底层困境，三是农家子弟留守生命历程中的复杂境遇。为了解释"希望"作为内生动力何以消解多维困境，我们将上述挑战与境遇抽象为"生活之苦"概念，在后续的研究中继续探寻"希望"何以消解这种"生活之苦"。生活总会在我们的道路上设置障碍，因此学会如何处理这些障碍对于人们走向幸福生活非常重要。

第二节　农家子弟的"希望"思维模式

　　对于有留守经历的农家子弟而言，促成其"希望"产生的外部物被指认为是一种动态留守情境中情感陷阱、底层困境与复杂境遇交织下的"生活之苦"。但是，既然"乌托邦"发轫于我们所处现实的那个"经历过的瞬间黑暗"，为什么有的人充盈希望，而有的人却在"希望"散落的"黑暗"中迷失游离呢？一个重要的解释是人作为行动主体能够对是否具有"希望"存在感知能力，并能运用希望的路径思维与动力思维去进行反身性化解。

一　作为乐观主义的希望：寻找意义的经验关联

　　在农家子弟身上，我们看到他们的留守生活也充满着"希望"。

一个"寻找四叶草"的故事,抑或"幸福就在你身边"的故事,让我们看到了希望的春天。

有一天上学认识了一个学姐,她无意间和我说路上的三叶草很是平常,但是如果能找到四个叶片的就能找到真正的幸福,并说世界上没有几个人能找到,如果找到就会有奇迹发生。我当时一边痴幻地听着,一边暗暗下了决心:我一定要找到!于是在那天之后的一个月中我每天回家比原先更慢了,总是在找那种四叶草,后来夸张的是睡觉前一闭眼就是满眼的三叶草,梦里也都是一片绿色。神奇的是,我最后终于找到梦寐以求的四叶草,找到后甚是兴奋,以为自己制造了多大的奇迹,第一件想到的事就是与那位姐姐分享。可那几天,我怎么也没碰到她,也没发现幸福。于是我转向另一件大事:询问什么是幸福?我把稀有的四叶草放在水里养,然后每天询问各种人:"你幸福吗?你的幸福是什么?"有的说幸福就是每天有好吃的,有的说幸福就是家人健康平安,有的说幸福就是和伙伴们一起玩……可是我的四叶草却在第三天被浸成了飘絮,后来我遇到那位姐姐,兴奋地说我找到了幸运草,姐姐只是淡淡地回应了我,具体内容我已经没有印象。事情也莫名其妙地没有了下文。

而今回想,其实幸运草已经给我带来过幸福。寻找四叶草的日子里,我学会了专注和坚持,发现大自然其实很美,常常被我们忽略的草丛在那时就像是我的热带雨林,各种植物叶子让我痴迷,我会停下来观察沙土上乱跑的小蚂蚁,我会停下来顺手拔出细长的竹笋,用牙嚼竹笋的嫩芽,我还把各种叶片、花瓣都搜集在一起,一片一片小心地放入扉页。而最终找到神奇的四叶草,做到别人认为不可能的事,也让我更加自信。虽然最终四叶草没能存留至今,但我已然明白,幸福其实是那一路的追寻,结果也许很荣光,但过程远比结果重要。人世纷杂,人们总贪求过多。那几天的"探寻幸福"也让我明白,幸福其实很简单，就是一颗热爱生活的心。时光飞逝，我也发现，那曾经的悲伤和快乐都是我的幸福来源。

——摘自教育自传 AEF06—5.5

弗里德里希·威廉·尼采曾说过，"知道为什么而活着的人几乎能承受任何怎样活着的问题"①。农家子弟正是通过留守生活中的"为什么"才确定了生活的意义。弗兰克尔指正道："人不应该问他的生命意义是什么，相反，他应该认识到，被询问的应当是他自己。"② 每个人只有对自己的生命负责才能够做出对生活的反应，而保持一种充满意义的态度和能力（或责任感）给予个体一种特殊的韧性，促成了希望的生发和维系。如果个体不能控制自己的态度，不能从内在动机中找寻出人生的意义，那么他们就会陷入一种弗兰克尔指出的"存在的虚空"，即"本能不能告诉他必须做什么，传统没有告诉他应该做什么；有时甚至他自己也不知道他想要做什么。于是，他或者想要做其他人所做的（顺从主义），或者做其他人想要他做的（极权主义）"③。在与农家子弟的交谈中，他们对于留守生活意义的解读也在宣称：

> 仅仅依靠外界的力量是不够的，一个人的改变究其根本原因还是在于自己，在这里我想对所有和我有一样经历的孩子说，

---

① Friedrich Nietzsche, *Twilight of the Idols or How to Philosophize with a Hammer*, trans. by Duncan Large, United States: Oxford University Press, 1997, p.6，注："知道为什么而活着的人几乎能承受任何怎样活着的问题"这句话见于《追寻生命的意义》（*Man's Search for Meaning*）这本书，尼采的这句话因为被存在主义精神病学家维克多·弗兰克尔转引而闻名于世，但此句精确的措辞为"If we have our own why in life, we shall get along with almost any how"，本句的文献来源援引自尼采的原文，而译意则延续中译本中弗兰克尔的解读。

② [奥]维克多·E. 弗兰克尔:《追寻生命的意义》，何忠强、杨凤池译，新华出版社2003年版，第111页。

③ [奥]维克多·E. 弗兰克尔:《追寻生命的意义》，何忠强、杨凤池译，新华出版社2003年版，第108页。

留守不是痛苦的,我们可以通过自己的努力让我们的留守时光变得有意义。

——摘自教育自传 AMF13—16

那段时间,我们村儿大多是座机电话,而且并不是家家都有,每次我爸妈来电话都要跑到别人家。没有手机和电脑的诱惑,那时的快乐真的都是从大自然中获取的。以前我们那儿种了特别多的槐树,每到春天,空气中总是弥漫着沁人心脾的槐花香,槐花白白的一串一串,周围飞舞着许多小蜜蜂,吸引了很多养蜂人。而我们总是喜欢去摘槐花,然后拿回去焖槐花吃。春天来了,连胃里都有春天的气息。放学时我们在河岗子挖毛毛根,夏天用自己做的网捉河里黑压压的小蝌蚪,去我们村儿的河里游泳,晚上到树林中去摸爬蚱。

其实不管生活在什么环境中,最重要的是要有一个乐观向上的心态,即使老爸老妈不在家,生活中仍有许多值得我们去关注和珍惜的东西。

——摘自教育自传 AMF03—11

"享乐主义者"主张即时的欲望满足是人类行为的最高准则,而一个"智慧的乐观主义者"则会自动地解读与内化"当下"生活的意义。而无论这个"当下"是否关涉悲伤,在日常生活中充满乐观主义的"希望"精神能够揭示出意义与生活的依存关系,并因为希望与意义的经验关联而被维持。

二 作为承认接纳的希望:与绝望共存抑或摆脱

"绝望"也能够成为有意义的"希望",这源自一种与惯常经验相反的现象呈现。比如,那些在大萧条年代经济受损的人群,也会在某种条件下获得正面结果。对此现象,埃尔德曾指正道:"研究者几乎全部倾向于把经济受损的社会和经济形式同人格发展的病态结果联系起来。如果下层社会所面临的各种条件是经济受损的一种极端表现形式，那么它们对孩子的发展一定会产生负面影响。这些环境因素和心理伤害之间的联系是众所周知的，但是在某些条件下，经济受损最终可能使人变得足智多谋、随机应变，并且具有成熟的责任感。"① 那么，埃尔德所指正的"这种条件"是什么？从农家子弟的留守历程来看，是一种将"绝望"置换为"希望"的运作机制。对于家庭经济受损，农家子弟无时无刻不在感知"绝望"。一个动力性翻转是"绝望"能够演化成为"希望"。在动态留守历程中，有些人能够抵抗生活的复杂性，避免走上消极道路，并在这些负面影响中产生相应的前进效应。

　　尽管命运和我开了玩笑，尽管现实无法改变，我仍拥抱命运，接受一切，仍然热爱生活。那些带给我痛苦的人，却也是我一直向前的动力，我想要变强的心一直没有改变。

——摘自教育自传 AWF16—09

　　你要相信，上帝是公平的，他为你关了一扇门，就会为你打开一扇窗。也许你的处境和别人相比很艰难，别人轻而易举可以得到的东西，你需要很努力才能得到，但可能这个艰难的处境恰恰可以成就你。

——摘自教育自传 AMF09—16

一方面，在"穷"与"苦"的绝望中，这些农家子弟们不是愤怒冷漠，而是抱持着"绝望"过后的"希望"态度。从农家子弟留守叙事中，我们可以管窥这种对于痛苦的容忍以及艰难处境所带来的反向作用。努力和向上在当下，只有这样"希望"才能成为"痛苦"的后愈，这是农家子弟历经"生活之苦"后努力创造的一种"希望"延续性的核心所在。换句话说，"希望"需要在不稳定的条

---

① ［美］G. H. 埃尔德：《大萧条的孩子们》，田禾、马春华译，译林出版社 2002 年版，第 12 页。

件下找到目标和行动的理由，用现实去推动思维，而"绝望"本身成为一种生活锤炼。农家子弟相信即便"苦痛"无法改变，但是生活仍旧充盈着"绝望"对"希望"的"赋予"，即这样的"绝望"可以将个体塑造得更加坚强。孟子所说的"天将降大任于斯人也，必先苦其心志，劳其筋骨，饿其体肤，空乏其身，行拂乱其所为也，所以动心忍性，增益其所不能"就是这样的道理，实际上，这是从"痛苦"中体悟并生发而出的一种强者意志的觉醒。

另一方面，理解"痛苦"也是一种对"绝望"的反身性的"希望"化解。当农家子弟爽子①思考自己的留守处境时，她能够理解父母将她留在家中的被迫与无奈，与父母共同承担痛苦以及选择为他人而容忍痛苦促成了她能够忍受留守境遇的主要策略。

> 面对留守，我更愿意的是以积极心态去面对。家人及村里人经常会开玩笑似的问我："你会恨你的爸爸妈妈吗？"我永远都是坚定认真地回答："我不恨他们。"因为我知道爸妈也是被迫选择了将我留在家里，他们内心也是痛苦的，我不仅不恨我的父母，反而感谢他们给了我这段难忘的童年，感谢他们让我知道了生活的不易，如果没有他们生活的艰辛，我也不会选择努力学习，如果他们一直给我幸福的生活，也不会有现在坚强的我。我想说，以积极的心态面对这段留守岁月，我是幸福的，也是幸运的，感受到了更多人的温暖，有了一段美好的可回忆的童年。
>
> ——摘自教育自传 AMF13—16

在最近的研究中，"底层文化资本"富有新意地登上了研究舞台，程猛指出，尽管农家子弟并不具有先赋性的客观优势，却因自身的底层处境而自然生发出向上拼搏的动力，一些不利的文化处境或事件也可能转化为学习的坚持与韧性，这些动力都是与出身于底

---

① 爽子是教育自传编码为 AMF13—16 的作者。

层这一事实紧紧相连的。相比于中上阶层子弟优渥的家庭条件，与命运相抗的"先赋性"动力是农家子弟向上拼搏的原动力。正是在这里，底层生活使底层子弟看到了某种独特的意义世界，物质世界被赋予了一种特殊的文化内涵①。在程猛看来，个体奋起的动力加持就源于这种"与命运抗争"的底层情境，并被认为是一种"先赋性动力"。先不论这种"底层文化资本"在何种意义上被为"资本"，或暂时忽略这种"先赋性"寓言创设的偏离以及是否符合逻辑，仅仅就底层境遇或我们聚焦的留守逆境而言，部分独立个体具有的这种"逆境思维"才促使他们能够在逆境中迸发出向上的力量，或者促使个体在理解逆境中与逆境共存，这呈现了一种将"绝望"转化为"希望"的思维模式。

三 作为坚定信仰的希望：在"白日幻象"中疗愈

"白日梦"是布洛赫在美好生活梦中描绘的对"夜梦"的反刍。他认为白日梦总是来自某种匮乏，并且想要消除这种匮乏，从而这些白日梦都是一个更美好的生活梦。毫无疑问，在白日梦中不乏低贱的、空洞的、浑浊的、单纯使人神经麻木的逃避之梦。众所周知，这种梦不过是某种替代品，充其量使人暂时忘记现实处境，这种逃避现实的梦想经常与容忍并支持现实状态联系在一起，这一点从所谓的"更美好的彼岸世界"的敷衍的空话中得到最明确的说明。但是，许多其他的愿望白日梦不会从现实那里调转目光，相反，这些白日梦密切关注现实进程中的具体变化和现实视域中的具体条件。借助于此，白日梦使人获得勇气和希望。在预先认识未来、超越既定现实和构想更美好社会图像的进程中，很多人坚固了"决不放弃的意志"②。那么，在农家子弟的留守现实中，"白日梦"又是如何

---

① 程猛：《"读书的料"及其文化生产：当代农家子弟成长叙事研究》，中国社会科学出版社 2018 年版，第 125 页。

② ［德］恩斯特·布洛赫：《希望的原理》（第一卷），梦海译，上海译文出版社 2012 年版，第 83—99 页。

坚固其"希望"的呢？"鱼神"的故事可以让我们看到"白日梦"所具备的力量。

　　生活在大山里，山高水远，只能靠天吃饭。发生旱灾是避免不了的，轻的粮食减产，严重的颗粒无收，每三年总会有那么一次。人们对于这样的灾害是无能为力的，便把某种希望寄托在了"鱼神"身上，认为干旱是鱼神生气了，需要到河边去祭拜。阿爷们便拿着鸡和米来到河边，做一场法事来平复"鱼神"的情绪。说来也怪，有些年法事一做便真的下雨了。干活累了，全家人拢在一起，阿妈会跟我说起"鱼神"的故事。相传有个姑娘在河边洗衣，河里有许多鱼游来游去，其中一条漂亮的花鱼围着姑娘不肯离去，姑娘便放下手中的衣物，看鱼看得出了神。鱼要求同她结婚，她也同意了。至夜晚，鱼真变成人了，到姑娘家和她结为夫妻。后来，鱼走了，姑娘也怀孕了，生下的儿子取名为"甲"。"甲"无所不能，教会了人耕田的技术和生活的智慧。在深山里的布依人，也学会了安居乐业，结束了打猎为生的生活。然而，没多久，"甲"也化身成鱼游走了，去了哪里，无人知晓；只是每当布依人有难，"甲"就会显灵让族人渡过难关。

　　我知道了"鱼神"存在的秘密，那是一种比人还要强大的存在。阿爸阿妈做活紧，没时间到山上砍柴，便使唤我到河边捡一些从远方冲来的废弃木头当柴火。我便常常坐在河边，看着河水滚滚而去。如果听见某种动静，会激动很久。当然，"鱼神"我是从来没有见过的，阿爷们也没有见过。但对鱼的崇拜随处可见，我家的房梁、竹编、织锦、蜡染、刺绣等都绣有鱼，菱形，腹部有斑点。阿妈的帽子也绣有这样的鱼，仿佛鱼成了我们生命的一部分。我有事没事也喜欢对着那些鱼发呆。

　　我读四年级时，农活季节忙完了以后，阿爸就会到附近的集市去卖力，给找短工的人家当苦工。挑大粪，挑砖头，只要能做的，不管多脏多苦都做。每天都是天还没亮就出门，天黑了都还没有到家。有一次，我发高烧。头昏沉沉的，眼睛看东西也是模模糊糊的。村里诊所赊账太多，不给看病。阿爸也不在身边，阿奶和阿妈便只能央了"巫人"到河边去求鱼神显灵。阿妈说，阿奶守了三天三夜，还是不见鱼神。阿妈急了，便背起我，走了七个小时到外婆家。外公外婆看到我这个样子，急忙找了医生来看。病了将近一个星期我才好。七天中，阿爸一次也没有来看我。阿妈便觉得阿爸对我们不管不顾，也没有真正爱过她，便吵了起来。阿爸觉得自己辛辛苦苦为家里挣钱，阿妈怎么就不能理解？阿爸脾气越来越不好，有时当场就把碗给砸烂了。阿妈也是那种性子很犟的人，直接就把整个桌子都掀翻了。碗、饭掉了一地，我和阿妹吓得跑到屋子外边去。那晚，我听到阿妈一直哭。第二天，阿爸也没有再去人家做工。阿妈给了我们五块钱，让我带着阿妹去买零食吃，自己背了一小袋东西出门了。阿妈回来时衣服湿湿的，头发也湿湿的，过后才知道，阿妈跳河去了，被阿爸和村里的阿爷救了回来。那天晚上，大妈家要杀猪。赶集天要把猪肉拿到集市上卖，阿爸便去帮忙了。阿妈给我们炒了一锅我很喜欢吃的土豆，放了很多的红辣椒，味道真不错，吃得我面红耳赤的。后来阿妈坐的凳子倒了，阿妈也摔下去了，我跟阿妹怎么叫阿妈都没有起来。我们跑到门外一直哭，阿伯听见了，跑来问我怎么了，我说阿妈摔倒了。阿伯进去一看，急忙叫我去大爷那里拿醋灌到阿妈嘴里。阿妈吐了很多才清醒过来。

第二天，家里的田里死了一条大鱼，阿奶说，是那条鱼跟阿妈换了命。布依人力量太小，需要从大自然中寻找一些慰藉或者能够生活下去的力量，"鱼神"便成了布依人的信仰和希望。很多次，阿奶见我很晚没回家，便打着灯来找我，回去难逃一顿骂。我站在岸边祈祷能够获得一双新鞋子。阿爸是没钱的，虽然常常在外做工，但家境还是好转不起来。但没过几天，阿奶给我买了一双解放鞋,是阿奶到山里挖草药换来的。阿奶叮嘱我不要跟阿伯家说,我便觉得这是鱼神显灵了,对鱼更加崇拜了。

给鱼神祈祷,获得了些甜头,我便得寸进尺,祈愿"鱼神"能够把我带出大山。于是,我真的从我那贫穷的村庄走到了县城,然后从县城走到了城市。我所走的每一步,我都把它归结于幸运或者某种魔力的东西。有些东西,不是努力了就能收获结果,我宁愿相信一些能够让我起死回生的神秘因素。哪怕"鱼神"不过是一种虚无,但在某种虚无面前,却有一个实体的概念,根植我心,使我从中获得某种精神支撑。我想把这一切归结于对鱼的信仰,"鱼神"让族人有了对生活的信心。即使有些贫穷是辛酸的,看不到尽头的,但我们心中,有鱼神,便在某种困难面前有了无穷的力量,也让我在无限的虚无与渺小中获得安全感。

——摘自个人文学 LWM1—15

希望具有某种抚慰的力量,这种力量不仅可以修复他们在充满苦难的日常生活中所产生的内在创伤,还可以牵引着他们走向更遥远的远方。之所以"神"这种"白日幻象"可以作为一种前进动力,是因为从"白日幻象"中生发出的、对现实生活实践的指导具有超脱作用,表达了一种超越性的希望。在通常情况下,各种"白日梦"并不会幻想化,因为这些形象无论多么不着边际,做梦者的自我始终保持着与现实世界的清醒关联。通过强烈的灵性和虔诚来培养希望,做梦者会获得安心和放松,内在的自我从而得到保护。当然,"鱼神"作为中国民间信仰的一个侧面,也表现了民间信仰作为传统文化在漫长发展历程中所迸发出的随境适应力和旺盛生命力。民间信仰与民众日常生活的方方面面紧密联系,无论是耕作庇佑,还是个体生命治愈,民间信仰一直以来都在具体的地方社会发挥着重要的"希望"功能。"白日幻象"表明个体借助"幻象"实现向上奋进的真实,但与此同时,它又表现了农家子弟在遭受"生活之苦"后,在漫长人生旅程中，对这种遗留阵痛所做的一次次有关心灵的疗愈。在研究中发现，"希望"可以化身为一种应对不稳定性格的个体治疗实践，当脆弱的个体无法承担生活的重压之时，进而转向信仰的意义就在于它能够实现"治愈"功能。人有时是脆弱的，并不相信奇迹能自我促成，而这种假借于"神"的力量则被编织得更加有力，使得日常的痛苦变得逐渐舒缓。在"白日幻象"的"希望"寓言中，农家子弟正通过"白日幻象"慢慢疗愈"生活之苦"的伤痕。

四 作为热切期盼的希望：对未来希望图景追寻

当下的不确定性与风险挑战有可能将人们的希望寄托于未来的成功，将希望指向一种对未来的遥望，一种对"尚未存在"的渴求。两个不同的现实例子为我们揭示了这样的道理，安娜·阿拉卡斯卡曾对欧洲东南部从事创造性工作人群（表演艺术家、新媒体工作者、时装设计师）进行了研究，一个令人惊异的群体实践是，大量的年轻人不仅容忍剥削性的劳动关系，而且尽管有越来越多的证据表明他们的工作是不稳定的——无报酬、不安全和偶然性，但他们对这些创造性行业仍然表现出极大的热情[1]；另外一个例子来自被"猎身"的印度IT劳工，在全球信息劳动力市场中，项飙为我们讲述了这样一种"板凳术"[2]现象，即印度IT工人如果一到国外就被"板凳"，劳力行几乎不会给他们任何收入，但是他们却能长时间忍受这一"剥削"。对于阿拉卡斯卡研究中的欧洲创作者来说，期望假定了对未来进步的乌托邦信念和持续的情感投资，而这种乌托邦信念反过来又通过自我剥削为工人们当前的淘金努力提供动力[3]。而对于项

---

[1] Ana Alacovska, "'Keep Hoping, Keep Going': Towards a Hopeful Sociology of Creative Work", *The Sociological Review*, Vol. 67, Iss. 5, June 2019, pp. 1118 – 1136.

[2] 项飙：《全球"猎身"——世界信息产业和印度的技术劳工》，王迪译，北京大学出版社2012年版，第103页。

[3] Ana Alacovska, "'Keep Hoping, Keep Going': Towards a Hopeful Sociology of Creative Work", *The Sociological Review*, Vol. 67, Iss. 5, June 2019, pp. 1118 – 1136.

飚所观察到的印度 IT 从业者，他指出工人们自身希望向上流动，特别是希望有朝一日能够当上 IT 企业老板，这是他们服从于"猎身"体制的一个关键原因①。诸多研究表明，人们把"希望"看作一种跨越现在、直抵未来的延续性存在，所以只要未来是充满期望的，那么现在的生活就总是可以忍受的，农家子弟也是如此。

  不知道从什么时候开始我喜欢上了一个人独处的时候坐下来静静地思考，思考我的未来，思考我可以为父母、为家人做些什么，思考我还应该朝哪些方向努力；还会回想和父母一起的快乐时光，幻想下一次见父母时的美好场景，憧憬一下自己美好的未来。

——摘自教育自传 AMF13—16

  年纪长我的姐姐总爱拉着我的手到后地的田垄边用食指指着那未知而又看不到尽头的远方对我说："咱爸咱妈就是从这儿走的，去那儿了。"每当受到欺负或是看到别人有父母的呵护时，这里便成了我和姐姐的疗伤地。期待的瞳孔似要看穿远方，却割不断忧伤和迷茫，干裂的北风吹着光秃秃的树枝嗖嗖作响，亮得有些苍白的天空似乎快被锋利的枝梢捅破。广阔的视线终在远方凝成一个我们看不穿的点，那儿是哪里？我们不知道，而那唯一寄托着渴念却又遥不可及的点终究陨落在了一片夜的荒芜中……当时村里有电视机的家庭很少，我们对外面的世界一无所知，对汽车、楼房等根本没有概念，甚至自行车都很少见，但内心有一个笃定的信念：爸爸妈妈就在那里，外面是一片充满魔力和神奇的土地。

——摘自教育自传 AEF22—12

---

 ① 项飚：《全球"猎身"——世界信息产业和印度的技术劳工》，王迪译，北京大学出版社 2012 年版，第 142 页。

在农家子弟心中,"曾在"的过去本质哲学并不重要,而指向"尚未存在"的未来的希望哲学将他们导向一种对未来的期望预设:个体忍受着不稳定的现实,以期未来美好生活的实现。这种指向未来的希望机制被形塑为以预先推定为导向的即将到来的希望,从而将现实存在的复杂境遇转变。正是这种指向未来的希望机制,让人们怀揣着主观憧憬,期盼必定到来的美好未来,从而在现实的复杂境遇中坚定前行。

第三节 一个"希望"运行机制的解释

在农家子弟的留守历程中,"希望就在生活意义之中""与绝望共存抑或摆脱绝望""让白日幻象疗愈自我"以及"对未来希望图景追寻"作为"希望"的多元叙事话语表达,同时也体现了希望如何作为重要支撑力量而存在,即它的内容意涵表征为乐观主义、承认与接纳、坚定的信仰以及热切期盼,希望的思维模式得以不断"融构"农家子弟整个生命历程。那么,这种"希望"的运作机制又是如何运转起来的呢?

我们首要思考的问题是,人在何种情境下才会迸发出希望这一原动力或觉醒的向上意志?实际上,对于农家子弟而言,情感陷阱、底层境遇以及复杂境遇构成了他们留守历程中的重重苦难,但对生活抱有希望的农家子弟来说,一个现实的需求就在于他们需要想出至少一条克服阻碍的途径来达到他们的发展目标。因而虽然农家子弟本身被动地承受了"留守"境遇,但是"留守"作为逆境的反向作用在于它能够激发某些个体主动性的达成。心理学家斯奈德以直观的形式呈现了个体遭遇障碍以及障碍的跨越路径(见图2.2),他也同时指正道,生活在我们的道路上设置障碍,因此学习如何处理这些障碍对于充满希望的思考是很重要的①。在方法论上，他也提出了通过自己智慧克服障碍的重要性，而农家子弟得以克服障碍的经验是在自己人生的道路上摸索而来的，但是我们也需要注重这种克服阻碍的代价是否过大，个体是否拥有足够的能动性去跨越障碍。

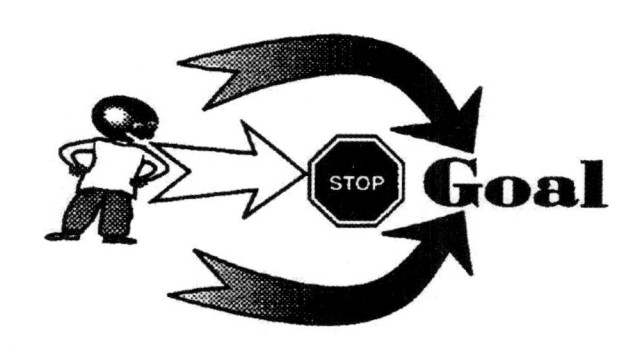

图2.2　对目标障碍的反应

希望能成为运作机制的一个可能前置性条件是个体处于障碍之中，情感陷阱或经济贫乏塑造的"生活之苦"为个体前进制造了困难。而"生活之苦"的消解在于设准目标，即"更美好生活的梦"与"希望的原理"。进而农家子弟保持着向上的姿态，说明了理想的"乌托邦"并未幻灭这一基本事实，"希望"也是可以作为路径与动力推动现实矛盾解决和问题改变的。

上文我们已经发现了农家子弟"希望"的四种叙事表达，其实这也是克服阻碍的具体路径。从"希望"的表现形式来看，"希望"成为个体实践的源泉已经出现了分化，"希望就在生活意义之中"和"与绝望共存抑或摆脱绝望"既表现了"希望"的正负倾向，也可被空间中的场所概念化。"希望就在生活意义之中"表现了"希望"是由农家子弟从个体内化而生的精神力量，这种日常的所思与所感

---

①　C. R. Snyder, *Handbook of Hope: Theory, Measures, and Applications*, Academic Press, 2000, p. 30.

根植于个体的乐观精神——"今天和昨天一样好,今天和昨天都充满希望"。在将其场所化后,农家子弟就伫立在"希望"的"群岛"图景之上;而在场所概念上,"绝望"是一片"海域"图景,体现了农家子弟在"绝望"生活体验不断累积后的一种朝向或非朝向"希望孤岛"的运作机制,与"绝望"共存或摆脱"绝望"都是化解的方法。在时间维度上,"在白日幻象中疗愈自我"与"对未来希望图景追寻"表现了"希望"在时间形态上的两极,"白日幻象"是农家子弟在日常生活中对受伤心灵的治疗过程,它表现了农家子弟寄托于"幻象"对当下困境的化解实践;而"尚未存在"则表现了农家子弟对未来"希望"的追寻,"希望"是一种强大的酵素与催化剂,它让人认清现实的变化,也植入了渴望,加速了追求更美好世界的进程。这些"希望"的表现形式在结果上具有统一性,都指向了"更美好生活的梦"。

那么,农家子弟留守生命历程中关于"希望"的运作机制是如何形成的呢?在此,我们获得了"希望"的维持机制和"希望"的累进机制两条路线(见图2.3)。"希望"的维持机制。"希望"以"保有"形态为核心,"保有"是一种我们体验外在条件的方式,它能够实现"希望"的本体论契合,即无论是存在主义坚持的"希望",还是内化为心灵信仰的"希望",它已经实现了与个体的同一,它与我们的生活策略,或者说生活紧密本身相契合,无论外界迎击何种挑战,"希望"已经融入个体内在。"希望"的累进机制,以"增持"一种"希望"的存在形态为核心,它是一种累进式的驱动条件,农家子弟对当下绝望的持续忍耐以及对未来美好生活的不断企盼塑造了一种希望的"累进形式",它激发农家子弟向上的内在精神,并成为推动着农家子弟改变自身命运的强动力。需要指明的是,农家子弟虽然身处"绝望"的生存处境,但是跳脱于绝望表明他们的内在精神是以"希望"为内核。

因而农村子弟"希望"运作机制的释放就在于,当"更美好生活梦"占据了农家子弟的思想意识并释放巨大价值时,它成为农家

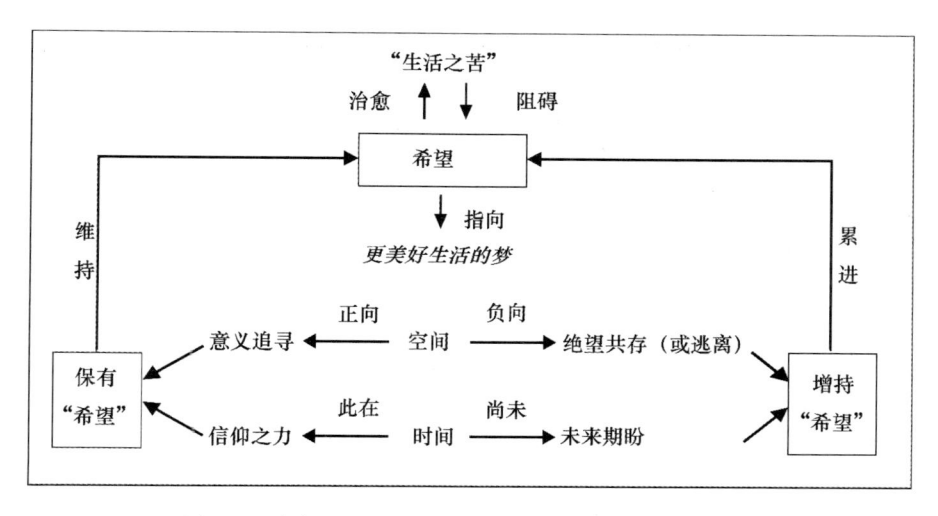

图 2.3　农家子弟留守生命历程中"希望"的运作机制

子弟"希望"思维模式的锚或重点。然而，农家子弟的成长并不是一帆风顺的，动态留守情境中情感陷阱、底层困境与复杂境遇交织下的"生活之苦"成为他们前进生活与个体发展的阻碍。那么，在这里就需要依凭"希望"的思维模式去理解或克服前进生活与个体发展中被设置的阻碍，基于此，分化而成的"希望"维持和"希望"累进就成为两条重要的驱动机制路线，并在一定程度上成为个体对"更美好生活梦"追逐的强动力。

小　结

在农家子弟生命历程的魔方中，生活旅程的不确定性、教育地点的反复变化以及家庭成员的交替轮现，演绎着农家子弟"动态留守"的复杂成长过程。一个意外收获是，我们发现了这样一批农家子弟，他们能够抵御困境、勇敢向上，那么生命过程社会学需要令人满意地回答这样一个问题：是什么样的机制将早期的劣势境遇与后来的"成功"结果联系起来的。不可否认的是，结构或制度安排往往会对群体进行分层，而优势个体总是可以在制度化环境中获得累进优势，但农家子弟的留守历程又为我们揭示出，当底层个体跳入劣势累积"圈套"后，一种柔性力量与破解策略也能驱动他们迎击劣势并逐渐成长。那么问题在于他们是何以跳出这种陷阱的，过程是怎样发展的。

从过程形态来看，可能是一种"弹性"策略。近年来，随着弹性实证研究的兴起，这一领域的工作也受到了瞩目。一般认为，弹性[1]是指在重大逆境中积极适应的动态过程。这一概念隐含着两个关键条件：一是暴露于重大威胁或严重逆境；二是尽管发展过程受到了严重的攻击，但仍然实现了积极的适应[2]。弹性似乎带来了一些应对优势，安·S. 马斯汀将弹性现象进行了三种区分：一是风险个体表现出比预期更好的结果；二是尽管出现了压力经历，但仍能积极适应并保持自我；三是创伤恢复良好[3]。虽然已有研究提出了相应概念并展示了积极的结果，但是，在归因解释中，研究方向似乎在探寻保护性力量。许多研究反复出现的主题包括家庭凝聚力[4]、成年人支持、学校有效性以及非正式网络的建立[5]等。

---

[1] 国内学者分别将"Resilience"译作"弹性"（席居哲等，2008）、"韧性"（于肖楠等，2005）、"抗逆力"（同雪莉，2016）等。席居哲、桑标、左志宏：《心理弹性（Resilience）研究的回顾与展望》，《心理科学》2008 年第 4 期。于肖楠、张建新：《韧性（resilience）——在压力下复原和成长的心理机制》，《心理科学进展》2005 年第 5 期。同雪莉：《留守儿童抗逆力生成研究——整合定性与定量的多元分析》，博士学位论文，南京大学，2016 年。

[2] Suniya S. Luthar, Dante Cicchetti and Bronwyn Becker, "The Construct of Resilience: A Critical Evaluation and Guidelines for Future Work", *Child Development*, Vol. 71, Iss. 3, June 2000, pp. 543 – 562.

[3] Margaret C. Wang, Geneva D. Haertel and Herbert J. Walberg, "Educational Resilience in Inner City America: Challenges and Prospects" in K. L. Alves-Zervos and J. R. Shafer, eds., *Syntheses of Research and Practice: Implications for Achieving Schooling Success for Children at Risk*, Routledge, 1994, pp. 3 – 25.

[4] Norman Garmezy, "Stress-Resistant Children: The Search for Protective Factors", *Recent Research in Developmental Psychopathology*, Vol. 4, 1985, pp. 213 – 233.

[5] Suniya S. Luthar, Dante Cicchetti and Bronwyn Becker, "The Construct of Resilience: A Critical Evaluation and Guidelines for Future Work", *Child Development*, Vol. 71, Iss. 3, June 2000, pp. 543 – 562.

但是，保护性力量解释归因的反面影响在于个体会被塑造为承接主体，具有消解主体意识的意图。在农家子弟的留守历程魔方中，我们已经看到了他们内心隐匿的伤痛，充盈着孤独、愤懑与忧伤等，面临多重风险的农家子弟并不是刀枪不入的，阶层伤痕[①]会沉积在既定群体之中，但是他们自己也拥有缓释的方法，我们把这种意识与方法称为"希望"。

一个理论创新是，"希望"的分析视角为"弹性"过程机理的揭示带来了生机。在某种程度上，希望与弹性的各种定义是一致的，都是一个涉及个人、家庭和支持系统的概念。但是二者也是有差异的，如果说"弹性"遭遇压力或创伤后，个体的身心功能能够达到平衡状态的话，那么"希望"却不以"状态"呈现。"希望"是建立在目标设定基础之上的，它包含了识别有意义的目标和有效地解决问题以达到这些目标的路径思维或动力思维，因而"希望"可以表征为一种适应性潜在机制。在我们的讨论中，"希望"不是作为非理性预期呈现的，比如我希望通过赌博获得一笔巨额现金。在这里，"希望"至少是一个基于现实境遇的概念，或是很好的控制器，它能够驱动个体适应不利处境，最终平稳落地或让个体获得超越的力量。

因而"希望"之于农家子弟的价值就在于，它竟然能够在留守历程中延展出生活的意义之花。"希望"并不是一种臆想与悬而未决的先验概念，而是真实存在的精神实践。"希望"这个概念将农家子弟留守历程中不同形式的认知统一起来，作为一种主要运行机制和方法，让农家子弟产生一种对生活的坚持和活力的依恋，使生活变得可以忍受。循环往复、无始无终的"流转之相"是佛家所指认的世相本质的兼好，宠辱不惊、去留无意的姿态是为被欣赏的态度。但是，农家子弟追逐的却是基于现实困境的化解，通向有目标、有

[①] Chen Jiexiu, "Hysteresis Effects and Emotional Suffering: Chinese Rural Students' First Encounters With the Urban University", *Sociological Research Online*, Vol. 27, Iss. 1, March 2022, pp. 101–117.

终点的希望。在这里"希望"与布洛赫的"乌托邦"概念[1]具有内在的一致性,他们的特性都表现为:一是强调意识的预先推定作用,本身承载着现实变化乃至改革意识的酵素;二是不仅吸纳了对理想社会的构象,也积极吸纳了人类全部生活领域的乌托邦因素,如白日梦、幻象等;三是古往今来,人类一直渴望一个更美好的世界,这种古老而常新的人类渴望可以理解为孕育乌托邦的直接动因。在农家子弟的生命历程中,寻找意义在真实世界的经验关联,与绝望共存抑或摆脱,在"白日幻象"中自我疗愈以及追寻未来的希望图景,都是农家子弟留守历程中精神向度表现出的更为具体的实践。

---

[1] 金寿铁:《希望的视域与意义——恩斯特·布洛赫哲学导论》,商务印书馆2016年版,第41—48页。

第 三 章

迈向希望的教育

连年收科第,若摘颔底髭。回首卿相位,通途无他岐。
岂论校书郎,袍笏光参差。童稚见称说,祝身得如斯。

——唐·韩愈《寄崔二十六立之》

比起城市孩子来,农村孩子在家庭或社区习得的文化资本与将来的学校教育有更多的不连续性或异质性[1]。而当农家子弟试图以"苦读"的形式洞察向上流动的机制,并将"勤奋""好学"的学校性文化品质植入生命基因之时,却又被指认为陷入了对既有教育系统的"误识"或"迎合"之中。如果说农村籍大学生取得高等教育地位被普遍认为或已经证实是基于"少数人的成功建立在多数人失败"的原则和现实之上的话[2],那么未来农村儿童的希望之路又在何方呢?在这里,我们着重强调的是两个方面的问题,一是关注围绕教育设置的结构以及它们的结果,使得教育的核心被模糊了;二是即便现实的风险植根于阶层语境框架下,那么农家子弟成为"少数的成功之人"也并不是概率世界中的偶然,在向上奋进的历程中,

---

[1] 余秀兰:《文化再生产:我国教育的城乡差距探析》,《华东师范大学学报》(教育科学版)2006 年第 2 期。

[2] 杜亮、刘宇:《"底层文化资本"是否可行——关于学校教育中的文化资本与社会流动的几个理论问题的探讨》,《中国青年研究》2020 年第 5 期。

他们要想获得成功必须依凭主体能动性的发挥。为此，我们建构了一个"读书"信念的探查机制，去发现"希望"是怎样被作为动力与路径被加持在由教育演化而生的具体微观教育实践——"读书"之上的。

第一节　创造可能性：扎根"希望"的"读书"之路

我们已经发现什么使农家子弟能够抵御留守历程中的多重风险，但又是什么使他们获得高等教育地位而不是失败呢？一个从化解"生活之苦"到把"读书"作为"希望"的机制为我们揭示了农家子弟的依仗。高等教育地位的获得是作为结果呈现的，但不可否认的是，农家子弟首先是要有意识地去选择"读书"这条"充满希望"的道路。那么，他们是怎么看待与践行"读书"的呢？

一　家庭式劳动补偿：以"读书"担负家庭责任

一个大萧条年代开展的家庭集体行动是，当家中的经济条件导致母亲不得不外出工作，并因此减少家庭原本可以获得的各种有偿服务时，父母会鼓励男孩参与经济劳动，女孩在家中从事琐碎的家务劳动，从而集体为家庭福祉作出贡献。在埃尔德的研究中，大萧条中年龄较大的孩子接受了这些富有挑战性的要求，而且他们也经常表现出非凡的努力和能力。对于身处复杂留守境遇的农家子弟来说，他们也与大萧条年代的孩子一样，分担着家庭劳动。

> 在我的记忆里，小学四五年级时，由于秋收很忙，我跟着大人们一起去田地里干农活，扒苞米、装苞米车，跟在收割机后面捡豆子。
>
> ——摘自教育自传 AMF13—16

> 嫂子生孩子的那年秋天要割豆子了，妈妈不在家。农忙的时候我还要上学，所以这些活都要爸爸来干了。那次，爸爸干活的时候，蹭到拖拉机发动机烧伤了腿，还要去割豆子，我真的很心疼。就在课余或放学的时间，多帮着家里做一些活，不再让爸爸那么辛苦！
>
> ——摘自教育自传 AMF24—16

农家子弟会帮助家庭分担工作，这既离不开农村"生产—生活"两位一体的乡村场域特性，也与农家子弟的劳动补偿心理有关。虽然在埃尔德的研究中，孩子的家务劳动是被父母指派的，这种家务劳动锻炼也是有好处的，比如孩子们的家务劳动和工作经历，除了对家庭福祉所作出的贡献外，也对培养他们的良好习惯和态度（包括智慧、责任心和自立等）很有价值。把家庭责任分派给孩子暗含着这样一种假设：他们从这种经历中可以学到很多重要的东西，比如"勤劳和守秩序的习惯，尊重他人的权利和观点，使自己的行动服从家庭的整体利益，等等"[1]。但是，在我们的研究中，农家子弟参与家庭劳动的动力更多的是出于对父母的"心疼"与不想让父母吃苦的"道德"心理。当然农家子弟付出的不止于家务劳动，"读书"作为一种"脑力劳动"，也被纳入家庭集体劳动的补偿形式之中。与类似家务的体力劳动不同，"读书"是按照未来经济利益预期来补偿家庭劳动的。

> 作为家里的长女，看着爸妈彼此都心力交瘁的样子，我不知道应该怎么办。我一直觉得我们三姐妹是父母一辈子的枷锁。的确，爸妈的辛苦是村里出了名的，每天披星戴月地劳作都是因为我们三个不争气的蛀虫。从四年级开始我就知道，我要很

---

[1] ［美］G. H. 埃尔德：《大萧条的孩子们》，田禾、马春华译，译林出版社2002年版，第40—41页。

努力，而初中的很多事让我明白，那是命运的牢笼，是时间累积下的误解与仇恨，我无法改变。看来我能做到的只是努力读书，长大以后挣很多钱，现在每天回家时帮忙做各种家务，煮饭洗衣服，打扫卫生，尽量减少妈妈的负担，有空余时间会到菜地帮阿爸浇菜。弟弟总是不听话惹妈妈生气，我就经常和弟弟说很多的大道理。不知从何时起，我坚持着"百善孝为先"的理念，不知从何时起，我把他们的笑容作为奋斗的动力，无论多么艰难。

——摘自教育自传 AEF06—5.5

考虑到很多现实问题，比如未来自己要是没有什么成就，不仅自己不甘心，爸妈还要跟着我吃苦。说实话，自己当时更多想到的是经济问题，我还有个弟弟，要是我未来没有能力，等到爸妈五十几岁，还得给别人打工，压力得是多么大？所以那时候拼命学习，更多是为了家里，也不希望弟弟经历和我类似的事情。

——摘自教育自传 AMF01—16

"我是父母的'枷锁'""我要通过读书改变家庭"，这样的话语表达阐述了农家子弟对家庭困境溯源的体认，付出更多是因为承认自己是"痛苦"的根源，一种"忍受"痛苦的道德化心理赋予农家子弟前进的动力。在这里"读书"成为一种"道德事务"，学习是"本分"，成了"天职"。只有学习好才能减轻自己背负的道德债务，平衡内心强烈的负疚感。这种思维模式使农家子弟倾向于把学习作为一种道德事务来对待，更专注于学习，自制而专一[1]。另一个侧面是，农家子弟当下的努力学习是一种对未来"读书"效益的企盼，他们希望用"好成绩"所代表的"好未来"来

---

[1] 程猛：《"读书的料"及其文化生产：当代农家子弟成长叙事研究》，中国社会科学出版社2018年版，第132页。

帮助父母摆脱"辛苦",通过"读书"这一实际行动让农家子弟对父母的"亏欠"意识得到弥补。在此基础上,农民父母"外出打工"和留守孩子"在家学习"的家庭劳动共同体图景就被塑造了。

二 抵抗式命运武器:"读书"得以改变贫苦人生

布洛赫用专门术语从"趋势"到"潜势"来表明乌托邦的这种潜移默化的萌芽性质。一般认为,"趋势"是指某个特定时间中已内在于事物的可认识的实现可能性,"潜势"就是指已内在于全世界变化中的客观现实的变化可能性[①]。我们可以看到,农家子弟以读书来进阶的道路也遵循着"趋势—潜势"的发展脉络,即高等教育地位获得的"趋势"促使他们走上"获得社会经济地位"的充满希望"潜势"的道路之上。农家子弟需要借生涯中的"努力读书"进入高等教育体系,从而实现人生命运的翻转,而这种"努力学习就能改变命运"的信念则依赖于对"通过教育坦途就能实现向上流动观念的认可"。

从认识论角度出发,教育能够成为"希望"是因为教育作为个人向上流动的功能性作用被凸显了。虽然冲突论学派社会学家兰德尔·柯林斯对这场"文凭获取"的晋级游戏满怀担忧,他指正道"文凭通胀推动下的教育系统扩张,可能会引爆教育系统内部的危机……随着我们对教育作为一种救赎的俗世信仰不断破灭又不断重建,教育膨胀也会随之停步又再启动"[②]。但那是建立在"更多的教育能够产生更平等的机会、更高科技的经济表现和更多的好工作"的错误前提之下的,即使是站立在批判视野下的他也不得不承认

[①] 金寿铁:《希望的视域与意义——恩斯特·布洛赫哲学导论》,商务印书馆2016年版,第42页。

[②] [美]兰德尔·柯林斯:《文凭社会:教育与分层的历史社会学》,刘冉译,北京大学出版社2018年版,第5页。

"教育学位是一种体现社会地位的通货，可以用来交换获得工作的机会"①。农家子弟也是如此，教育能够帮助有才智者获得公平的流动，这是他们在心理层面预设的得以改变命运之教育机会的重大作用。

> 高中对我来说是什么呢？是机会，一个可以让我以后不用这么奔波的机会，只有我抓住机会，考上一个好大学，将来有一个好的经济条件时，才可以不这么奔波，可以让自己不用像小时候听到的那样，对自己的生活无奈。
> ——摘自教育自传 AMF11—10

> 一切都会好的，我要好好努力学习，那时候自己接受的思想也就是，只要好好学习就能摆脱贫苦的农村生活。
> ——摘自教育自传 AWF18—06

为什么选择"读书"而不选择其他道路呢？在现实层面，一个真实的"震慑"是，他们也看到了"不读书"究竟会将他们导向何方。

> 那年 34 岁的小姑已经是三个孩子的妈妈了，然而在老家这是司空见惯的，萧瑟的背影折射出了往事：穷人家的孩子早当家，何况作为家中的老大，上有身体不好的父母，下有年幼的弟弟妹妹，家中的大梁必须由她来挑。当时还没有实行九年义务教育，初中没上完，在家种了两年地，16 岁的小姑就和村里其他几个姑娘一起跟着打工潮涌向了大城市。她成绩很好，离开学校依依不舍，但是面对家中的光景，懂事的她咬咬牙还是加入了打工大军。十年后偶然一次机会我看到她保存完好的以

---

① ［美］兰德尔·柯林斯：《文凭社会：教育与分层的历史社会学》，刘冉译，北京大学出版社 2018 年版，第 6 页。

前的课本，按顺序从一年级第一册到初二的最后一册，盛书的盒子和里面的书没有一丝灰尘。

小姑和我关系很好，这些都是她那次和我说的。她和其他几个姑娘被村里的介绍人带到了一家小型服装加工厂，初出茅庐踏入城市的她们面对混凝土高楼大厦、耀眼的霓虹灯、时尚的城里人的时候，既兴奋又不可避免地有些惶恐、不安和自卑。她们把大部分时间都放在了加工厂工作上，熬夜加班加点，踏踏实实、安分守己，宽容对待他人，大事化小、小事化了。她们深深明白自己的地位以及这份工作的重要性。小姑具有乡下人的隐忍精神和大姐姐式的谦让品质，同时又天生聪颖"会来事"、做事心细又麻利，所以慢慢地领导和同事对她的印象都挺好，也愿意主动亲近，找她帮忙。因为小姑的支撑，她们家也渐渐殷实了。

回来的打工者光彩夺人，谁又晓得外面的辛酸呢？小姑打工的岁月就这样持续了六年多，中间辗转去过六个城市，换过七份工作。男大当婚，女大当嫁，尤其是村里的姑娘，在外打个两三年工，然后早早找个婆家，20岁出头就嫁走了，有的甚至不到20岁。如果谁家的女子超过了23岁都没有被人娶走，流言蜚语便会铺天盖地："你看看那家的谁不定做了啥事呢？现在都没有婆家"，父母也会很少出门，觉得在打脸。离婚同样饱受嘲讽，小姑的发小，在"媒妁之言、父母之命"的婚姻中和丈夫合不来，毅然决然地选择了离婚，独自带着女儿外出打工，尽管生活条件让村里人羡慕，然而每次回来明里暗里被人指指点点："这女的，太疯了""唉！过再好不也是一个人吗？赶紧找个吧，你说说，干啥自己这么累啊！"刚离婚那阵儿，她父母家里几乎天天关着大门。村里人心照不宣地熟识，常理被自然而然地顶礼膜拜为真理，从来没有人对这样约定俗成的习惯质疑，逃避自由而又心甘情愿地被它牵着鼻子走。惯习的安逸、流俗的蒙蔽、蜚语的可怕像一个无底的黑洞贪婪地抓住每次机会残酷吞噬着人们刚刚萌发的反抗与追求自由独立的意识。社会急剧变迁，文化堕落却如此可怕。

　　小姑 18 岁时，过年回家三四个媒人闻风便争相"推销"，她以一天五六个过山车的相亲速度不断刷新纪录，四天的"艰苦奋斗"后才终于有了着落。两人草草留下联系方式后，便开始了两年异地打工的"相思"之苦，只有在每年过年回家时男方带些糖、饮料等才来象征性拜访一次。眼看着小姑 20 岁了，好吧，赶紧订婚期。谁知采购嫁妆时男方迟迟不给礼钱，二爷爷和二奶奶觉得男方家里不靠谱，那就散了吧。媒人闻风又开始忙活了，但这次始终没挑出个"将军"来，年后的打工生涯便把这事给搁浅了。22 岁过年回家小姑给二爷爷二奶奶说，她在打工时认识一个男生，相貌不错、个子又高，两人脾气也合得来，家里还开了个小香油坊，两人在一起多半年了。小姑很满意。但是二爷爷二奶奶却让她赶紧散了，为啥？其他都好，就一条，他们村离我们村太远。嫁出去的姑娘泼出去的水，小姑是老大，要是走得太远，帮忙照应弟弟妹妹不方便。这次小姑违背了他俩的命令，年后打工时两人还是在联系，为此二奶奶打了十万火急的电话让小姑辞掉工作，马上回家，没收手机，面壁悔过，在家待了多半年。任男方怎样打电话，这边像是人间蒸发了一样。最后不忍炮轰，甚至让小姑换了电话号码，彻底断绝联系。被拴在家中的她用绝食、发脾气以示反抗。但是二爷爷二奶奶身体不好，一向听话的小姑，看到二老的白发和佝偻背影，没有坚持多长时间，最终还是选择了服从。折腾来折腾去，小姑过年 23 岁啦，实在不能再拖了，二老老实巴交、因循守旧、不张扬也不想留闲话，愁得一夜间多了不少白发。相亲又一次开始，只是力度和速度又大了一倍。又定下的这个男生，个子尚可，家里条件也还行，最重要的是就在隔壁村，确定人选几天后马上定婚期，四个月后的几号。要知道，从第一次见面到四个月后结婚，两人总共见过四面，三次还是在买新房家具的那段时间。"他的脾气、习惯、交往圈子、人品……我一概不知，我只见过四次面的男人将成为我一生的伴侣了"，这是她后来给我讲述这段往事时，我印象最深的一句话。就这样，小姑像一个木偶一样，被人摆弄，在已经预设好的轨道麻木挪动。新婚后新生活，未知？已知！

和村里几乎所有的新婚夫妇一样，结婚后女方跟着丈夫一起外出打工，然后怀孕，因为城乡二元户籍制度的限制，所以要回老家生子，从此彻底远离了那段漂泊却自由独立的打工生涯，正式开始了宿命轮回式的万千乡村妇女生活。丈夫外出打工支撑全家经济，一年回家两次或三次，妻子每天像机器般地忙活，做饭、洗衣、看孩子，偶尔看电视打发时间，交际圈仅限于娘家、婆家和邻居，活动空间仅限于娘家村、自家村。单调、枯燥地过每天、每年……结婚四年，小姑有了两个孩子，都是女儿，还人工流产过一次，因为做B超还是女孩，虽然她不情愿，但是在婆婆的坚持和丈夫的默认下再次屈服。要知道，在早已倡导男女平等的思想下，村里重男轻女的观念依然根深蒂固，家家"不生男孩誓不罢休"的现象依然普遍。承受着生儿子的压力，面对着自私婆婆的白眼，忍受着村里人的闲话，她有段时间几乎足不出户。小姑父对小姑虽然还行，但是他的无责任心让小姑寒透了心，知识和思想水平的差距让两人沟通困难，懒散、邋遢让爱干净整洁的小姑常常发飙。并不是她不吃苦耐劳或者好高骛远，而是这种在凝固时空中机械单调的日子让她越来越感觉有一种存在的虚无感，以及被束缚、被控制和被当成生子机器的压抑，让她有种彻底的自我怀疑。"你还是你吗？你究竟想要什么？你真想这样到死吗？"她那天生的自由、自主、自强的意识压抑太久了，她无原则的屈服太多了，20多岁就能望见衰老时的生活，这种感觉太可怕了。

我当时就在想，如果我要是没有上学的话，可能会和家乡类似小姑的几乎所有女生一样接受着类似"宿命式"的命运。

正是那次谈话，让我深刻明白了自己的路只能自己创造，所谓的"不可能""不行""我不能"在没有尝试之前都是虚幻的宗教膜拜。也正是这种心志的不断坚定，让我义无反顾地走上高三播音主持的"艺考"之路，叩开了梦想高校的大门。

——摘自教育自传 AEF22—12

农家子弟选择"改变"，而不愿被"命运"摆布的缘由就在于他们看到了"不读书"的消极后果，"为了生计的疲于拼命""承担生育重压""忍受村民的责难"。在晓晓看来，这一系列农家女孩"宿命"轨迹的追因正是由于"过早地放弃学业"这一重大失误。虽然高等教育地位获得不一定代表"成功"，未考入大学也不表示"失败"，但是在农家子弟的现实生存境遇下，"不读书"意味着重复前人的老路，而只有依托"读书"这一能够抵御"命运"的智慧武器，才能给他们以人生选择的机会。

三 他认性自我认同：渴望着外界的目光

农家子弟可以成为社会意义上成功的"典范群体"，就在于他们能够取得高等教育地位。在这种预设下，高等教育地位充满了标识意味。从社会导向成就动机看，高等教育地位能够让个体获得较高社会地位、赢得经济利益与实现命运转变。而从自我导向成就动机视角看，农家子弟是期望通过学业成就获得他人承认从而实现自我认同的。

想要取得好成绩的欲望越来越强。不想被忽略，只有变得更加优秀，我才能引起老师和同学的关注，挑灯夜战、中午不睡觉从此成了我的家常便饭。努力是有回报的。在初一我完成了从 256 名到 80 名、从 80 多名到 40 多名，再从 40 多名到 20 多名的飞跃。只前进，不后退。老师的称赞、表扬，同学的羡慕、佩服，最重要的是我得到了自己想要的一切。

——摘自教育自传 AWF16—09

初三的一次全县统考，我考了班级第一、全县前十的好成绩。我一直觉得爸从来不夸奖我，是因为我还不够优秀，这次的成绩又让我重新燃烧起能得到父亲一声夸奖的希望。放学后，我捧着第一名的奖状、奖品，满心欢喜地冲进家。爸爸正端坐着看电视，我蹦蹦跳跳高兴地说："爸，我考第一名了!"我内心喜悦，幻想着爸爸会怎样夸奖我。可爸爸只是一声"哦"，连眼神都没离开电视屏幕。我又一次失望极了。爸，这样小小的一个渴望为什么都不满足女儿呢？那天我独自跑到田野中大哭了一场，不想在父亲面前表现出我的脆弱，我不知道该怎样做才好。逐渐地，我冷静了下来，扔掉第一的浮躁心情，重新走进书海中。毕竟我还没有迎来最后的胜利，为了那个渴望，我要坚持下去。

——摘自教育自传 AMF24—16

"我不想被忽略""希望得到夸奖"是农家子弟内心的渴望，在这里，"高学业成就"成为农家子弟获得老师与父母承认从而建构自我的重要证明。学者赵琼曾援引过查尔斯·泰勒在《承认的政治》一书的观点："认同一词在这里表示一个人对于他是谁，以及他作为人的本质特征的理解。这个命题的意思是说，我们的认同部分是由他人的承认构成的；同样地，如果得不到他人的承认，或者只是得到他人扭曲的承认，也会对我们的认同构成显著的影响"[1]。在承认、他人与认同内在关联的阐释中，我们获得这样一种理解，老师与父母是作为"他人"存在，而"他人"的承认对于农家子弟来说具有非凡的意义，它可以让农家子弟不再被忽略，重拾自信，这是一种主体性建设的过程。但是，当梦唐[2]父亲对梦唐学业表现的反馈并没有想象中的那样热烈时，"他人"承认的扭

---

[1] 赵琼：《认同还是承认?》，《哲学分析》2020 年第 2 期。
[2] 梦唐是教育自传编码为 AWF16—09 的作者。

曲或弱化就即刻表现出来，而此时梦唐的体验是失望。为什么她的感知会如此强烈？在这里，一个高自尊者的高权变性特征被表现出来。

一般认为，自尊的权变性是个体自尊水平根据所达到的标准或结果的程度而发生变化的一种心理特性，它反映了个体自我价值感受事件成败影响的大小。个体的自我价值感受事件成败的影响越大，则自尊的权变性就越高，这种变化性质在高自尊者身上尤为突出。自尊权变性反映了个体的自我价值感多大程度上取决于是否达到某种客观的优秀标准或个人内心的主观期望，而自尊权变性较高的个体，他们的自尊是脆弱的。这些个体的自我价值感很大程度上依赖于自身所获得的成就和他人的评价，他们需要不断获得成功来维持自己的感受，如果没有新的成功其自尊水平就会直线下降[1]。梦唐正是因为还未获得想象中的他者评价，而期望通过不断"努力读书"这种"连续性成就"来进一步获得他者的承认，从而实现自我认同。在心理学视域，农家子弟是具有高权变性的高自尊者，那么这种高权变性是怎样形成的呢？一个重要的原因是"缺乏"。

> 因为家庭的缘故，所以我比别人更掐尖要强，也表现得比别人更懂事。其实我也自私。从一个成绩不好的人转变为成绩好的人，我得到的远比成绩多得多。老师的喜爱，他们向别人提起我名字时的自豪，同学的钦佩或者嫉妒，这至少证明我变得不那么透明，我融进了这个班级，成了这个班荣誉的一份子。和别人相比，除了没有完整的家外，我没有特长，不会唱歌，不会画画，不会弹琴，我有的只是成绩，我害怕失去，害怕别人轻视的目光。童年的经历让我更加看重这些东西。
>
> 当我以学生的身份开始独自一人来这里求学时我想过，看

---

[1] 张林、杨晓慧：《追求高自尊的获益与代价之争——自尊的权变性》，《西北师大学报》（社会科学版）2011年第4期。

见新同学的场景，不外是兴奋激动或是尴尬，不习惯彼此拘束。任何一种都没有当一米七几的长发女生，逆着光来到寝室时来得震撼，谁叫我小时候吃得多呢，初中三年体重都是只会上调不会下调的。我想，之后的我一直追赶也有一部分原因是初见时的画面太美好，不漂亮的我，也没钱的我，只有在成绩上抱希望。

——摘自教育自传 AWF16—09

"没有完整的家""没有特长""没有钱"，农家子弟的自我贬低就在于他们对生活"缺乏"的感受，无所依仗的他们只能凭借个体的学业成就来获取他人的尊重。在这里，"读书"就被寄托了一种"希望"力量，农家子弟通过获取"好成绩"来获得自我认同。而当"好成绩"也无法收获认同时，他们就会获得较为负面的情感体验。在这里，读书成为一种支持他们自我认同的支持性力量。

四 治愈式生活实践：用"读书"眺望远方世界

农家子弟的向上之路一定是"苦读"并被赋予"悲情"的底色吗？事实上，也并非全都如此。借以"读书"的路径去追寻教育的本真与进行心灵疗愈的实践也是他们"读书"的价值意义所在。

我总会被追问着长大了想要做什么，其实什么都不懂，脱口就是我想成为科学家，只是觉得这样说来很酷，然而长大后反而不知道要做什么，读书也没个缘由。站在不同的高度，欣赏山河波澜壮阔，那是远方；哪天失去目标了，停下脚步去细细思考这些依旧混沌的问题，答案可能与往日不尽相同。失去了目标就没有了方向，更像是活死人。读书带不来金钱，却能让我满足，学习赋予我双眼去眺望这个世界，看到远方。有许多地方我无法到达,但总有那么些人抵达了彼岸,借着书籍为我描绘未曾到过的远方。

——摘自教育自传 AEM17—16

本真的教育是一种既教人怎样生存,又导人为何而生存的教育。这两方面教育的统一是人的生存本性所决定的,人与动物的生存一样,都有一定的生理构成,都有基于这种生理需要的各种欲望,为了活着、为了生存下去必须满足这种欲望,但人与其他动物的不同之处,在于人能将自己的物质欲望作为自己的反思对象,人不只是为了生存而生存,只被物质欲望牵着走,他要找出他活着的意义,要按照这种意义去谋划自己的生存、生活,为此他可以逃脱自己的欲望,也可以限定自己的欲望,为了追求自己的生存意义甚至可以中止自己生存的欲望①。在这里,农家子弟通过教育的本真安顿本心、培植人性、促成希望。即便在复杂境遇下,"读书"也并不全都意味着肩负,不过是个体经历的一场自我建构之旅程。当然,从农家子弟的个体层面出发,读书也不止于让他们看到远方,留守历程的特殊境遇也促成了"读书"这一排解农村留守儿童孤独感的陪伴功能。

第二节 可能性突破:"读书"及其行动

农家子弟的"读书"历程更像是一个逐渐拼凑的过程,生活的境遇促使他们常常处于不可预测的变动之中,在这种无序生活经历之下,他们的学习很难被设想为一个有组织的活动。但是在结果上,他们又获得了高等教育地位,那么,又是哪些具体行动促使他们能够实现这样的成就呢?

---

① 鲁洁:《教育的返本归真——德育之根基所在》,《华东师范大学学报》(教育科学版)2001 年第 4 期。

一 积淀：阅读兴趣的培植

在教育获得的既往研究中，文化资本往往被视为阶层流动的一个重要靶向。在皮埃尔·布迪厄的文化再生产理论中，文化资本不止一次地被宣称能够促使群体在获得教育资格方面具有优势。对于文化资本的概念建设，布迪厄在《区隔：一种趣味判断的社会学批判》中这样指正："文化资本就是指人们对上层所占有高雅文化的掌握程度，这种高雅文化既表现在非物质层面，也表现在物质层面，借以区隔于其他阶层，标识其社会地位，或者成为一种工具或手段，有助于取得较高的教育成就"[1]。而从狭义视角出发，文化资本被视为支配阶层所专属的、抽象的、正式的文化符码。因此，文化资本一般被操作化为高雅文化物品的拥有量、高雅活动的参与程度或者对高雅文化的知识、兴趣等变量[2]。在文化资本的操作化与测量化研究中，"书籍"与"阅读行为"被指认为关键要素。西方研究者认为，书籍可以传递信息，阅读与词汇有积极的联系[3]，可以通过阅读向个体介绍新的词汇和表达方式，从而促成个体智力资源的发展[4]。中国研究者也在调查中证实了这一观点，仇立平与肖日葵将"字典""地图"和"少儿读物"这三个指标整合为"客观文化因子"概念纳入文化资本测量当中。基于2008年上海市社会结构调查数据发现，在控制性别、年龄和父亲职业、父母文化资本变量后，子女文化资本对本人教育获得产生了显著影响：子女高雅文化因子、客观文化因子、文化课程参与因子每提高1个标准单位，受教育年限分

---

[1] Pierre Bourdieu, *Distinction: A Social Critique of the Judgement of Taste*, Cambridge, Massachusetts: Harvard University Press, 1984.

[2] 仇立平、肖日葵：《文化资本与社会地位获得——基于上海市的实证研究》，《中国社会科学》2011年第6期。

[3] Christopher J. Crook, *Cultural Practices and Socioeconomic Attainment: The Australian Experience*, Greenwood Publishing Group, 1997, p. 120.

[4] Alice Sullivan, "Cultural Capital and Educational Attainment", *Sociology*, Vol. 35, Iss. 4, November 2001, pp. 893-912.

别增加 0.11 年、0.10 年和 0.18 年①。"客观文化因子"作为高雅文化物品拥有量的衍生物和文化资本的测量指标被证明可以对个体教育地位获得产生明显影响。那么，在农家子弟的"读书"历程中，他们是怎样拥有这些高雅文化物品的呢？又是怎样培植阅读兴趣的呢？

> 初中我特别喜欢看书，可是奶奶因为拮据给我买很少的书，我就办了借书卡，自己去借，那时看的大部分都是故事会漫画之类的，算是消磨时间，纯属娱乐，可有一本书对我有点启蒙的意思，是《蔡志忠古典漫画系列》中的一本，书名叫作《列子传》，后来我喜欢的哲学有些源于此。
>
> ——摘自教育自传 AWM19—14
>
> 那时候我很爱看书，杂志、小说都看，但是能接触的资源还是很有限，牛老师在班里办了一个图书角，同学们可以把自己看过的好书放在那里供大家借阅，每次借的时候需要登记。不得不说这是个好方法，我看了很多文摘之类的杂志，作文水平也渐渐提高。
>
> ——摘自教育自传 AMF25—04

想要通过教育实现向上社会流动，有必要寻找增加自身文化资本的途径，获取教育资源是一个重要方法。然而，农家子弟因家庭经济条件较差，没有自己独立的书房，缺少课外读物，这些都制约了他们多方面兴趣的培养②。在我们的研究中，农家子弟沿着两条路线获取书籍、课外读物等外部教育资源，第一种是沿着"喜欢看

---

① 仇立平、肖日葵：《文化资本与社会地位获得——基于上海市的实证研究》，《中国社会科学》2011 年第 6 期。

② 董永贵：《突破阶层束缚——10 位 80 后农家子弟取得高学业成就的质性研究》，《中国青年研究》2015 年第 3 期。

书—获取图书—激发阅读兴趣"的学习路径，农家子弟沛川①由内而生的阅读兴趣促成了他对外部教育资源的积极争取行动。另外，学校的图书供给与阅读活动开展也为农家子弟的阅读素养提升提供了助力。在阅读兴趣培植过程中，喜爱与兴趣是农家子弟的一个重要动力，而阅读兴趣培植的另一个重要原因是与留守历程这一特殊境遇的紧密结合。阅读对于留守历程的缓解效应是，看书可以促成农家子弟负面情绪的转移。

> 第一个正面影响的例子是留守经历促成了我看书的习惯。留守的这些年，外婆外公给了我很多爱，我也很爱他们。但是不可避免的，我和外公外婆之间存在的代沟，让我无法和他们进行深度沟通，很多时候内心的寂寞无法言说。为了让自己无处言说的情绪得到安放，我开始迷上了读书。当时的我没有想到留守的孤独带来了我对读书的渴望，可以说是因祸得福了……还有很多好书没有看过，每每想到这里，我就觉得生活真是太有意思了。感谢留守的孤独让我走进了书海，让我发现了很多不同的世界，通过阅读我也更加了解了自己，了解到自己的向往。所以，当你感到孤独、感到不被理解时，不妨去读书吧，"腹有诗书气自华"，这话一点儿也不假。
>
> ——摘自教育自传 AMF21—16

还好外公有一间书房，我心情不好时就在里面抄书，把一本书都照着写了一遍，还看完了一本厚厚的书，叫什么《荷花淀》，书名是记不得了，但出版社和内容倒是没忘记，这是一本写抗日战争的书，讲述日本人来侵略村庄了，八路军便把他们引到荷花淀里去，然后一举歼灭的故事。我还看完了《365夜故事》，把武侠小说封面人物飞翔的状态画在我的画画本里。心情不好时，我还会把中草药的书籍，尤其是有关蛇的介绍那一

---

① 沛川是教育自传编码为 AWM19—14 的作者。

章翻来翻去地看，似乎在找些刺激，希望能把不愉快的事情忘记，也把想爸爸妈妈的情绪给忘记。

——摘自教育自传 AWM15—10

第二种是沿着"负面情绪产生—进行抄书行动—培植阅读兴趣"的学习路径，马乔借抄书进行负面情绪的转移。我们看到，阅读本身可以转移个体对痛苦的感知，书籍使个体的精神世界受到慰藉。农家子弟阅读兴趣的培植具有非组织倾向与非目的特性，这让文化资本的获得具有巧合的意味。他们并未意识到读书或阅读兴趣的培养在未来会给他们带来什么，比如多年后的马乔会发现，借以童年的阅读经验累积，他的文学兴趣愈发浓厚，他开始走向文学道路，并陆续在国内顶尖文学杂志发表系列作品。

二 后起：学习行动的奋起

虽然在文化资本的累积中，农家子弟与书籍的相遇或阅读兴趣的培植表明了他们"先赋"文化资本的贫乏与获得文化资本的偶然性。但是，在学习行动的展开中，他们并不总是处于意外的和被动的局面之中，个人努力的"自致性"因素为他们的前进铺垫了道路。

挑灯夜战，中午不睡觉从此成了我的便饭……我没办法，我实在没办法在每天只睡 2 个小时的情况下保证我的学习质量。我好不容易上升的成绩已经开始下滑。老师怜惜我，都花时间来开导我。可是高中时代的我，把成绩看成一切。我出生在那种家庭，只有成绩才能让我摆脱那种状况。我一直都知道自己不聪明。只有比别人更努力才能上一所好的高中。所以我下了在当时看来最大的决心，从几百名考到了前十，成功地被保送到市里的重点中学。

——摘自教育自传 AWF16—09

初二那年，我被爸爸暴打一顿几天没去上课，敬爱的王老师便来家里。之后，回到学校的我铆足了劲地学习，尤其在数学上下功夫，不懂就看资料书和自己记的笔记，还不懂的就勇敢地问同学和老师。皇天不负有心人，从初一开始，数学从未及格过的我终于及格了。至今，我依然相信"天才是靠百分之九十九的汗水"这句话。要改变糟糕的现状，唯有去奋斗。中考，我以全校第三的成绩进入 A 学校的火箭班，这是光荣的。很多初中老师表示很震惊，因为平时的我除了英语成绩还不错，其他科目成绩都是一般般，大概是骨子里隐藏的不甘心和自己以前定下的目标给我的动力吧。

——摘自教育自传 AWF18—06

高等教育地位获得是"先赋"还是"自致"，现在已俨然成为学术派别的分野。基于"社会再生产"视野的研究者在不断揭露教育系统的"公正分配"假象。无论是保罗·威利斯的社会抵制理论，还是鲍尔斯与金蒂斯提出的资本主义社会再生产理论，他们都在诉说整体性社会阶级或地位群体是怎样通过学校系统而被再生产出来的，学校教育过程不过是对原有社会结构的复制。而主张"绩能主义"的研究者们却与之针锋相对，他们将行动者的主体性放在高位，自英国社会学家迈克尔·杨 1958 年撰写反乌托邦著作《优绩主义的兴起：1870—2033》以来，"智商+努力"的信条已然成为整个社会奉行的标准，甚至演变成了"美国梦"的精神内核。虽然这种能力取向的发展意识脱离了迈克尔·杨的本意，但是也给人们一个关于个体潜能的省思机会，更多的研究者发现，人们职业的成功可以依赖于个人的教育水平而不是父母的阶级背景[1]，凭借才能与努力，工人阶级家庭的孩子也可以实现在社会结构中的上升流动。

当我们在识别对立性观点时，需要重拾语境。在中国本土研究

---

[1] Jay D. Teachman, "Intellectual Skill and Academic Performance: Do Families Bias the Relationship?", *Sociology of Education*, Vol. 69, No. 1, Janauary 1996, pp. 35 – 48.

视域内，一个重要的前提是，"能力"还是"出身"的讨论是建立在人才筛选与教育评价机制之上的。自 1977 年中国恢复高考制度以来，人才选拔制度都是建立在能力取向标准之上的，高考制度建设与高考制度改革在朝着教育公平的方向竭力演进。在农家子弟的自我意识当中，"读书"已经被赋予了无限的"希望"，这里的动机已经足够明显了。而从农家子弟的"读书"历程观之，个体通过教育期望与努力奋进的教育行动获取高等教育地位是具有可行性的。另一个证据来自叶晓梅与杜育红的研究，通过对 2013—2014 年"中国综合社会调查"（CGSS）中 8481 个本土样本的 Logit 回归和夏普利值法研究发现，从城乡差异来看，先赋性因素对城市学生高等教育机会获得的影响效应大于农村学生，而努力行为、教育期望等自致性因素对农村学生高等教育机会获得的影响效应要大于城市学生[①]。由此，我们知道，农村学生高等教育地位的获得较多地受到自致性因素的影响，而这种努力向上、拼搏奋斗的学习意志也为他们高等教育地位的获得创造了可能。

三　试误：失败经历的检验

为什么农家子弟会选择"读书"这条道路呢？晓晓看到了小姑作为典型农村妇女放弃学业、囿于家庭的困顿人生，这是她"读书"意识增强的思维促进，而农家子弟马乔则为我们演绎了一次真实的"试误"过程。

> 2007 年 5 月好不容易等到初中毕业，一毕业我便直接从老家买车票南下去找妈妈了，行李都是后来爸爸到学校办理拿走的。妈妈在鞋厂打工，我每次只要觉得委屈就会想到她，便决心要去看看，读不读书，甚至觉得没那么重要了。

[①] 叶晓梅、杜育红：《先赋抑或自致？城乡高等教育机会差异的影响因素分析》，《教育科学研究》2019 年第 1 期。

我见到了妈妈，她似乎苍老了不少，妹妹也似乎长大了不少。妈妈还带我去逛夜市，给我买了洗澡的东西，还有衣物和电风扇。一下车我就感受到了南方的炙热，尤其在房间里，脸一边吹电风扇，汗就从另一边流下。妈妈跟我说了在这边的很多趣事，好像是第一次跟老妈聊这么久，第一次觉得这么开心。第一次来到城市，总要带着好奇和期待吧，什么读书啊、老家呀，都抛到千里之外了，以至于后来我考到了当地的普通高中，没有考上市区中学，便不想回去读书了。老爸一直在老家那边打电话催呀催，我才回来读书。走之前，有朋友跟我说，读书到最后还不是要出来就业？读书不读书都不要紧，只要能学到一门技术，这辈子够你吃了就行。可能正是这句话让我后来又做了傻事。

我从南方回来后，倒是把高一上学期读完了，而下学期读到一半实在读不下去了，就一个人跑去南方打工。我是骗着妈妈拿钱去的，说是用来买资料，结果买了车票。到达后，我才给爸妈打了电话，这样又让家里不和睦了，爸爸说是妈妈把钱给我的，才让我有钱买车票，妈妈说又不是她让我来的，是我自己想来的。既然选择了放弃读书，我决心要做点事情才回来，我走的这条打工之路，像是又要再重复爸妈所走的路。我来到一家台湾老板投资的电子厂打工，做步步高手机壳组装。我的工资不高，一个月700块钱，比正式工要低一点，他们是计件的，做得越多工资便越多。我们每天上班12个小时，实行两班倒。我头半月做的是白班，下半月要做夜班，白班从早上8点到晚上8点，晚班是从晚上8点到早上8点，午饭和晚饭都只给30分钟吃，有时候人多还得排队，吃饭自然就晚了。只要是迟到就每次扣100块钱，迟到一小时算旷工，就算白做一天。虽然是12个小时，但工厂每天都要加班，实际上每天都要工作15个小时以上。

我是临时工公司安排进来的，加班费什么的都要邮寄到临时工公司，若公司老板是好人，就会如数把钱还你，然而临时工老板大都不算什么好心人。算账时，他都会给你左扣、右扣，到最后往往都不剩多少，做了四个月总算拿到 1000 块钱，就算是黑厂也总比拿不到钱的强吧，我总是这样安慰自己。跟我一同进来做的一个重庆人，他是另一家临时工公司介绍来的，每天都很努力上班，想表现好点，过年能有些钱寄回去给妻儿，只是过年他去找老板拿钱的时候，老板不但不给，反而把他打了一顿。此后，我便不见他了，许是难过回去了。那天，至少我们老板还给了我 100 块钱过年，甚至从某方面来说，我还得感谢我的老板。

工作时间太长，加上我拿不到工资，之前打工的那种美好感觉随之消失殆尽，我到底想到了读书，便给班主任打了电话，被说也是活该了。是的，我也在反思自己，都挖金山银山了如何还要回来读书，但当我边打电话边哭时，许是老师也忍不住了吧，便让我先回去再说。由于我是中途离校的，也没有期末考试，我的学号差点被注销掉，老师也给求了情，我才有机会重新回到教室学习，许是接触了社会，知道赚钱的不容易吧，读书反而用功了许多。

——摘自教育自传 AWM15—10

马乔为什么会选择走向这条"打工之路"？在他眼中，与母亲在一起比读书更为重要。在他的留守历程中，在家务农的父亲并未给他留下什么温暖，"父亲爱喝酒闹事总是让我操心"（摘自教育自传 AWM15—10），"无端的指责发泄使我崩溃撕书"（摘自教育自传 AWM15—10），这些家庭琐事挫伤了马乔的心。既然"打工"能实现他与母亲不再分离的愿望，也能让他学到一门"技术"去承担家庭责任，看来"不读书"并没有什么消极后果，在这种信念的驱使下，他开始了南下"打工之路"。但后来马乔为什么又将"打工"指认为"一件傻事"呢？因为他体验到了"打工"带给他的一系列艰辛。从农村来到城市寻求发展的马乔按照母亲的"打工"轨迹，同样从事着工业产品拼装的低技能劳动。在工作期间，他需要以体力劳动的长时间投入获取不对等的薪资、忍受临时工公司的经济剥削,他也见证了"打工"的可能风险——"要不回工资",甚至"被老板殴打一顿"。实际上,在21世纪初的发展中国家,大量农村流动人口向城市非农行业流动,在一定程度上改善了农村流动人口的经济状况,收入得到了提高,也使他们有了更多的自主选择。但是,农村流动人口的社会地位并没有明显地提高,而且平等的流动机会也十分少。既有研究表明,农村流动人口在城市的就业具有非常明显的集中性和一致性。从职业上看,农村流动人口绝大多数从事的是技能水平低、工作环境差、工资待遇低、劳动强度大、工作时间长的职业,也就是人们通常所说的"脏、累、差、险、重"的工作[1]。农民在城市就业空间是有限的,他们主要从事的就是类似这样的低技能体力劳动,马乔的"打工"经历也在印证这一点,当他沿着"打工"轨迹行进时,付出似乎远远超越微薄的收入。幸运的是,马乔在"读书"意识觉醒与家乡老师的帮助下,能够实现重新返校"读书"。"赚钱不易"的亲身体验让他重新返回"读书改变命运"的人生道路,也再一次加持了他的"努力读书"信念。

第三节 保护性力量:他者及其作用

一 他者及其教育意义

在农家子弟的"读书"历程中,我们已经看到"读书"行动是怎样展开的,也意识到努力"读书"背后所映射的农家子弟对"读书"所寄予的厚望。在这一进程中,一个值得注意的现象是农家子弟"读书"进程中"他人"角色的不断涌现。农家子弟渴望教师的目光,也会因为得不到父亲的赞许而倍感失望,父母与教师作为

---

[1] 王春光:《我国城市就业制度对进城农村流动人口生存和发展的影响》,《浙江大学学报》(人文社会科学版)2006年第5期。

"他者"角色表现了农家子弟对"自我"的关注,这也体现着乔治·赫伯特·米德在自我理论中所阐释的他者与自我共同构建起的"自我统一体"(见图3.1)构建过程。

```
个体 ──洞察──▶ 一般化的他者的态度 ──形塑──▶ 自我统一体
```

图3.1 米德自我理论中的"自我统一体"构建

在米德的定义中,可以把使个体获得自我统一体的有组织的共同体或者社会群体称为"一般化的他人"(the generalized other)[①]。在米德看来,构建"自我统一体"依赖于"一般化的他者"的态度,这是一个复杂的构建过程。一般来说,"一般化的他者"代表了整个共同体的态度,如果人类需要发展一个最完整意义上的自我,那么仅仅采取其他人类个体在人类社会过程中针对他本人的态度或彼此针对对方的态度是不足够的。只有获取有组织的社会或社会群体成员参与社会活动中持有的态度,并且把这些态度一般化,才能成为个体自我获得最充分发展所必不可少的基础和先决条件;只有当他采取了他所从属的这个有组织的社会群体针对这个群体本身所参与的、有组织的合作性社会活动或一系列这样的活动的态度时,他才能确实发展一个完整的自我。

在农家子弟的"读书"历程中,努力读书以获得学业成就既是展现个体能力的学习过程,也是期望得到他人正向回馈的心理过程,个体需要"一般化的他者的态度"去塑造一个真正的"自我统一体"。当然,这也是一种前进策略,斯奈德在希望理论的建构中指出,当一个高期望者在实现目标进程中或需要化解实现目标过程中的阻碍时,可能会依赖一个生活角色,因为他们希望通过具体的方

[①] [美]乔治·赫伯特·米德:《心灵、自我与社会》,霍桂桓译,华夏出版社1999年版,第167—168页。

案或他人带来的心理益处去处理目标阻碍①。休伯特·赫尔曼斯也指出，这种"自我中的他者"可以通过吸引已有的主我立场并产生出新立场的能力来开放自我，并通过开放性使得这些重要人物成为一个稳定且有影响力的立场。儿童和青少年对某个老师印象特别深刻，不仅是因为这个老师在教学和专业成就方面吸引他们，最主要的是由于这个老师正好出现在儿童与青少年人生的敏感时期。这样的老师、教育者或其他榜样便成为一种促进者立场，一旦此立场内化为自我的他者，人们在需要获得建议、认可、鼓励和寻找人生方向时，便会求助于这些真实的或想象的作为促进者立场的重要人物。可以说，这些人物就像指南针，为那些因面临各种生活疑问、选择或决定需要寻找新的人生定位的人们指引方向②。在个体心理视域内，"他者"表现出其功用性。对于农家子弟来说，父母与教师可以作为呈现为偶像性他人或他认性他者形象，达到示范或回馈的心理效应，在这里，"他者"具备自我认同价值，能够成为自我的榜样与促进自我的来源。与此同时，在个体心理层面，自我体认的"他者"表现出一定的"被动性"，这时我们看到的"他者"只是一个自我框架内的要素，当我们将这种"他者"扩展到行动理论框架时，"他者"的能动作用就变得更为凸显。那么，父母与教师是怎样作为一种互动型的"他者"角色的？他们是如何在一个个具体的微观行动中为农家子弟的个人成长与教育促进施加力量的呢？

二 他者及其教育行动

（一）父母给予我鼓励

在农家子弟的生命历程中，农民父母的"出走"与孩子们的

---

① C. R. Snyder, *Handbook of Hope: Theory, Measures, and Applications*, Academic Press, 2000, p.40.
② 蒋思阳：《从"实体自我"到"对话自我"——赫尔曼斯的对话自我理论研究》，硕士学位论文，湖南师范大学，2012年，第24页。

"留守"形成了一种共同的行动图景,在这个图景中,父母与孩子的一同奋进才能演绎出这场"世代抗争"的协奏曲。尤其在农家子弟的教育上,"他者"的主动性特性表现为即便农民父母"离家远行",他们也在竭力为孩子的未来创造可能。

  一个学期结束后,父亲猛然觉得我是可塑之才,于是打上了县里最好学校"第二小学"的主意。费了不少关系和金钱,终于可以让我"走后门"进了二小。开始时学校说插班生不可寄宿在学校,父亲便安排我住在一个徐氏无血缘关系的亲戚家里,那位亲戚也有三个孩子,大儿子竟然与我同班,说住在一起相互学习也是好的。

——摘自教育自传 AWF02—03

  我高一的时候成绩不好,当时真的不懂怎样学,越是想把成绩搞上去,它就越上不去,压力很大。每次回家之后妈妈给我重复最多的话就是:只要健康就好啦,不要有太大的压力!和妈妈不一样,爸爸每次给我打电话,更多是引导我怎样学习,鼓励我找到适合自己的学习方法。虽然他经常在外面打工,但是谁不希望自己的儿女学习好一些,有个好的未来?更何况我爸爸小时候学习特别好,迫于家境而只好辍学,当时对我有很高的期望,告诉我既然觉得自己不如别人聪明,那就至少要比别人勤奋。

——摘自教育自传 AMF01—16

  事实上,"远距离"和"有限教育水平"确实为农民工父母屏蔽了一些教育投入的可能性,比如在日常生活中直接传授孩子学校知识与参与家庭作业,为孩子提供大量学习资料和适宜学习空间,积极讨论学校生活和及时的学习督促。但是,农民工父母也在积极为孩子进行外部教育资源的争取以及通过话语鼓舞的方式为农家子弟的"读书之路"带来精神力量。燕子①的父亲通过个体社会网络关系积极寻求更好的教育资源,这是立足于家庭有限资源的教育投入;小党的父母使用鼓励性语言对其读书进取产生了激励作用。虽然英国教育社会学家巴兹尔·伯恩斯坦的符码理论建立了我们对底层社会子女在教育再生产中劣势效应的理解,如中上层的孩子趋向于使用与学校教材和教学语言相一致的精致型语言,而低社会阶层的孩子则倾向于局限型语言。但是一个劳动阶层在语言方面②的化解尝试是,劳动阶层语言可以表现为在支持子女读书的教育承诺以及强调努力学习的重要性和意义层面,从而发挥教育力量。与此同时,一个远距离家庭教育方法也正在被发现,譬如农家子弟父母会依靠电话线的提拉作用。

  渐渐地生活条件好转了,改变了这种传递书信的现状,爸爸有时会用公共电话给村子里有座机的姑奶家打电话,奶奶可以过去说几句,由于话费较贵,也只会草草地说几句就撂电话。上小学时爸爸妈妈买了手机,这时姑父、大伯也都有了手机,隔一段时间可以打一次电话,通过电话交流近期情况,我开始和父母有深入交流。最开始接起电话时,自己并不知道该和父母聊什么,有些话并不知道该从何说起,更不知道如何把想念表达出来,更确切地说,是不敢表达出对父母的想念之情,既怕电话那方的父母会伤心流泪,也怕自己会泣不成声。接起电话,只是叫了一声爸爸妈妈,然后就是他们问什么我答什么,没有几句话的时间我就不再说话,把电话给了其他人。虽然每次通话时都会忍着尽量不流泪,但是还是好多次挂掉电话后会在没人的地方默默地自己哭泣。慢慢地,随着时间的流逝、自己的长大,还有通信设施的便利,我和父母沟通交流的次数逐

---

① 燕子是教育自传编码为 AWF02—03 的作者。
② 熊和妮、王晓芳:《劳动阶层家庭语言的教育力量——基于农村大学生的叙事分析》,《贵州师范大学学报》(社会科学版)2018 年第 5 期。

渐增多，逐渐缓解了这种每次打电话都想哭的情况。高中时，自己有了手机，交流起来更加方便了，随时可以和父母联系，与父母做到了有事及时沟通。多次在遇到困难以及不顺心的事时，因为有了父母的关心而感到温暖，感到父母虽人在远方，但心却离我很近，让我感到无比开心，也使我并没有因为父母不在身边而感到过多的孤独。

——摘自教育自传 AMF13—16

在现代社会，电话、手机等通信工具已经替代了书信沟通的传统模式，农村留守儿童家庭也不例外。农民工父母会普遍使用通信工具与孩子建立联系，但现实的问题是电话联系的沟通质量却相当低下。有研究者发现，虽然71.5%的农民工父母会打电话回家，囿于经济上的限制以及父母和监护人的变动，这种沟通很短，也不频繁，父母打电话回家，主要是想了解家庭成员的健康和安全，并与监护人讨论重大决定[1]。但在农家子弟爽子的留守历程中，我们也看到了务工父母主动性的发挥与借电话线所发挥的提拉作用，借以电话线的提拉可以创造一个远距离的家庭教育场景，父母增加沟通频率与通过电话传递学习重要性和具体学习方法，不仅可以实现农村留守儿童的自我概念建构，消弭个体的孤独感，也能增强孩子的学习意识。在西方国家的医学领域，电话教育、电话调查、电话干预等现代技术手段已经广泛应用于患者生活质量改善[2]与治疗方法教育当中。

---

[1] Ye Jingzhong and Pan Lu, "Differentiated Childhoods: Impacts of Rural Labor Migration on Left-Behind Children in China", *The Journal of Peasant Studies*, Vol. 38, No. 2, March 2011, pp. 355 – 377.

[2] David W. Baker, Darren A. DeWalt, Dean Schillinger, Victoria Hawk, Bernice Ruo, Kirsten Bibbins-Domingo, Morris Weinberger, Aurelia Macabasco-O'Connell, Kathy L. Grady, George M. Holmes, Brian Erman MSPharm, Kimberly A. Brouckson and Michael Pignone, "The Effect of Progressive, Reinforcing Telephone Education and Counseling Versus Brief Educational Intervention on Knowledge, Self-care Behaviors and Heart Failure symptoms", *Journal of Cardiac Failure*, Vol. 17, Iss. 10, October 2011, pp. 789 – 796.

(二) 老师是我的引路人

在农家子弟的留守历程与学习动力加持中，另一个重要"他者"是乡村教师。在农家子弟的叙事中，渴望老师的关注是他认性自我认同的表现，而老师的帮助则是教师作为重要"他者"的主动行动过程。

> 我的启蒙老师，在小学最后的时光里，一直都是我的引路人。现在想来若我没有遇见他，可能我现在要外出打工了。我感谢班主任老师能在晚上接我的电话，而不是没有装作没听见；我感谢语文老师在知道我失眠后，晚上特意抽时间跟我聊她的人生。
>
> ——摘自教育自传 AWF16—09

> 虽然自上学起我一直保持着较好的学习成绩，但学习生涯也不是表面上那么一帆风顺的，在小学一年级时有过一次小插曲。一年级时，有些知识我学不会，当时家里没有人可以辅导我的学习，做题错的比较多时，老师还会轻轻地拍打我几下，当时我就把老师的这种行为理解为打学生，借此机会我就不去上学。奶奶、姑父以及家里所有人都劝我去上学，可是他们的劝说没有用，我还是不去，后来班上的几位同学也来找我，可是我也不听劝，不去上学，最后是班主任（宋老师）来找我，告诉我有不懂的可以随时问，然后把我接回了学校，这份恩情我永生难忘，从宋老师身上我看到了教师这份职业的崇高，教师可以挽回每一位学生的前途，没有宋老师当年的呼唤，我就会早早地辍学在家，也就没有了我今天的学业成就。宋老师这一举动也影响了我一生的职业选择，正因为这件事我看到了教师职业的伟大，教师对一个孩子成长的重要，从此我决定了将来要从事教师这一职业，我想像宋老师一样对我的学生好，真正做到"师者若水，润物无声"。
>
> ——摘自教育自传 AMF13—16

如果说渴望教师的目光是农家子弟建立自我认同需要以教师的回馈为基础的话，那么农家子弟将乡村教师作为重要"他者"的一个要点是教师给予他们的关怀。我们已经看到了农家子弟留守生命历程中可能遭遇的情感陷阱、底层困境与动态境遇，比起非留守孩子，他们是易感群体，他们更需要支持力量。对于农家子弟来讲，家庭和学校是他们生活与成长的两个重要场所，谁能给他们支持？除了家庭成员外，最重要的"他者"就是教师。我们在农家子弟的教育叙事中发现，教师角色不只是知识的传递者，教师的生活关怀与温情的教育态度也能够赋予农家子弟以前进动力与精神力量。其意蕴在于能够帮助农家子弟树立正确的人生价值观、满足他们的情感与精神需求、引导他们积极地面对生活以及为他们的自我教育带来启迪。

　　在既有研究中，一个作为重要"他者"的教师形象塑造的困惑是，当威利斯谈论"家伙们"对学校的反抗的时候，教师被指正为权威的符号，"家伙们"对抗教师的行动实际演变为对抗社会结构的过程，在这里，教师是教育再生产环节中无情的"代言人"。但是，当农家子弟谈论"教师"形象的时候，他们不仅仅是善良、鼓励的符号，而且变得更加具象，是真实存在的给予温暖的"他者"。教师的"一人多面"形象是怎样塑造而成的？虽然威利斯指正到，这是因为"家伙们"将反抗表现为一种风格，他们与学校制度的格格不入，驱使老师们不得不成为精明的阴谋理论家。反而是学校规则的遵循者——家伙们眼中的"书呆子"——态度显然不一样，这并不是说"书呆子"支持老师，他们支持的是老师这个概念，他们认同教育的正式目标，支持学校制度①。在威利斯的描绘中，我们发现了一种"循规者"化身为"被动者"承受社会结构化的风险倾向，后

---

① ［英］保罗·威利斯：《学做工：工人阶级子弟为何继承父业》，秘舒、凌旻华译，译林出版社2013年版，第15—17页。

续的研究者也陆续指出,"威利斯所塑造的'家伙们'的'反学校文化生产'是一个高度创造性的过程,他们行使了一定的自由和自主权,超越了纯粹的社会结构的因果机制。同时,在一个以小群体为基础的文化层面上,'家伙们'洞察了学校教育在意识形态上的神秘性,比如平等机会、文凭主义和职业选择等信条。他们对学校的排斥,对权威的反抗,以及对自己充满活力的文化的积极自信,都通过这些洞察得到了证实。然而,在威利斯的新马克思主义观点中,劳工文化是一种矛盾的现象,同样的元素可以是创造性和压迫性,开放和封闭,阶级权力和阶级失败,自我解放和自我毁灭"[1]。一个矛盾是,为什么"家伙们"能够呈现积极创造力,而在这里"循规者"却是被动的呢?如果从这样的意义出发,那么威利斯所塑造的"循规者"不过是一个简单的机械形象。毋宁说这是一个"主动性"或"被动性"角色的接受问题,即这是一个谁能更加洞察"社会规则"进行人生选择的问题。实际上,农家子弟对教师这个"他者"形象的理解表明,教育场中存在多重主体,它是主动性与互动性相契合的教育过程。农家子弟能够"感知"到教师的关怀,乡村教师主动"传达"其善意,对农家子弟进行帮助,二者在互动中塑造了教育的本真。正因如此,农家子弟才能迸发出对教师的感恩之情与前进动力。

小 结

教育诠释学给我们带来了关于希望与教育关系的话语理解:在一个共同的世界中,社会和谐的理想所带来的挑战和困难恰恰构成

---

[1] J. C. Walker, "Romanticising Resistance, Romanticising Culture: Problems in Willis's Theory of Cultural Production", *British Journal of Sociology of Education*, Vol. 7, Iss. 1, 1986, pp. 59 – 80.

了一种希望,这种希望使得教育继续被认为是一种有价值的活动①。"用教育撑起美好明天"这并不是一句单纯的宣传口号,而是一种用教育抵御现实困境、帮助他人有益生活的未来希望哲学与现实行动指导。一个交织着希望意味的教育行动之境是,教育的解放和变革力量在不断释放,而保持教育行动也意味着一种充满希望的信念,通过这种相信教育的信念,参与教育过程的个人表达了他们对世界的爱,对美好未来的承诺以及对其可能性的信念②。

教育为希望带来了主动性,而希望为教育带来了承诺。一个重要的前置性条件是,农家子弟对于教育制度的彻底的、完全的信任。而在非常实际的意义上,教育真正能够实现"我可以希望什么"到"我可以做什么"的实践转换吗?在农家子弟迈向希望的教育之路上,个体教育行动中所附着的"希望之灵"是农家子弟企盼着通过教育的通途实现人生改变的愿望。那么,这种改变是什么呢?在农家子弟的"读书之路"中,我们看到的是"家庭""命运"和"自我"。这既是农家子弟期待改变的"实在物",也是他们在留守历程中所经历的或他们所被压抑的部分。这些"实在物"成为农家子弟真正所关注的东西,并形成一种内在的动力,激发农家子弟个体奋进意识的觉醒。而在这一进程中,我们的研究任务不再执着于揭穿那些教育再生产过程中的排斥、那些阶层复制中不可突破的屏障,因为这些已经不能构成我们教育研究的主轴,农家子弟迈向希望的教育之路让我们重拾"保护"和"关心",让我们注视到教育行动中不灭的个体。最根本的是,农家子弟自我意志的塑形使得他们为自己创造了一个希望空间。

而"我可以做什么"的教育实践探索为农家子弟的教育攀登赢得了最大发展机遇。想要通过教育实现向上层社会流动,就有必要

---

① Bianca Thoilliez, "Hope and Education Beyond Critique. Towards Pedagogy with a Lower Case 'P'", *Ethics and Education*, Vol. 14, No. 4, September 2019, pp. 453–466.

② Bianca Thoilliez, "Hope and Education Beyond Critique. Towards Pedagogy with a Lower Case 'P'", *Ethics and Education*, Vol. 14, No. 4, September 2019, pp. 453–466.

寻找增加自身文化资本的途径。获取教育资源是一个重要方法，阅读兴趣的培植让农家子弟在教育历程中积淀知识、厚植文化底蕴与激发学习兴趣；个人努力的"自致性"因素也为农家子弟铺垫了道路，将"苦读"贯彻以及在社会中"试误"后对学校教育的认可与努力学习实践能够使农家子弟在学校教育中最大限度地获得文化资本，这也是他们通过教育实现向上层社会流动所做出的最具体的教育行动。

第 四 章

往日重现：拾遗"乌有之乡"

> 过去的每一个意象，若不被现在视为关注的事物之一，都有永久消失的危险。
>
> ——［美］露丝·贝哈《动情的观察者：伤心人类学》

城市文化资本"优势论"常常被用来解释城市精英子弟何以取得较高的学业成就[①]。虽然已有研究者指出，大学场域中的文化偏好[②]、语言中断[③]、教育体系霸权[④]等要素是城乡子弟学业成就存在巨大差异的原因，但在"优势论"占主导的理念视域下，"城"优于"乡"的思维定式造成的视野盲区导致农村文化资本黯然失色，并总是被有意无意地忽略。一种新的观点指出，"寒门贵子"所具备的"底层文化资本"会在不同情境中展现特有的力量，诸如先赋性

[①] 参见林秀珠《从文化再生产视角解析中国教育的城乡二元结构》，《教育科学研究》2009年第2期；余秀兰《文化再生产：我国教育的城乡差距探析》，《华东师范大学学报》（教育科学版）2006年第2期。

[②] 秦惠民、李娜：《农村背景大学生文化资本的弱势地位——大学场域中文化作为资本影响力的视角》，《北京大学教育评论》2014年第4期。

[③] 滕星、杨红：《西方低学业成就归因理论的本土化阐释——山区拉祜族教育人类学田野工作》，《广西民族学院学报》（哲学社会科学版）2004年第3期。

[④] 陈旭峰：《实施城乡一体化的分流教育——布迪厄的文化再生产理论对当前农村教育的启示》，《教育学术月刊》2010年第7期。

动力、道德化思维、学校化的心性品质等文化资本促成了"寒门贵子"高学业成就的获得。换言之，资本的价值有赖于场域的存在。社会底层子弟尽管缺乏中上阶层子弟所具有的文化资本，但他们的高学业成就（进入重点大学）却并非只是弥补中上阶层文化资本的结果，而是因为他们创生出了一种与其底层生命实践紧密相连、具有独特形态的文化资本[1]。但是，也有学者指出，上述研究对底层子女实现社会上升流动的所谓"成功"经历的关注欠缺反思，有可能导致我们陷入对既有教育系统的"误识"和"失败者指责"的实践陷阱[2]。一个新的思路是，无论是出生于贫困农村家庭的"寒门贵子"，还是生于斯、长于斯的普通农村少年，改变他们命运的教育过程不仅仅被投射于以学校为基点的"黑箱"和以家庭为中心的"寒门"情境之中，在农村儿童的成长阶段，作为独立个体的农村少年是在乡野间编织属于自己的意义之网的。那么对于实现向上流动的"寒门贵子"与父母缺失的"农家子弟"来说，无论他们创生出这种与底层生命实践紧密相连、具有独特形态的文化资本与阶层再生产逻辑的契合性如何，蛰伏在农村场域的"差别优势"也会为他们的人格塑造施加力量，进而促使他们走向更广阔的生活世界。

第一节 斜阳：记忆中的留守与乡景

在农家子弟的留守历程中，村庄、麦穗、草地、灯笼、伙伴、牛马、鱼神，这些意象不断浮现，成为一系列成长叙事中的存在之物。这些意象在他们的回忆中占据要位，农家子弟也意识到了这些意象在为他们施加某种力量。

---

[1] 程猛、吕雨欣、杨扬：《"底层文化资本"再审视》，《苏州大学学报》（教育科学版）2018 年第 4 期。

[2] 杜亮、刘宇：《"底层文化资本"是否可行——关于学校教育中的文化资本与社会流动的几个理论问题的探讨》，《中国青年研究》2020 年第 5 期。

一　农村天地：自然成就生长

从分析的角度来看，一个场域可以被定义为各种位置之间存在的客观关系的一个网络，或一个构型①。农村社会作为世界中的一隅，具有自身的逻辑和必然的客观关系。村落中儿童的成长，一定是在村庄所处的特定空间内发生的，这个特定空间最外显的表征是纯粹的自然天地，它映刻着农家子弟与自然的互动关系。

> 放学的路上，麦秆断裂处发出的甜丝丝的气味和车过处扬尘的气味混杂在一起，更加重了麦收的火热气氛。车上的麦子跟着车子的频率震动着，不免有几根会侥幸逃脱，那时候捡麦穗在小孩之间是一种风尚，这样做的小孩总能得到村里人"爱惜粮食""会过日子"之类的赞美，这种赞美让更多的孩子加入这个行列之中。
>
> ——摘自教育自传 AMF24—16

> 在白头村这个小小的村子里，我亲近过自然，亲近过每一片土地。在我的记忆里，小学四五年级时，由于秋收很忙，我跟着大人们一起去田地里干农活，扒苞米、装苞米车，跟在收割机后面捡豆子。虽然在干活时很累，但也是一段愉快的经历，那是和自然的亲密接触，也是和家人一起劳作的快乐。那时我并没有把这看作是干农活，而认为是儿时的另一种"游戏"，同时帮助家人干活自己也收获了额外的快乐，有一种小小的成就感。我们还会在田地里烤玉米吃，吃到嘴巴黑黑的，很是享受这种时光。
>
> ——摘自教育自传 AMF13—16

农村以劳作立身，也必然是以劳动为主的实践场域。在此场域

---

① ［法］皮埃尔·布尔迪厄、［美］华康德：《反思社会学导引》，李猛、李康译，商务印书馆2015年版，第122—123页。

之中，农村儿童能够感悟生产劳动，从而逐渐养成乡村人劳动的习惯，使其与场域"本体论契合"，并完成实践与发展①。农作物的劳作需要人的参与，水稻的播种、插秧、除草、收割等，这一连串的劳动体验都是人作为生产主体来完成的。自然渲染下的劳动体验为农村儿童的心性（惯习）养成提供了先决条件，农家子弟真正地体悟到"劳作不易""学会珍惜生活""勇于担当"的自然心性，进而鞭策着他们砥砺前行、奋进向上。从生产劳动实践中汲取自然心性是农村儿童文化生产的过程，也是意志锤炼的过程。相比于城市孩子，农家子弟乐于这样表达自我：

> 当别家孩子依然在父母怀中嬉戏打闹，我们则早已背上竹篓或是架上柴刀在丛林中寻找生活……我与同龄孩子相比显得更为坚强而独立，知不足而奋进并一直努力读书。
> ——摘自教育自传 AEM17—16

当然，我们可以看到，农家出身的孩子不仅会从中收获坚韧、奋斗的拼搏力量，也会从中迸发出自然与人文共生的精神。

> 因为这是一个时光走得好慢、好慢的小村庄，我在读书后走了好久好久，好多年以后兜兜转转回来的时候，发现这里一切都几乎没有改变，该在的还在，只是那些曾经熟悉的抑或不熟悉的人的容貌早已改变，那些给我讲过故事的爷爷奶奶有一部分已经老了，只是在村头看见渐渐多了几座坟茔。时间洇染了记忆，斑斑驳驳的场景早已泛黄，曾经天真无邪的孩子们现在已经散落天涯，各自拼搏着属于自己的未来！然而，那段经历却给了我许多美好的回忆，还开启了我对美的感受，对中国

---

① 欧阳修俊、谭天美：《乡村学校劳动教育课程变革的挑战与方向》，《中国教育学刊》2019年第8期。

文化的敬仰，以及为我后来对文学的喜爱提供了养料！

——摘自教育自传 AMF08—05

乡村自然之于农村儿童，到底能给予他们怎样的精神向度？一种"物或损之而益"的解释认为"寒门""底层""农村""贫困"，这些词汇不仅指向恶劣的生存条件，更指向了一种悲伤和凄凉的身份地位，而且意味着无可依傍，意味着一无可坠，意味着"超越自我""出人头地""改变命运""不成为复制品""走出大山"[1]。从本质来说，这是一种寄希望于未来的人生追逐，当不利事件或不利文化被认定为是先赋性客观事实后，所做的就只有去找寻有利事件或有利文化所赋予的新人生理想。然而，从已有教育自传的表述中我们也可以看到，无论是对乡村的依恋，还是村庄文化的自然滋养，农家子弟所走的每一步都可能附着对农村文化印记的牵连以及从中内化而生的感性精神，与理性张力下的模糊和暧昧相比，感性精神更加凸显了超拔和明朗清新的一面。

二　童年乡伴：我们都一样

当父母与儿童分离后，情感问题变得尤为凸显，父母不在场导致的亲情缺失会让农家子弟出现外化或内化问题的风险增加。而乡村社会所给予的一个柔性化解是，"差序格局"的网络结构与"熟人社会"的特色表征相互掩映，在这样一个以血缘关系和地缘关系为基础、以家庭为核心的农村社会网络中，既呈现出一种"直系亲属—家族成员—同村人—陌生人"差序格局，又因熟人社会的人情机制而被整合成"亲密关系"。在人情机制的渲染下，村庄形成内部矛盾较少、相对亲密的农村社群，情感传递的农村共同体中农村儿童获得稳定交往的文化氛围。在农家子弟的留守历程中，基于同村

---

[1] 程猛、康永久：《"物或损之而益"——关于底层文化资本的另一种言说》，《清华大学教育研究》2016 年第 4 期。

伙伴的亲密交往为农家子弟的留守生活增添了情感支撑，也替代或缓释了由留守进程中父母缺失而增添的心理负担。

> 忆起童稚之时，满满的多是草地庄稼田里，两两三三，摔瓶盖、弹玻璃、掏鸟窝……的景象，可谓坏事做尽，每每月上枝头方归家，与伙伴的嬉戏让我忘记了思念爸妈的心痛，想来也只有那时最无忧。
>
> ——摘自教育自传AWF12—12

> 我有一段很快乐的童年时光，村里孩子的童年真的很无忧无虑，不会被家长拉去上各种各样的辅导班、特长班，孩子们可以尽情享受他们的童年。村里还有一个好处就是有很多小伙伴，大家可以每天一起玩。在我上小学及小学前的那段时光，父亲常年在外面打工，母亲在家里照顾我的饮食起居，去地里干农活，上山采药材赚钱。那时我们家附近的一片儿有很多小伙伴，大家年龄不同，有大有小，上学的大孩子会给我们讲他们在学校发生的有趣故事，教我们玩游戏。我们每天在一起都有活动，经常到各家去串门，晚上也会一起出来玩。吃完晚饭，大家聚到一起玩儿捉迷藏，整个村子转着跑。天太黑，我们还会自制火把，每个人拿一根棍子，然后去捡一些丢弃的塑料袋，套在棍子上，一层套一层，烧一堆小柴火，大家每个人都把自己的火把点着，可以玩一晚上。现在想起来那个火把真的挺好，除了可以照明节能，还能消除"白色污染"呢！不过有点问题就是烧塑料可能会有一点空气污染，不过当时村子里空气很好，我们的小火把应该不会造成多少污染吧。当时电视上经常放一些武打片，小孩子们最爱一起看武打片了，还会模仿里面的动作、情节。我们好多小孩在一起创立门派，在石头上刻制自己的武功秘籍，每天会在一起练武，从小我就有一个女侠梦呢！现在想起来真好玩！
>
> ——摘自教育自传AMF24—16

伙伴承载着这样一种期望：我们会花费时间在一起，给彼此提供情感上的支持，包括忠诚、信任、亲密感和乐趣。与中产阶层寻找"品位同伴"——"家长希望培养孩子学习习惯以及学习风气"[1] 的资本猎取行动不同，农家子弟给出的却是同伴交往中对"无忧""幸福"等情感体验的认可，以及基于"陪伴"功能的情感寄托——"和伙伴的交往转移了我对母亲的依赖"（摘自教育自传 AEF04—04），"正是因为伙伴们的陪伴，我才不会感到特别孤单"（摘自教育自传 AMF03—11）。虽然农村儿童无法从与"品位同伴"交往中获取向上流动的文化资本或社会资本，但他们对此却有着反身性理解，"我知道我确实缺乏城市孩子的兴趣养成和特长培养，但相比之下我更珍视我的童年"（摘自教育自传 AMF24—16）。我们可以从中看到，农家子弟的观念实质上映射出对地方文化的体认，在农村生活与村庄伙伴交往中他们可以获得较高的归属感与实现自我教育。此外，村庄中的同伴交往不仅补偿了农家子弟的父母缺失，从同伴交往中的外生性效应或情境效应出发，有相同留守经历的同质性群体也在一定程度上削弱了社会所赋予"留守"的"困境"氛围。

> 从前住的老屋那边，身边玩伴就是附近的小孩子们，大家似乎都是一样的，没有什么区别，其中也有不少和我一样的留守孩子，彼此心里自是多了几分"同命相怜"的感情。我们一起捏泥巴、一起滚草地、一起拔竹笋、一起去山坡上冒险……
> ——摘自教育自传 AMF21—16

我觉得大多数留守儿童小时候并不知道"留守"这个名词，对我而言，童年并不会因为常年没有爸爸的陪伴而感到沮丧、不开心，村子里很多家庭都是这种状态，男主外，女主内，大家也没有怎么感觉到异样，爸爸不在家是很平常的一件事情。

---

[1] 刘硕、周可阳：《学区房消费与新中产阶层的内部分化——基于绍兴市新中产阶层的访谈研究》，《社会发展研究》2019 年第 4 期。

小学就在村子外边，特别近，同学都是附近的，大家不管是上学放学，都很开心。那个时候没有现在这么多的烦恼，关键是我们那里的地理条件不算差，属于关中平原，房子都是盖在一起的，不会像山区里的小朋友那样，每户房子离得很远，沟通不是很方便。大家每次放学都要一大群人一起走，就像是游击队一样，放学不回家，趴在别人家的台阶上把作业写完，嘻嘻哈哈，各种玩法。所有的活动似乎没有了男女生的区分，只要是会玩，就参与。

——摘自教育自传 AMF01—16

自科尔曼报告问世以来，同伴效应的研究地位与实际效用在教育领域研究中被不断凸显。人们关注学校场域中诸如班级、年级或宿舍内同伴的背景、行为及产出，试图发现同伴对学生产出或行为的影响与意义。随着研究的深入，人们也意识到同伴交往中的外生性效应或情境效应，个体行为倾向会受个体参照群体的普遍化影响，农家子弟并未强化父母缺失的负面影响就是因为他们找到了同质参照群体，因而身处农村留守儿童群体中的农家子弟并未感受到自己与他人的差别。需要说明的是，农家子弟凭借同伴交往实现的情感支撑与陪伴也必然需要有几个前提。一是他们所经历的被同伴接纳，而不是被同伴拒绝。既有研究表明，不同同伴关系类型对个体的影响是不同的，如果个体接受的是同伴拒绝，那么就能显著增加儿童的攻击、学业违纪与孤独感[1]，因而如果农家子弟经历的是同伴拒绝，那么同伴交往的影响就较为负面，而同伴接纳反之，会产生积极的影响；二是同质性同伴需要达到一定规模，在一定的社会网络层次上，相同境遇的同伴越多，个体的特殊性就会被逐渐消解，而个体间的情感理解与经历共鸣，会增加同伴互相接纳的可能性。如

---

[1] 赵景欣、刘霞、张文新：《同伴拒绝、同伴接纳与农村留守儿童的心理适应：亲子亲合与逆境信念的作用》，《心理学报》2013 年第 7 期。

果农家子弟在群体中的身份是独特或孤立的，则会增强或加重他们对群体身份的负面感知。

三 邻里相依：塑造共同体

当然，亲密关系也不止局限于与同村伙伴的情感交往，其原始基础还表现为马克斯·韦伯所指称的"邻人共同体"，即农村聚落里的那种相近居住的邻人关系。在本土视野下，人们不仅依托于居住地相近的"邻人共同体"，当人们凭借覆盖整个村庄的地缘和血缘时，一个"农村共同体"就逐步建立了。

> 外婆家——西南边陲的一个小村子是一个充满古朴民风的村子，有水有山，还有总是欢笑的、热情的人们……村里的人们在河岸种植桑叶、蔬菜等，给河岸两侧带来了一片生机，劳作的老农们在小憩时隔着河就吆喝起来或者拉家常，这条河养育着一代又一代村里人，也酝酿着很多感情，淳朴、自然。
>
> ——摘自教育自传 AWF18—06

> 吃过饭后，跟着爷爷在门前的大树下乘凉，左邻右舍都出来了，听爷爷奶奶们讲述这个村子的历史，讲那些我不曾见过的曾经生活在这个村子里的人，讲一个家族的兴起与衰落，或者讲那些狐仙鬼怪……其实，我特别想说，农村并不全是大家刻板印象中的封建迷信，还有许多很美好质朴的东西存在着。放学后，一块上课的小伙伴都比较调皮，而我因为体弱而一直作为一个旁观者见证着他们做出各种出格的事情，比如把徐奶奶家的鸭梨偷摘了，或者把爷爷家的红薯刨了出来……那些调皮的孩子们成为我的玩伴，受到破坏的人家总是会恐吓一下这些孩子们，佯装会告知家长或者老师，那个时候淳朴的村民却从来没有真正惩罚过这些让人头疼不已的小孩子们！
>
> ——摘自教育自传 AMF08—05

> 回忆起留守生活，除了缺少父母的陪伴外，并没有觉得比

起其他儿童的儿时生活有什么不同，在某种程度上，农村生活的闲适安逸，村民的单纯简朴，对我热爱自然、喜欢自由的性情也有了一定的影响。

——摘自教育自传 AMF25—04

散居的农家、错落的农田以及农民的集体劳作活动，呈现出来的共同体行动展现了极高的强度，人们得以天然地形成一个相互依靠的团体，并维持着"原始的或天然的共同体意识——一种默认的一致和精神的同一性——所建构的社会秩序、道德信仰和心理归属"①。在"农村共同体"中，我们至少可以看到共同体中的两个一致性：一是行动的一致，村庄里的人付出劳动、亲密交往、照料儿童、守望相助，他们共同发挥着盖有此始的"自治精神"，一同肩负履行村庄集体生活的行动伦理；二是精神的一致，简单、淳朴、和谐的"邻人"精神风貌映射在农家子弟心中，他们从群体中汲取的乡风美德也能够濡化个体的心灵——"人与人之间的关系就是靠相互的联系"（摘自教育自传 AWM19—14），"我希望我们学习小组也应该（像村里一样）是一个和谐的团体，我也会为同学做学习榜样"（摘自教育自传 AMF24—16），共同体意识的塑造使农村儿童具有集体精神，并不断被农家子弟标榜成为个人生活的伦理尺度。

第二节 残阳：断裂中的留守困境

农村社会虽然具有自身逻辑，但是随着社会的高度分化、竞争性加剧，具有相对自主性的社会小世界也会被其他社会世界所影响。在以城乡为空间分野的不同社会世界中，现代化城市社区作为区隔

---

① 薛晓阳：《从自治伦理看乡镇农民的道德教化——托克维尔的乡镇精神及其教育遗产》，《江海学刊》2015 年第 5 期。

于农村及其生产生活方式的小世界悄然崛起,并在工业化催发、精英性集聚、学校教育主导的情境下,迅速化约为支配场域。伴随现代社会制度从传统社会秩序中的分离,这种支配力量更加凸显,进而使得农村社会在城乡一体交融的进程中开始走向"断裂",对农村留守儿童的成长施加影响。

一 认同迷思:生产方式变革拆解农村价值

在世纪之初的中国,市场经济体制改革、工业化生产与全国劳动力市场形成塑造了城市的经济繁荣,而乡村的衰竭却与之相对。由于中国粮食进口规模增大、"小农经济"成本高、粮食积压造成了粮食价格持续走低,纯粹务农收入与城市工业化生产收入相比日渐衰微,许多农村家庭选择将家中的耕地搁置或流转给其他农户,并将外出务工当作主要的经济来源,随着打工潮与剩余劳动力的向城流动,人们的生活方式与价值观念不断被重塑。

> 打工在当时的村里已初具规模并成为潮流,人们饭后闲谈最多的就是"你看看谁家的孩子去哪儿打工了,回来带来了啥啥新鲜的玩意、好吃的东西……""你瞧瞧,那个谁家的闺女刚去哪里打工,回来说话就带了点口音,穿得也高级了,外面就是不一样啊",要是话里正好说中了谁家的孩子,那家父母便会立即不由自主地两眼放光,微微整整衣领,小小神气一会儿。当时的小孩子一听说谁家打工的回来也会不得安宁,就算是正在吃饭也会立即丢下筷子,屁颠屁颠地一边跟着其他孩子跑一边囫囵吞咽下去还没嚼烂的饭,生怕跑慢了,会错失天机似的。往往这时,打工人家低矮的房子前后总会挤满了人,人们看着这刚从外面来的衣着靓丽的大红人正笑哈哈地给大家讲述着外面那个陌生而又新奇的世界,要不就是手忙脚乱地拿出从外面带来的新"玩意"让大家一饱眼福。几个月前的黄毛丫头,而今的时尚女郎,外面究竟是怎样的魔力世界呢?之后大家便会

不约而同地"索要"一些好吃的东西了,那家人往往这时候就会简单粗暴、不太甘愿地慢慢拿出一点分给大家,然后大声说"快散了、散了"。

——摘自教育自传 AEF22—12

农闲时,部分村民会选择外出打工补贴家用,但多数留在家中就会聚众赌博,六合彩等不法行为也成为大家娱乐消遣的一种方式,这实质也是村民们在半年的辛苦付出后,希望快速获得金钱的欲望,平衡一年付出的辛苦。然而这种愿望往往不能实现。不少家庭也因此受影响,甚至家破人亡。

——摘自教育自传 AEF06—5.5

一方面,打工带来的经济利益让农村社会中人的欲望迅速增长,经济报酬的回馈愈加丰厚,刺激越大,人们对金钱的欲望就会愈发强烈,村庄的年轻劳动力不再从事自然生产劳动,乡土社会的"离农"意识与追逐经济利益的社会氛围逐步增强;另一方面,随着自给自足小农自然经济被市场交换所取代,家庭的生产功能逐步消退,消费功能变得格外凸显,青年人打工回乡带来的城市消费产品令人艳羡,人们对城市精致生活的向往削弱了自然生活与朴素生活的精神力量。与此同时,青壮年劳动力通过打工行动直接带来的经济效益使其话语权不断建立,也打破了玛格丽特·米德在《代沟》一书中提出的"前喻文化",老一代人不再能够向年轻一代人传授基本生存技能、对生活价值的理解、规范生活方式以及是非观念,在农村生活中,年长者的道德力量与秩序规约实现来自过去,而在经济生活与生产方式变革的当下,青年一代的"后喻文化"开始占据高位。更严重的后果是,在城市消费主义甚嚣尘上、农村生活留白后赌博泛滥以及以农村"长老权力"为代表的道德力量式微中,乡土文化走向了价值迷乱。过去我们"礼失求诸野",在钱理群看来,至少曾经在农村社会里,是存在一套相对而言比较稳定的价值系统的①。但是，现在却大批地涌现了"礼失求基督"的新价值取向。一个新的现象是基督教对农村小社群的入侵。在传统乡村社会中，奉行以儒家文化为伦理准则的宗族组织，强调的是尊敬恭亲、差序之爱的等级秩序，而在基督教教义中，兄弟姐妹的平等之爱占据主导地位，祖辈与父辈的权威以及秩序感开始降格。这是因为当村庄处于价值迷惘时，很快就会接纳其他的价值序列。农村中的人们并不知道要依从于哪一种精神力量，那么就更不要说出生于变迁年代的农村儿童了，对于留守儿童来说，这种风险更是叠加的。有研究者指出，由于自身知识水平、生活阅历的欠缺以及缺乏正确的辨别力、理解力，留守儿童在面对乡村文化时往往采取全盘否定的态度，忽视或漠视乡村文化产生的基础以及乡村文化的文化价值和社会意义。在城市文化的强烈冲击下，留守儿童的乡村文化自信心、自尊心、自豪感、亲切感开始下降②。

二 孤独传导：人口结构变动塑造农村孤岛

城镇发展带来的是城镇人口的不断激增，而与其并行的是中国人口结构的城乡翻转。自21世纪以来，中国城镇人口突飞猛进，城镇化率在以每年1%的速度稳步增长，到了2011年，城镇常住人口占总人口的比例已经达到51.27%，改变了中国乡村人口③占总人口规模超过半数的既往历史。虽然城镇人口在逐步增长，但是2001年乡村还有79563万人，依旧能够占据总人口比重的63.78%，到了2019年，乡村人口数量已经急转直下，缩减至55162万人。在2001年到2019年的十九年间，乡村人口减少了30.69%。与此同时，乡村人口总量不

---

① 钱理群、刘铁芳编：《乡土中国与乡村教育》，福建教育出版社2008年版，第9页。

② 吕宾、俞睿：《城镇化进程中留守儿童乡村文化认同危机及对策》，《宁夏社会科学》2016年第4期。

③ 此处以统计年鉴中的乡村地区人口统计数据为例。

仅在减少，村庄数量也在同步缩减。根据统计数据显示，全国行政村数由2001年的约70万个减少到2019年的约53.31万个，实际减少16.69万个行政村庄，减幅达23.84%。如果将乡村人口除以当年行政村数来测算每村人口数，那么2001年村庄人口数还能到达110人，而十年后每村人口数就不足百人了，到了2019年缩减至81人。从2001年到2019年的降幅来看，村庄人口数缩减了26.36%（见表4.1）。

表4.1　2001—2019年乡村的行政村数、乡村分年龄人口数、分年龄每村人口数、每村人口数

年份	行政村数（个）	乡村分年龄人口（人）（1%人口抽样调查）			每村儿童数（人）	每村青壮年数（人）	每村老人数（人）	每村人口数（人）
		0—14岁	15—64岁	65岁以上				
2001	699974	191024	516064	59844	27	74	9	110
2002	681277	181528	527029	63058	27	77	9	113
2003	663486	167554	511062	62110	25	77	9	112
2004	644166	158449	516390	62227	25	80	10	114
2006	623669	139226	471052	64322	22	76	10	108
2007	612709	131305	462985	63233	21	76	10	107
2008	604285	123935	452358	62531	21	75	10	106
2009	599078	116354	440641	60513	19	74	10	103
2011	589653	104079	391723	57274	18	66	10	94
2012	588475	99442	371671	55885	17	63	9	90
2013	588547	96311	358468	57091	16	61	10	87
2014	585451	94926	349510	57839	16	60	10	86
2015	580856	95215	336795	61897	16	58	11	85
2017	554218	92109	320128	62803	17	58	11	86
2018	542019	89939	308497	63990	17	57	12	85
2019	533073	83043	283945	63209	16	53	12	81

资料来源：国家统计局；中国统计出版社编：《中国人口统计年鉴（2000~2006）》《中国人口和就业统计年鉴（2007~2020）》；表中数据为笔者计算所得。

注：本书中行政村数根据统计数据中的村民委员会单位数确定；分年龄每村人口数=（分年龄人口数×100）/行政村数；每村人口数=（乡村人口总数×100）/行政村数。

当前，中国乡村人口总量急速下降已经成为不可逆转的事实，直到现在，乡村人口数的持续性缩减态势并未停止。在农家子弟的教育自传中，他们不仅感知到乡村人口数量的变动，也见证了一个乡村孤岛图景的逐步形成。

记忆中从 1996 年起至今，乡镇的建设没有什么大的变化，除了道路、学校翻修和新居民楼建起，最大的变化就是村里的人越来越少，空巢老人越来越多，留在乡村从事水稻种植和烟草种植的青壮年也越来越少。

——摘自教育自传 AEF06—5.5

我的家乡坐落于东北的一个自然村，目前村子不足五十户，村里多是老人，唯一的小学在乡里，可谓"只有嫁出去的姑娘，鲜有嫁进来的媳妇"。

——摘自教育自传 AWF12—12

那么，对于农村儿童，特别是留守儿童来说，人口缩减的乡村现实会对他们产生怎样的影响呢？一方面，村庄人口锐减让村庄越来越空旷，使得本身就处于亲情孤岛中的农村留守儿童变得更加孤寂。村庄人口的缩减导致他们得以接触的人越来越少，出生在 20 世纪 90 年代的农家子弟们仍然可以在村庄中比邻而居，与伙伴嬉戏玩耍，但到了现在，留守儿童从村庄人身上得到情感支撑的可能性在显著地降低。与此同时，村庄人口的减少也意味着留守儿童的社会交往能力得不到锻炼，一旦村庄里留守儿童养成见人见事产生怯意的习惯，他们就愈加不敢表露自我了，很容易产生自卑性格，这对农村儿童的成长十分不利。另一方面，少年儿童与青壮年劳动力的不断抽离造成了村庄发展生机的消失，人口的低流动性将村庄封闭起来，村庄逐渐被营造出弱势群居的生活氛围。从农村青年"愁娶"现象中我们可以瞥见留在乡村的青壮年在婚姻市场上的困境，虽然贫困地区女青年婚姻迁移导致当地男性青年成婚困难①是一个重要成因，但是更多的人认为，留在村里的青壮年男性不是"没能力出去的人"，就是在城里"混不下去的人"。在中西部地区的许多村寨中，甚至形成了一个个所谓的"光棍村"②。儿童身处这样的生活氛围中，其婚姻观念与生活理念很难不受影响。村庄人口年龄结构的"老龄化"在加剧，农村儿童与农村青壮年人口在外流，而村庄中的老年人口却不减反增。农村老龄化趋势与中国整体老龄化态势是趋同的，但乡村"老龄化"情境的特殊性在于，随着承担主要赡养义务的农村青壮年劳动力的大量外流，长期的两地分离使得外出子女无法为留守父母提供经常性的照料和关怀，家庭养老的基础受到了动摇，这在很大程度上影响到了留守老人的经济供养、生活照料和精神慰藉③。已有研究表明，留守老人在孤独感、抑郁情绪、焦虑情绪、主观幸福感、总体心理健康水平等心理层面④开始出现偏差。农村老人数量的逐年增多以及农村青壮年与儿童的规模性锐减为村庄营造了衰老的气质，在这样的情境之下，农村儿童发展的生机也被阻隔。

三　无所依从：农村共同体消散瓦解社会养育

在农家子弟的留守历程中，"农村共同体"不仅将农村的集体行动与精神风貌凝结为一体，也对留守儿童发挥着养育功能。在心理养育方面，农村伙伴的互动游戏及邻里相依的生活常态实现了"农村共同体"对农村留守儿童的陪伴功能；在安全养护方面，建立在熟人社会基础上的"农村共同体"能够较好地保护儿童免于外界的

---

① 石人炳：《青年人口迁出对农村婚姻的影响》，《人口学刊》2006年第1期。
② 林移刚：《农村弱势男性婚姻边缘化与乡村文化记忆传承》，《云南民族大学学报》（哲学社会科学版）2018年第5期。
③ 叶敬忠：《留守人口与发展遭遇》，《中国农业大学学报》（社会科学版）2011年第1期。
④ 张春林、张国兵、伍业光：《农村壮族留守老人心理健康状况研究进展》，《中国老年学杂志》2013年第11期。

伤害，从而培育了儿童的安全感；在经济效益层面，外出务工的父母不必为儿童额外花费金钱去邀请他人照料孩子，熟识的乡里守护相济，使留守儿童家庭从中受益。"农村共同体"的建立是一个历时性的过程且需要一定的条件。从"农村共同体"的表现形式看，农村既是生产性的、以农业生产和生活方式为基础的地域共同体，更是以传统家族为主导、以血缘关系为基础的社会生活共同体，还是由农村社会的文化观念、民间信仰组成的文化共同体①；从内容上看，地缘、血缘与文化共同维系着"农村共同体"的稳固结构；从时间上看，在"农村共同体"内一切都是历时的，"农村共同体"得以传承在于它不需要变化，变化是要时间来表征的，不需要变化就不需要时间。但是，处在社会转型期的中国，农村也会随之改变。现实的境遇是，农村生产生活方式的变革、农村人口的不断抽离，使传统村落在空间、社会结构和组织方式上面临失序和解体的危险。

在外婆外公开始全面接手我的生活后不久的那个夏天，传来老屋那边要被开发商承包的消息。某个周末我们回去的时候，看到昔日里安静的那一间间平顶房，最靠外的墙上都有个鲜红的"拆"字，是那么的刺眼，字的外面是一个歪歪扭扭的圆圈。整个村庄昔日的生气不再，黄昏下几户人家在打包行李准备搬走。从前的这个时间，若是不下雨，大家都搬着竹床竹椅，拿着蒲扇，或坐或躺地在屋门口乘凉闲聊。回想起从前的夏夜，我躺在冰冰凉凉的竹床上，真是比吃冰棍的感觉还要凉爽。外婆和妈妈坐在我旁边轻摇着扇子，帮我驱赶蚊虫。那时候，没有路灯，只有各家各户的灯火摇曳，晴朗的夜里万里无云，一抬头就能看见漫天的繁星。耳畔是熟悉的乡音在聊着家长里短，李大叔家的女儿要出嫁了，隔壁家的小男孩不听话昨天又被教

---

① 朱志平、朱慧劼：《乡村文化振兴与乡村共同体的再造》，《江苏社会科学》2020年第6期。

训了一顿……此情此景看来是不会再经历了，越长大越是接近城市的生活，再不复从前那样的温情。

——摘自教育自传 AMF21—16

在农家子弟的叙事中，"灯火摇曳""晴朗夜空""满天繁星"的充满生机的村庄已经不复存在，取而代之的是"墙上画着鲜红'拆'字"的寂寞的、凋敝的村庄建筑，而由地缘与血缘共同维系的"农村共同体"也被现代化建设中"拆迁"这样的外部力量所瓦解，自然而然地，"农村共同体"所能发挥的社会养育功能的基础也不复存在了。对于农村留守儿童来说，可以暂时依靠的社会养育自然地又转移到小家庭之中，他们只能依赖小家庭的养育功能实现成人的目的。

第三节 骄阳：从"希望之乡"到"资本之乡"

我们总是在诉说"在希望的田野上"，从"采菊东篱下，悠然见南山"的文学图景，再到"离乡"与"归乡"的精神皈依，农村社会至少曾经赋予了我们浪漫、悠然的、最后的家乡想象空间。对于扎根在农村社会的人来说，它也是最具体的、最真切的现实"乌托邦"。一般认为，乡土社会在地方性的限制下成了生于斯、死于斯的社会，因为直接靠农业来谋生的人是黏着在土地上的，只有直接有赖于泥土的生活才会像植物一般地在一个地方生下根，乡土人的根就扎在土里，向土里讨生活[1]，所以它构成了一代又一代农人的生活根基与精神家园。在农家子弟的留守历程中，我们已经发现了农村社会所生发的希望力量，也在现代化视野与社会变迁中一次又一次见证了农村社会的断裂。那么，在现代化进程中农村何以重新唤

---

[1] 费孝通：《乡土中国·生育制度·乡土重建》，商务印书馆 2011 年版，第 6—9 页。

醒其价值？特别是教育价值。或许我们首要回答的是，我们为什么要唤醒农村的文化资本价值？

一 唤醒：现代社会的农村文化资本价值

农村社会的断裂正昭示着农村儿童，特别是农村留守儿童在社会转型与阶层再生产的浇筑下逐渐走向暗面，自然心性、亲密关系、农村共同体等具有乡土本色的差别优势被打破，农村儿童的一整套文化生产逻辑就此被阻断。农村儿童与农村社会逐渐剥离、成长空间走向闭塞、文化生活脱离乡土、身体实践缺乏特色；受社会转型和城镇化浪潮冲击，"消费主义"大行其道，成长迷思逐渐盛行。当现代社会制度从传统社会秩序中分离出来之时，农村儿童所遭遇的"断裂"使之成为"异乡人""流浪者"和现代化社会中的"浮萍"。难道只有"苦读"才是"寒门学子"的最终归宿吗？其实并非如此。

现代化进程中的农村文化资本具有促进农村社会与儿童成长的本体教育价值。客观来说，"城"对于"乡"的宰治不是宿命，"城"之于"乡"的对立也不是最终结局。农村文化资本之于个体意义的教育价值在于即便面临家庭文化资本缺失的风险，但自然心性、亲密关系、农村共同体等农村文化资本也能促使农村儿童从中汲取"担当""尊重""乐观""回馈"等向上的文化品质，进而为他们的个体成长带来精神力量。

实际上，当代农村社会的文化资本价值的充分释放不仅是依凭于它曾经的、历史的、传统的精神根基，它必须要在现代社会中同样迸发竞争力。现代化进程中农村文化资本的提出符合市场逻辑下资本竞争的发展效应，也能避免农村文化资本的逐渐消逝。什么是市场的逻辑？如果一个人想得到幸福，他（或她）首先必须使别人幸福。市场的这一逻辑把个人对财富和幸福的追求转化为创造社会财富和推动社会进步的动力[①]。但是，这样的市场逻辑颇富西方社会

---

① 张维迎：《市场的逻辑与中国的变革》，《探索与争鸣》2011年第2期。

的自然主义思维，其弊病在于这样的演绎是建立在抽象化和逻辑化的分析基础之上的，它所论述的就是逻辑化的市场而非真实的市场逻辑。在现实生活中，市场逻辑并非理念逻辑上的静态、均质与良善，其利己行为、竞速特征、冲突特质使得市场逻辑充满竞争张力。真实世界的市场逻辑应当体现为：市场由人类创设而非自然之物；异质性市场主体所享有的自由程度不同；市场收入分配往往有利于强势者；市场马太效应会导致社会两极化；市场实现个人收益而非社会效用最大化；市场竞争难以自发地导向帕累托优化；自发市场秩序扩展时往往会中断或内卷；掠夺性市场中的获胜者往往是蟑螂性人物[1]。对于市场逻辑的一个生动比喻是布迪厄的"资本—游戏—场域"论。资本（例如希腊语或积分学的知识）的价值取决于某种游戏的存在，取决于某种使这项技能得以发挥作用的场域的存在：一种资本总是在既定的具体场域中灵验有效，它既是斗争的武器，又是争夺的关键，资本的所有者能够借此在所考察的场域中对他人施加权力、运用影响，从而被视为实实在在的力量，而不是无关轻重的存在。

在经验研究中，确定何为场域、场域的界限在哪儿？诸如此类的问题都与确定何种资源在其中发挥作用、这种资本的效力界限又是什么之类的问题如出一辙（在这里，我们可以看到资本概念和场域概念是如何紧密相连的）[2]。如果放之于整个现代社会和市场场域之中，城市社会和农村社会两个遵循各自逻辑的小社会都需要调动自身（潜在的）教育资源，对社会和市场施加影响力以获取更多的发展性的教育资源，因为他们共同被卷入这场（文化）资本（无论这种资本的性质如何）的游戏之中。

---

[1] 朱富强：《市场的逻辑还是逻辑化的市场？——流行市场观的逻辑缺陷》，《财经研究》2014年第5期。

[2] ［法］皮埃尔·布尔迪厄、［美］华康德：《反思社会学导引》，李猛、李康译，商务印书馆2015年版，第99页。

二 进入：根植希望的文化资本理论融构

对马克思而言，"资本"这个术语既是一个概念——在再生产资源的过程中为资本家所得的剩余价值，又是一种理论——存在于资本家和劳动者之间的剥削关系[1]。资本作为期望在市场中获得回报的资源投资，它是作为一种在以追求利润为目标的行动中被投入和动员的资源，从处理过程来看，它既是生产过程的结果（对资源进行生产或追加价值），又是生产的因子（为了获取利润而进行资源交换）[2]。在资本的分类中一种以内容为分类的方法将资本划分为物质资本、社会资本、文化资本、人力资本、心理资本、知识资本等。那么，具体到文化资本的概念上，什么才是文化资本呢？

布迪厄在《区隔：一种趣味判断的社会学批判》中这样写道："文化资本就是指人们对上层所占有高雅文化的掌握程度，这种高雅文化既表现在非物质层面，也表现在物质层面，借以区隔于其他阶层，标识其社会地位，或者成为一种工具或手段，有助于取得较高的教育成就。"[3] 简言之，文化资本被视为支配阶层所专属的、抽象的、正式的文化符码。因此，文化资本一般操作化地定义为高雅文化物品拥有量、高雅活动参与程度或者对高雅文化的知识、兴趣等变量[4]。虽然布迪厄已经在公开场合指出"将资产阶级文化的优越性正当化是一种大众基于对价值判断和价值关联的概念混淆"[5]，然

---

[1] [美]林南：《社会资本：关于社会结构与行动的理论》，张磊译，社会科学文献出版社2020年版，第1页。

[2] [美]林南：《社会资本：关于社会结构与行动的理论》，张磊译，社会科学文献出版社2020年版，第1页。

[3] Pierre Bourdieu, *Distinction: A Social Critique of the Judgement of Taste*, Cambridge, Massachusetts: Harvard University Press, 1984.

[4] 仇立平、肖日葵：《文化资本与社会地位获得——基于上海市的实证研究》，《中国社会科学》2011年第6期。

[5] [法]皮埃尔·布尔迪厄、[美]华康德：《反思社会学导引》，李猛、李康译，商务印书馆2015年版，第106—107页。

而，过于注重其阶级性和排斥性，则会大大压缩文化资本的统摄域。如果文化资本不为支配阶层所独有，从高雅文化中剥离开来，那么具有不可察性、内生性、自发性、过程性的农村文化资本便逐渐显现出来，并形成自身的"差别优势"，而当这种农村文化资本与文化生产相结合，农村儿童何以成人的机理便能表露。

有研究者曾对农村文化资本的立论提出两点疑惑，其一，布迪厄的文化资本理论主要是通过利用经济学隐喻来揭示现实社会中不同阶层之间的不平等关系，缘何我们在此以笔墨凸显城乡的差异文化特质呢？其二，在农村儿童得以实现文化生产的进程中，为什么避而不谈关涉农村儿童学校教育的知识性学习或教育惯习培养，而强调农村社会之于农村儿童文化生产的重要作用？自布迪厄提出"文化资本"概念以来，文化资本对阶层显著的独立影响一直被认为是文化资本理论的价值所在。然而，美国学者埃里克森·邦尼指出，文化是由多个领域构成的。在这些领域中，有的是存在阶层分化的，体现着不同阶层间不同的文化趣味和偏好，如参观博物馆、观看歌剧的人中，白领明显多于产业工人。另外一些文化领域的差别并非阶层间的差别，比如是否观看足球比赛的差异更多地体现为性别差异。文化的多样性就是个人在各种不同领域中涉及的多少和熟悉的程度[1]。"农村文化资本"概念型的提出不仅是为了突破文化资本旨归高雅文化的统摄域，更重要的是以文化资本的另一侧面———一种基于文化资本多样性的理解来解读身处差异化城乡社会中的个体发展。正如 20 世纪 40 年代费孝通先生在《乡土中国》一书所言："乡土社会中的文盲，并非出于乡下人的'愚'，而是由于乡土社会的本质……乡土社会是靠亲密和长期的共同生活来配合各个人的相互行为，社会的联系是长成的，是熟习的，到某种程度使人感觉到是自

---

[1] 李煜：《文化资本、文化多样性与社会网络资本》，《社会学研究》2001 年第 4 期。

动的。"① 农村社群的独特生态决定了文化资本的非均质性，农村儿童的感觉系统和知觉系统不仅在日常生活之中受到锻炼，更是通过乡村社会这种演化为环境、礼俗、规约、信仰、食物、组织结构的复合文化空间来实现文化生产的。

农村儿童的知识学习和教育惯习培养固然重要，然而，农村儿童的文化生产是一个复杂、阶段性的演进过程。一般认为，传统社会中，社区面对面的教育，在特征上表现为在实践活动中把握传统习惯的过程；而现代超越面对面社会化的教育，则形成了分离于一般社会实践活动之外的教育准则上②。对于农村儿童，实现文化生产必将经历从"实践性把握"到"正式学习过程"的过渡。在以往研究中，学界对传统中国社会充满"地方性知识"的空间所面临的文化互动问题向来缺乏充分的关注③，只谈学校教育的知识性培育过程，而无视早期阶段乡村实践中的文化生产，必将人为地切断从"社会教育"到"教育社会"的续接，对于农村儿童成长的影响往往是颠覆性的。因而，农村文化资本的视点聚焦为我们揭开了文化资本大幕的另外一角，进而促使我们更深刻地了解农村儿童的成长历程。

在当前中国本土经验研究中，无论是以程猛、康永久④为代表的"底层文化资本"研究，还是以余秀兰⑤、曾东霞⑥为代表的"寒门

---

① 费孝通：《乡土中国·生育制度·乡土重建》，商务印书馆 2011 年版，第 6—44 页。

② 王铭铭：《教育空间的现代性与民间观念——闽台三村初等教育的历史轨迹》，《社会学研究》1999 年第 6 期。

③ 王铭铭：《教育空间的现代性与民间观念——闽台三村初等教育的历史轨迹》，《社会学研究》1999 年第 6 期。

④ 程猛、康永久：《"物或损之而益"——关于底层文化资本的另一种言说》，《清华大学教育研究》2016 年第 4 期。

⑤ 余秀兰、韩燕：《寒门如何出"贵子"——基于文化资本视角的阶层突破》，《高等教育研究》2018 年第 2 期。

⑥ 曾东霞：《"斗室星空"：农村贫困家庭第一代大学生家庭经验研究》，《中国青年研究》2019 年第 7 期。

贵子"家庭经验研究，众多研究者选取的研究对象大多都来自中国农村地区的贫困家庭①。虽然研究者们意在强调"寒门"情境的独特作用，这也与当前中国城乡经济发展不协调、农村经济社会发展处于相对落后地位有关。但是，烙印在农村儿童身上的"乡村"印记也不应当被忽视。贫穷的家境赋予了他们希望的力量，塑造了他们自我奋斗、改变命运、坚韧独立的精神品质②，那么这样的精神品质是否也有赖于朴素自然的农村场域的催生呢？当然，这也构筑了农村文化资本融构文化资本理论的突破口之二，那就是农村文化资本在"差别优势"中凸显其特异性。

在农家子弟的留守历程中，农家子弟在自然场域中塑造了自然心性、锤炼了意志品质、获得了人文精神熏养；他们在人伦传统中得到了秩序规约传承与家族精神弘扬；而亲密关系中的情感交往体认与村庄共同体意识塑造在为农家子弟抵御风险的进程中施加了安全感。在此基础上，一个"农村文化资本"的概念型就孕育而出，即基于乡村场域的社会化过程，个体得以进行成人训练（成为"乡贤"与"乡绅"的训练）、社会交往（基于差序格局的社会纽带）和文化资源获取（乡村潜在的文化资源、自然心性以及符合农村共同体的文化规范）。

在这里，农村文化资本与文化生产的理论构型驱使着我们反思应当怎样抉择现代化的发展道路。实际上，农村文化资本不仅仅是一个基于场域意义去理解的限定词，而是在唤醒对资本的另外一种思考。在人类发展道路的图谱上，如何接续这样的"断裂"，如何发

---

① 在《"物或损之而益"——关于底层文化资本的另一种言说》一文中，14篇底层子弟的教育自传核心中有11篇研究对象来自贫困的农村家庭；从《寒门如何出"贵子"——基于文化资本视角的阶层突破》一文可以推断研究对象H2、H3、H14皆来自农村；《"斗室星空"：农村贫困家庭第一代大学生家庭经验研究》的研究对象皆来自农村贫困家庭。

② 余秀兰、韩燕：《寒门如何出"贵子"——基于文化资本视角的阶层突破》，《高等教育研究》2018年第2期。

展归属于自己的独立体系，它不仅是对旧有制度体系的飞跃，更是对现代精神的更新。

三　释放：作为资本之乡的农村教育面向

实际上，农村社会最初并不是弱势他者和被帮扶者，农村社会有自身的发展逻辑与规律，也蕴含着丰富的资本意涵与教育功用。当基于多样性理解与城乡资本异质性的概念源流被指正后，农村文化资本作为一种"教育资源"与"潜在教育资源"的合法性就被赋予了。在教育领域内，作为资本之乡的农村教育应当构建一种农村资本观，特别是农村文化资本观，将作为"教育过程"和"教育资源"的农村文化资本内容展现出来。可以探索的实施路径如下：

一是要深入推进对农村优秀文化、农村教育资源的系统性研究，将农村地区的优秀人文教育价值潜力释放出来。农村的自然与文化、生产与生活、生态与社会、一方水土与一方人群等都可以成为教育资源，要让农村儿童和青少年认识家乡的特质和比较优势，确立乡村自信，扎下乡土根脉[1]。二是要不断增强多元文化表达，促使农村文化价值在学校教育中得到认可。教育城镇化背景下农村学校布局调整虽然使县镇学校配足了设备、开全了课程、配齐了教师，教学形态日益走向规范化和标准化，但教学内容却日益脱离农村儿童经验和本地自然生态、农村社区文化等实际。尽管农村小规模学校拥有更多贴近一方水土的灵活灵动的教育资源，但许多农村学校校长却视而不见，依然困在学校这座孤岛上，课堂不与社区联系，目标定位缺少现代性，教学过程缺乏吸引力，学生发展既未实现个性化也未实现全面化[2]。最近的研究者陆续提出了重构"地方"在场的

---

[1] 邬志辉：《全力打赢农村"两类学校"建设攻坚战》，《人民日报》2018 年第 13 期。

[2] 邬志辉、张培：《农村学校校长在地化教育领导力的逻辑旨归》，《教育研究》2020 年第 11 期。

农村教育观点①，就是要激发当地一方水土的教育功能与协作关系，激活农村社会场域内的教师、学生与学校②。

在最近的教育实践中，范家小学、长坑小学、成佳学校、蒋集镇中心幼儿园等一批善于运用在地文化资源的农村学校的崛起也在印证着农村文化资本的可行教育实践道路。

案例：长坑小学在地化艺术教育

缙云县长坑小学创办于1940年，地处群峰秀岭之间，千山一碧，恬静优雅，但物质资源相对匮乏。为了改善学校教育质量低下、社会认可度低等现实问题，长坑小学将地方民乐、婺剧等潜在文化资源转化为教育素材，开展了从"借文化"到"养文化"的在地化艺术教育实践。这种教育实践是以寄宿生管理为逻辑起点展开的一次变革探索，将乡村寄宿制学校的办学需要与地方传统文化的传承有机结合起来，既挖掘了乡村寄宿制学校的办学优势和空间，又开发了乡村儿童的多种发展可能以及对生活、生命意义的感悟空间，并最终受益于地方传统文化的传承和发展。③

但是，在实践中我们还要继续探索，哪些农村文化具有人文教育潜力？这些农村优秀文化该如何进入学校场域？如何在学校组织农村优秀文化教育？是否需要改变农村学校的课程内容与组织形式？在理论研究中，我们需要考虑当农村文化资本进入学校后，如何保

---

① 王红：《乡村教育在地化研究》，博士学位论文，东北师范大学，2019年，第205页；田俊、王继新、王萱、韦怡彤：《"互联网+"在地化：教学共同体对留守儿童孤独感改善的研究》，《电化教育研究》2019年第10期。

② 丁学森、邬志辉、薛春燕：《论我国乡村教育的潜藏性危机及其消解——基于在地化教育视角》，《教育研究与实验》2019年第6期。

③ 资料来源：王红《乡村教育在地化研究》，博士学位论文，东北师范大学，2019年。

证其能够与学校和学生在整个社会的成功相连？换言之，整个社会的文化生产区分了文化资本的富有者和贫乏者，文化资本数量上的落差导致了符号权力关系的建立，当城乡文化资本多样性表达建立后，这种符号权力关系是否会消解？如果没有消解，那么符号权力关系该如何重构？以上问题均有待于进一步考量。

小　结

诚然，农家子弟只有最大限度地依赖学校这种正式的、规范的制度性渠道才能最大可能地赢得高等教育地位。本章发现，农家子弟的教育叙事隐匿着另外一条制度性渠道，即村庄作为滋养农家子弟社会化发展与个体成长的最初土壤，其蕴藏的文化资源与文化规训是社会教育的重要组成部分，它能与学校教育一道，共同助推农家子弟的向上发展。在农村社会场域中，农家子弟可以在乡村自然场域中培植自然心性、塑造意志品质和积淀人文素养；他们可以在农村的人伦传统中获取秩序规约传承与家族主义式奋进的守护；而亲密关系中的情感交往体认与村庄共同体意识也在为农家子弟抵御风险的进程中增加安全感。

但是，随着现代化、城镇化、工业化进程加快，在农村留守现象已然是一个难以逆转的事实的背景下，农村社会结构也在发生深刻的变化，而这种变化对于当代留守儿童的教育与成长来说影响深远。对于在当代农村社会中成长起来的留守儿童，他们需要承受更多的农村社会"断裂"——生产方式变革拆解了农村价值，人口结构变动塑造了农村孤岛，农村共同体消散瓦解了社会养育。这导致农村留守儿童不仅需要解决由留守境遇导致的情感缺失，还需要不断拼搏以便在学校教育体系中获取成功。与此同时，"断裂"所导致的认同迷思、孤独传导以及无所依从的农村生活处境，将为农村留守儿童的健康成长套上枷锁。

那么,应该如何改变当前的复杂现状?一种重新挖掘农村丰厚文化资本意蕴与教育功用的方案在于,我们应该构建一种新型的农村文化资本观念,并将作为"教育过程"和"教育资源"的农村文化资本内容展现出来,以此来接续农村留守儿童从社会教育到学校教育的文化生产过程。

第 五 章

旨归：希望的力量

在走向人生这个征途中，最重要的既不是财产，也不是地位，而是在自己胸中像火焰一般熊熊燃起的一念，即"希望"。因为那种毫不计较得失、为了巨大希望而活下去的人，肯定会生出勇气，不以困难为事，肯定会激发出巨大的激情，开始闪烁出洞察现实的睿智之光。只有睿智之光与时俱增、终生怀有希望的人，才是具有最高信念的人，才会成为人生的胜利者。

——［日本］池田大作《我的人学》

在怀疑逐渐成为日常普遍的时代心理下，机会都很脆弱，且充满风险。然而，希望为我们提供了一个契机，它让我们重拾对个体的注视与关心并知晓希望本身的调节作用。在价值的释放上，它能够让我们了解到希望的个体意识究竟是怎样运行并支持其前行，它也能够促进我们理解作为外在社会条件的学校教育与社会教育是怎样增加行动者的希望能力并最终促成希望结果的；而从方法论创生的角度出发，它能够成为一种探查、判断与聚焦问题的研究方法，能够促进我们全面地了解个体意识并揭示出附着其上的历史脉络和社会关系。

第一节 燃烧的希望意识

从农家子弟的留守历程所观,我们发现了"希望"这样特别的内部心理倾向与调节要素,它的有益性就在于,无论外部社会环境如何不稳定,它也可以将个体内部调整为相对稳定的倾向并展示出个体化的问题解决思路。因而我们至少可以提出这样的观点:在整个社会化进程中,在我们关注社会和文化结构的外部希望条件时,希望作为内部因素的重要性也不会减弱,对于个体而言,它仍旧是被寄予厚望的关键部分。

希望这个精神层面的现象在农家子弟的留守历程中扮演着关键性角色。那么从农家子弟整体的生活历程与教育历程来看,他们的希望意识到底是什么呢?

一 希望是自我意志

英国学者黛安娜·雷伊等人在对英国南部一所精英大学的九名工人阶级家庭的学生展开研究后发现,工人阶级学生养成一种有教养的习惯,在很大程度上并不是由于老师的大力支持和积极指导,相反,它主要是关于自我的工作。尽管南方工人阶级学生身处精英大学之中,但是他们并不会出现紧张与不安,也不存在大学经历与家庭和文化背景脱节的情况。相反,他们展示了成功跨越两个截然不同的阶层的能力,能够和谐、忠诚地与家人和朋友交往以及展现出典型的中产阶级的学术倾向——大多数人在早期入学就开始展现出不同的才能[1]。研究者也由此认为,这是因为这些学生已经开始参

---

[1] Diane Reay, Gill Crozier and John Clayton, "'Strangers in Paradise': Working-class Students in Elite Universities?", *Sociology*, Vol. 43, Iss. 6, December 2009, pp. 1103-1121.

与自我意识的反身性过程,学生们从小学开始就养成了善于处理一种类似于"如鱼离水"的不适感的习惯倾向。

  如果我遇到了困难,或者在任何事情上需要一些建议,我不会去寻找任何人。但这正是因为我性格的部分,因为我是在个人的环境中长大的,我一直被教导说唯一能帮助你的人是你自己①。
  ——来自英国工人阶级家庭的学生吉姆

实际上,与这些工人阶级的学生一道,农家子弟很早就参与到自我意志培养的进程之中了。

  细细回想我的过往,虽然我在没有父母陪伴的日子中长大,但生活在农村的我学会了自强自立,乐观向上。每个孩子都是父母的小天使,没有父母的陪伴,没有父母的谆谆教诲,什么都是自己撑起一片天。是的,这是一种锻炼。渐渐地,我们变得独立,社会上的人对我们竖起了大拇指。
  ——摘自教育自传 AMM07—11

  留守并不意味着悲情,如果我们爱自己的爸爸妈妈,如果我们不想让未来年迈的父母成为"空巢老人"只能每天苦苦盼望亲人的到来,我们就需要做好现在的自己,有一个积极向上的态度面对生活。不要因为别人给我们贴上一个"留守儿童"的标签,就觉得自己的整个世界是灰暗的。物质生活的不丰富有时候对人也是一种磨炼,不要感叹命运的不公,因为所有的一切都在我们自己的手里把握!
  ——摘自教育自传 AMF01—16

---

① Diane Reay, Gill Crozier and John Clayton, "'Strangers in Paradise': Working-class Students in Elite Universities?", *Sociology*, Vol. 43, Iss. 6, December 2009, pp. 1103–1121.

在面对陌生事物的挑战时，不同的人会产生一系列不同的反应。有的人会被困难击垮，他们会怯懦、恐惧、逃离，甚至一直困顿迷茫，郁郁自哀。也会有人迎难直上，而这是蕴藏在这些人身上独立、坚持、适应、理解等充满希望的品质的释放。在前期的留守历程研究中，农家子弟他们很早就表现出了这样的气质，而对于身处复杂环境中的农家子弟来说，不同希望的思维模式给予我们一种看待他们如何解决问题的方法的视角。随着研究的进一步深入，我们再次发现他们对于困境、挑战有着更加微妙的理解，这实质上是他们自我调节能力的发挥。在农家子弟看来，挑战并不被他们理解为一种负担，农家子弟小骥认为恰恰是复杂的生活背景给予她一种适应的能力，能够让她在纷繁变化的情境中也同步改变自己的观念与行动。在这里，一个强烈的主题凸显是，农家子弟会对他们已经成功适应的劣势和困难挑战进行一种反思。与其说这是困境给予他们的能力，还不如说这正是他们自我意志的生产过程。

二　希望是信念行动

囿于困境的心态是会让人丧失斗志的，对于农村留守儿童来说，"希望火焰"的"浇灭"会让他们在很大程度上走向人生发展的暗面。在这里，我们从农村校长口中收集到了这样一个农村留守学生的成长历程：

某留守学生的成长发展际遇

我校曾经有一个留守孩子，父亲常年在内蒙古打工，很少回家，母亲由于有轻微智障而不能做家务，也不能照顾孩子和老人，爷爷奶奶年事已高。这个孩子在小学三年级刚转入我校的时候，非常聪明、听话、有礼貌，学习也不错。有一次，我发现他没有作业本了，就借给他一元让他买作业本，这件事情过了好几天，我都已经忘记了，但是他还记得，忽然有一天他来到我面前给我一元钱，当时我很感动对他说："我给你钱让你买个作业本，买点零食吃，不用你还。"但是随着年龄的增长以及常年缺乏家长的关爱，这个孩子逐渐堕落，变得自由、散漫、不再听从任何管教，沾染上了很多坏习惯，诸如逃课、喝酒、偷东西、与初中学生乱混、欺负其他学生、周末不回家、成绩直线下滑等。有一次，发现他躺在路边喝醉了，我就把他送到医院，又送回家。他爷爷奶奶、母亲管不了他，我就与他父亲联系，希望父亲能回来工作，管管孩子，当时父亲回来过，但是又走了，以后就很少回家了。孩子一直处在无家人看管的状态。正是在这些无人看管的时间里，孩子们很容易沾染不好的习惯，一旦沾染坏习惯就很难纠正。有些留守儿童没等初中毕业就会辍学。有时在饭店吃饭，看到为我端菜的服务员是我的学生时，我很心痛，在本应该上学的年纪他们却在打工，我宁愿为他们端菜，希望他们能重回校园。

资料来源：摘自2016年中部省份某乡中心学校校长访谈。

有的时候，"留守"确实会使农村儿童遭遇"生活之苦"，甚至是长期性的"生活之苦"。在这种境遇下，考验的就是一个人是否能够继续秉持希望的信念与行动。在农家子弟的留守历程中，我们也会见证他们由于感受不到家庭的温暖而逐渐形成的无助感、孤独感，但是这样的情绪却仍未消弭他们个人前进的斗志。

小时候很喜欢的一句话——"生活不止眼前的苟且，还有诗与远方"。后来有一段时间自己不知怎么就陷入怀疑主义的世界观里，对一切美好的事物抱以不相信的态度，好像这个世界就只是骨感的、现实的、冷酷的、无情的。后来留守现状还是没能摆脱，但我在这留守岁月里渐渐成长，慢慢发觉小时候喜欢的这句话不是假大空的妄想，而是一种对现状的包容，对美好的期待，对理想的追求。就像这句话里说的一样，我们这些留守孩子们大可不必被现状所束缚。既然父母不在身边，那我们自立自强便是；既然得不到渴望的关怀，那我们自我慰藉便是，没有什么是过不去的坎儿，没有什么是放不下的心结。身处留守的荆棘之地，不必害怕，也不要慌张。

——摘自教育自传 AMF21—16

朋友，你一定要相信一个不幸运的人倒霉多了，总有被幸运女神眷顾的时候。只要你一直真诚勇敢，不放弃对生活的热爱和执着……十二岁的我带着一股不服输的冲劲儿，向顺其自然发出挑战；十二岁的我决定的事就一定要做下去，哪怕前路艰险，充满未知；十二岁的我以自己独特的姿态活在自己的世界里，虽然自卑，可从不气馁。

——摘自教育自传 AWF16—09

留守际遇并未浇灭农家子弟对生活的希望，反而激发了他们的自我承担精神。因而希望在他们身上表现为永不放弃的精神和对美好生活期盼的信念，即使身处逆境，但当他们调动出希望的信念之力时，困境就会被克服或重构，最终化为他们前行的动力。与此同时，农家子弟的教育行动是与他们的个人信念同步的。这与萨特在《今天的希望：与萨特的谈话》中的观念具有一致性，他指正道："希望是人的一部分；人类的行动是超越的，那就是说，它总是在现在中孕育，从现在朝向一个未来的目标，我们又在现在中设法实现它；人类的行动在未来找到它的结局，找到它的完成；在行动的方式中始终有希望在。"[1] 诚如萨特所言，农家子弟的希望是信念与行动的合一，这是因为希望存在于行动的性质本身之中，而行动同时也是希望。

三 希望是怀柔之策

"怀柔"一词出自《四书·中庸》之诗句"凡为天下国家有九

---

[1] [法] 让-保罗·萨特：《存在主义是一种人道主义》，周煦良、汤永宽译，上海译文出版社 2008 年版，第 26 页。

经，曰：修身也，尊贤也，亲亲也，敬大臣也，体群臣也，子庶民也，来百工也，柔远人也，怀诸侯也"①。而"柔远人、怀诸侯"正是君主治理国家的最高智慧，即现在所说的怀柔政策。一般认为，怀柔政策是和战争手段相对应的，即用温和的政治手段笼络其他民族或国家，使之归附于自己。在国际关系治理视角下，国内学界也称之为"接触政策""交往政策"或"融合政策"②。而在希望的视域内，我们攫取"怀柔"的政策性质要义是，我们已经关注到农家子弟能够使用这种柔性的策略与手段化解困境，他们能够促使生活与周身事物被安排得各得其所、各尽其用并达到最终实现个人理想的目的。

在先期的研究中，我们已经论述了"希望"的分析视角与"弹性"有何种不同，与"弹性"的平衡性状态相比，"希望"更凸显其"怀柔之策"的方法特质并具有过程机理深层解读的潜质。那么，农家子弟"怀柔之策"的方法论哲学又是什么呢？实际上，农家子弟的"希望"思维模式就是最好的体现。农家子弟的"怀柔之策"是有目标、有期待的，"更美好生活的梦"是农家子弟的"希望"思维模式的锚或重点，这也是一个期许与目标。作为方向性的指引，它能为个体思想意识的释放进行一个设准。与此同时，与哲学家布洛赫对未来开放的哲学思考相一致，它将个体意识导向到了一个更为开放的希望空间。布洛赫指正道，我们需要具有改变世界的观念，并对此做出承诺，因为只有着眼于改变世界的思考，并告知人们改变世界的愿望，才不会将未来（摆在我们面前的新发展的开放空间）视为尴尬，将过去视为咒语③。

---

① 杨逢彬、欧阳祯人译注：《四书译注》，华东师范大学出版社 2019 年版，第 503 页。

② 孔庆山：《试论美国对中国的怀柔政策提要》，载《中国史学会·山东师范大学·中国世界史研究论坛第五届学术年会论文集》，2008 年 10 月，第 950—951 页。

③ Hirokazu Miyazaki, *The Method of Hope: Anthropology, Philosophy and Fijian Knowledge*, Stanford, California: Stanford University Press, 2004, p. 14.

我经常考虑自己的退路，以后该怎么办，未来做什么。

——摘自教育自传 AEM10—04

然而，朝向"更美好生活的梦"的历程并不是一帆风顺的，农家子弟要改变自身处境必定要借助某种方法与手段，我们发现，一种"以柔克刚"的策略是他们对待生活与解决困境的重要手段。

可如果他们不在我们身边，我们仍可以把这看成一个很好的机会，一个学会自己和自己相处，学会自己照顾自己的机会。在这个过程中学会坚强，渐渐懂得去理解，去积极向上地面对生活，更重要的是别忘了去努力，因为这个世界有很多精彩值得我们去追求和期待。

——摘自教育自传 AMF03—11

经历了最坏的，有时并不一定意味着我们就值得拥有最好的，而是面对未来的时候，多了一种叫作"无所畏惧"的筹码，多了几分生活的经验和体悟。所以请大家不要害怕，不要逃避我们的留守经历，生活就像弹簧，你弱它就强。我们应该正视自己的留守经历，并从积极的角度来面对它，多多挖掘其中的有益之处。

——摘自教育自传 AMF21—16

寻找生活中的幸福感与意义感是希望得以维系的手段，而把"绝望"当作一种可以训练和塑造更强劲的自我的工具。从效果的有利角度来看，农家子弟"希望"思维过后的结果正是对"生活之苦"的"柔性化解"，进而稳定了他们的心态并促使他们既能正视当前的生活处境，又能增强向前的意志品质。

第二节 被寄予的社会希望

每个个体并不是独立存在于社会之中，而是在与社会的互动中实现个体发展的。农家子弟可以通过希望意识的展现迎战逆旅，那么，什么样的希望结果又是他们孜孜不倦以追求的？进一步的，在政策干预的视域下，那些促成希望结果的社会条件应当如何发挥才会增加农村留守儿童的希望能力呢？

一 祛除留守的绝望感

从农家子弟的人生历程来看，正是燃烧的希望意识推动了他们的前行步伐，这也使我们注意到，农村留守儿童的成长过程并不是那样消极与绝望。在以往农村留守儿童关爱服务体系的引导氛围和引导理念建设中，"悲情帮扶"与"弱者关怀"的关爱视角占据了重要阵地。但是，这样的视角在很大程度上会使得社会为他们贴上"绝望一代"的标签并对儿童群体的身心产生消极影响。

从"悲情帮扶"关爱视角来看，在弘扬社会帮扶风气的立场上，把悲情作为一种社会情感动员的力量能够实现"奠定情感基调—激发群体同情—促成帮助行为"的调动效果。但是，从社会心态营造的视角来看，留守的悲情化会改变社会心态。一方面，留守的悲情化营造了一种悲情的社会氛围，很容易让"留守"儿童自我察觉，从而迫使自己不得不面对社会所塑造的"悲情境遇"。心理学家认为，通常个体并没有自我注视，而是可预见的特定情景迫使他们转向内心世界，并且成为自己注视的客体[1]。当留守儿童通过社会氛围或他人注视感知到了自我的不同时，这种自我察觉就会开始启动了。

---

[1] 刘毅：《自我尊重保护策略的理论与研究》，《广州师院学报》（社会科学版）1998年第10期。

许多农家子弟庆幸那时候对留守儿童的概念并不明确——"那个时候对留守儿童的概念很模糊,自己处处都感受着爱,也并不觉得自己是没人管的孩子"(摘自教育自传 AWF14—03),因为他们并不愿意跳入这样自我悲情的泥沼,也不愿意落入悲情生活的氛围之中。另一方面,留守的悲情化会促使儿童个体的自尊难以避免地遭遇贬损。

> 当我们满怀关爱却十分期待孩子们会有些什么反应的时候,就如慈善家捐赠偏远山区,同时要求受资助群体能够举着这份馈赠在镜头前大表感谢一样,我们以爱之名做了件不对的事情。我们走访乡里了解他们的生活,但更多时候抱着同情与怜悯,而这份怜悯恰恰不容易为人所接受。我们无私地给予他们关怀,同时也在无尽伤害他们的自尊。
>
> ——摘自教育自传 AEM17—16

"留守"是作为特殊个人经历呈现的,因而"留守者"通常会比"非留守者"更在意别人的评价,对自尊需要更加强烈和敏感——"自己上高中之后更能体会到爸妈不在家的那种感受,所以对'留守'这个词也是颇为敏感"(摘自教育自传 AMF01—16)。悲情所引发的意外后果是创设了一种凝视机制——个体需要接受来自他人审视的目光,在他人的注视中,个体的不同与自我察觉被凸显了,更进一步的,个体会根据他人对自己的评价以及自我的评价形成不同体验和看法。

而就"弱势关怀"关爱视角而言,农家子弟给出了一些不同的评价,他们指出"留守儿童是在中国城镇化道路中存在的一种近乎平常化的现象,他们的心理又会有一些特殊之处。这些孩子和我一样,都只是一个普普通通的人,有着所有人都会有的喜怒悲哀"(摘自教育自传 AWF20—11)。在他们看来,与非留守儿童相比,留守儿童就是普通人,不过经历较为特殊。事实上,定位弱势群体具有积极意义,在政策范围内识别弱势群体可以提高政策覆盖的精准性,提高政策效应,同时也会增强话语辐射,当群体利益表达通道打通时,可以通过话语传递影响公共政策的制定,实现弱势群体利益的最大化。但是,留守群体的弱势化也会造成风险,即可能将群体的情境弱势转换为能力弱势与发展弱势,从而塑造了弱势群体的心理误区。此外,大量的负面报道也会造成受众对弱势群体的刻板印象,这有损于弱势群体的尊严,加重了社会边缘化。农家子弟强调,在现实社会中"我们看待留守孩子,总是将他们放在弱势群体中,不知不觉在孩子的世界里,留守儿童渐渐成了弱者,他们需要关心,但同时更需要尊重"(摘自教育自传 AEM17—16)。

  多年的留守经历对我现在的学习和工作非常有借鉴意义。我是一名师范生,以后会从事教育行业,当前正在读大学二年级,除了学习专业知识来提升自己的教师素养外,在校内我还参加了支教组织,每周都会组织一批有爱心的志愿者去往附近的小学上课。在我们服务的学校里,有一所小学比较特殊,他们的学生大多是农民工子弟,其中不乏像我一样的留守儿童。正是我自己多年的留守经历,让我得以和这些孩子进行更深入的沟通和交流,我理解他们,我也知道怎么来抚慰他们,因为我就是其中一员。

  还有一次,我们和另外一个志愿者组织合作,打算给附近的中学捐赠冬季衣物。在衣物募捐和整理完毕后,我们并没有贸然行动,没有直接捐赠衣物然后大家排队拍几张照片就了事,而是考虑到孩子和家长的心理,事先做了走访调查,在大家能接受的前提下再举行简单的捐赠仪式。之所以考虑到这一点,和我从小以来的留守经历分不开。小时候我也经历过类似的事件,当时受到帮助的我并不快乐,越是需要帮助的孩子往往内心越脆弱,这是不可忽视的一点。做善事的初衷很好,但更重要的是将心比心,采取恰当的方式。传递爱心就要真正从受助者角度来考虑，否则就变成了一厢情愿的自我道德感满足。

——摘自教育自传 AMF21—16

因而农村留守儿童关爱服务体系构建的前提是，必须首先从观念上进行重新定位，祛除过度的"弱者关怀"和"悲情帮扶"，以"留守儿童"为本位，耐心倾听他们的真实需求与内心感受，积极引导整个社会建立起一个"充满希望"的农村留守儿童关爱氛围。

二 建立有策略的关爱

在农家子弟的教育叙事中，有42次讨论"什么是爱""如何理解爱""如何维系爱"的场景。在对未来留守儿童的境况改善与发展期许中，"爱"被农家子弟指认为是改变留守儿童一生的最重要之物。

> 现实还有很多留守孩子处境艰难，我希望人们能够更加关注留守这一群体，给予一份爱的关怀，有时候一句温暖的话、某个善意的动作和微笑，就能改变一个孩子的一生。

——摘自教育自传 AEM10—04

> 自己也曾是那万千留守儿童中的一员，我出身农村……然而，我从未因自己出身农村而有丝毫的自卑，因为从小就享受着父母一切以我们至上的那种亲情，他们的教育虽然违背了家庭教育中家长要"做自己"的原则，也让我们心中常感内疚，但我知道这种爱使他们失去了自己，我却真真切切地感受到了别样的父母爱。

——摘自教育自传 AWF12—12

那么，对于农村留守儿童的照料者、教育者和关爱者，家庭、学校以及社会应当怎样促进农村留守儿童关爱体系的建立呢？实际上，家庭的主导作用与学校系统、政府其他部门、社会组织等辅助作用对于农村留守儿童关爱体系的建立都具有独特价值。这既表现为不同主体对农村留守儿童"爱"的传递,也表现为通过在多元协同过程中的相互联结、通过共治路径提供的关心和专业化支持来促进农村留守儿童个体发展,进而提高农村留守儿童整体发展水平(见图5.1)。虽然不同主体都可以延展出不同的农村留守儿童关爱机制建设构想,但是从机制的有效性出发,不同主体与主体间需要有策略地对农村留守儿童进行关爱与保护。

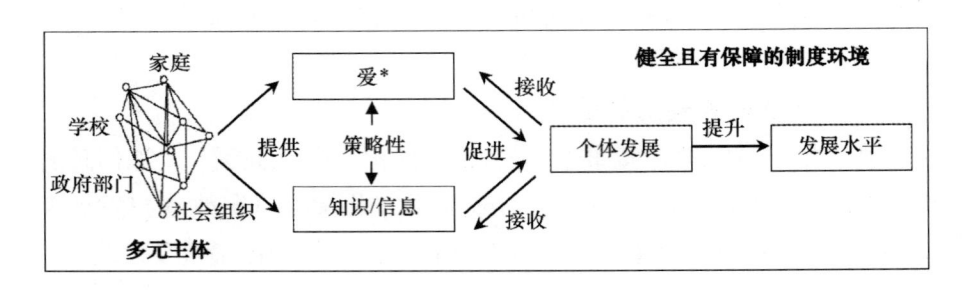

图5.1 多元主体支持下的农村留守儿童关爱体系构建

首先,需要发挥家庭主位的重要作用并实施贴合实际的家庭教育办法。即便父母不在身边,积极的家庭关系和支持学习的养育行为也可以促进农村留守儿童健康成长。在亲子沟通方面,父母可以通过给监护人和孩子打电话、网络视频等方式了解孩子的生活、学习与心理状况;在家庭合力创设方面,祖辈也能够发挥教养力量并给予农村留守儿童更多的关爱与保护;在学业发展方面,家庭成员应当及时关注儿童的学习状况,可以采取鼓励性的教育语言和适切、科学的教育方法;与此同时,当孩子的生活历程、教育历程以及监护历程产生变动时,家长需要提高注意力,注重孩子的适应与情绪调节问题并及时进行心理关怀。

其次,发挥学校的教育作用。学校既是留守儿童的主要家庭外环境,也是留守儿童关爱体系的重要力量。在帮扶效率提升的立场上,与大规模改变家庭的努力相比,将学校作为留守儿童关爱体系的重要阵地更具效能。功能替代的观点认为,情境中的资源对于其他情境中缺乏类似资源的个体而言，会产生更大的差异。对于处境不利的农村留守儿童来说，当亲子关系疏离、家庭教养缺乏或家庭文化资本较少时（相对于同龄儿童），如果他们在学校能够获取以上资源，那么农村留守儿童会获益更多。学校与教师无法改变农村留守儿童因父母分离而受到的情感伤害，但他们可以在学校交往中与学生增强情感联结，提供关怀，同时在学生留守的关键时期保护孩子的学习免受相关风险的影响。在情感联结方面，学校与教师要侧重对留守学生处境、情感、心理方面的关怀。具体实践策略为，可以通过学校丰富的课余活动、主题班会等校园活动加强师生之间、生生之间交往，减少学生孤独感受；可以创设阅读角和游戏场所，让学生在阅读、游戏等休闲学习活动中得到精神慰藉；着重加强寄宿学校的心理关怀策略，如适时为留守儿童提供与家人打电话或视频机会，生活老师及时了解留守学生心理动态并通过心理疏导减少学生情感烦恼。此外，从社会服务角度出发，有条件的农村学校可以为留守儿童家庭增设养育课程和家庭教育培训，整体提升留守家庭教养水平。

最后，对农村留守儿童的关爱与保护离不开政府的有效监督和社会组织的合力帮扶。在政府立场上，应当出台相关政策强化家庭教育责任并进行有针对性的留守儿童家庭教育引导工作。有研究者提出，地方政府的妇联和共青团等部门应该主动作为，加强与农村留守儿童家长的联系，引导农村留守儿童家长积极落实监管教育责任，并从农村留守儿童心理健康角度出发，鼓励教育和批评教育相结合，强化留守儿童父母的责任意识[1]。从社会组织的合力帮扶视角出发，社会组织也能在农村留守儿童权益保护方面发挥重要作用。一般认为，社会组织具有非政府性、非营利性、公益性、志愿性等特点。在一定程度上，社会组织可以在吸纳个人或组织捐赠资金的

---

[1] 刘先华：《乡村振兴背景下留守儿童教育与关爱体系的完善与创新》，《农业经济》2020年第12期。

基础上为农村留守儿童提供保护性服务工作；可以在调动社会各层面关注和资源的基础上激发各类主体参与保护农村留守儿童群体的活动。此外，社会组织还可以运用自身的灵活性与基层联结优势，纵深开发农村留守儿童关爱的"小项目"，进而与地方政府积极合作，共同探索出一条高效的留守儿童关爱服务模式。

三　构建希望的教育法

人们总是对希望的概念充满怀疑，它太过于模糊，也太难以衡量。即便能够衡量，有些学者指出它也并不值得赞扬。因为在机会成本的视角下，无论从情感还是活动方面，寄予希望都会花费过多的精力，希望的破灭也会给个体营造阵痛。但是，农家子弟的留守历程也在为我们书写一个希望改造人生的积极过程。事实上，希望并没有那么模糊不清，关键就在于需要创设出一个较为清晰的应对策略，使得希望转化为可理解、可实现的教育方法。在过去的很长时间，希望已经被医学和心理学研究得很深入，他们指明了希望作为一种动力力量的可能性与具体的应对策略。一个可以借鉴的思路是将发现希望、联结希望、增强希望、提醒希望作为强调希望的基本策略，它来源于心理学家沙恩·J. 洛佩兹等人的研究。这些研究者指出，发现希望可以提高客户对治疗师的能力信任，同时增强客户对治疗师的帮助能够带来改变的希望并增强客户与治疗师之间的治疗纽带；联结希望是建立一个健全的有希望的治疗联盟，它将客户置于一个充满希望的治疗环境中。拥有高希望水平的治疗师较为容易达到治疗目标，即建立一种充满情感的联系；增强希望可以提升客户的希望水平；提醒希望可以促进每天努力使用充满希望的认知[1]。

---

[1] Shane J. Lopez, C. R. Snyder, Jeana L. Magyar-Moe, Lisa M. Edwards, Jennifer Teramoto Pedrotti, Kelly Janowski and Jerri L. Turner, Cindy Pressgrove, "Strategies for Accentuating Hope" in Linley, P. A. & Joseph, S., eds., *Positive Psychology in Practice*, New Jersey: College of Education Faculty Research and Publications, 2004, p. 390.

那么在教育实践的立场上，我们应该如何应用上述策略与手段呢？从总体来看，让学生参与到被设计过的希望是希望教育法一个努力的方向。一个希望教育法体系构建[①]如下：

希望教育法的体系构建（见表5.1）分为策略、目标和手段与方法三个部分。在内容方面，希望提升的基本策略包括发现希望、联结希望、增强希望、提醒希望；目标指向了每种策略需要达成的任务；手段与方法是具体的方案，一般认为，大多数人都有希望的能力（他们拥有产生充满希望的思路所需的基本认知技能），如果要增强希望的动力性就需要建立一种支持性帮助关系实现对个人力量的培育[②]。在方法层面，要实现希望的支持性帮助关系建立需要依赖关键人物与关键场景，因而教师和课程的作用也必须凸显。

表5.1　　　　　　　　　希望教育法的体系构建

策略	目标	手段与方法
发现希望	找到每个学生的希望，为学生的心理调节与学生自我提供经验样本	· 使用儿童希望量表（适用于7—14岁儿童） · 使用叙事的教学方法 ①教师通过讲述虚构和真实的人物故事，让学生思考自己的人生目标、动力来源和实现路径 ②采取教育自传撰写、主题班会等形式让学生讲述自己追求目标的故事，从而使希望与个人更相关
联结希望	将学生置于一个充满希望的学校环境中	· 营造师生、生生的积极交往，创设一个支持性的学校环境、班级环境 · 鼓励学生与身边的事物建立联系（如社区、家庭、学校），以增加个人生活的希望

[①] 希望教育法体系构建结合了心理学家沙恩·J.洛佩兹等人创设的希望策略法以及与本书相关内容。

[②] Shane J. Lopez, C. R. Snyder, Jeana L. Magyar-Moe, Lisa M. Edwards, Jennifer Teramoto Pedrotti, Kelly Janowski, Jerri L. Turner, Cindy Pressgrove, "Strategies for Accentuating Hope" in Linley, P. A. & Joseph, S., eds., *Positive Psychology in Practice*, New Jersey: College of Education Faculty Research and Publications, 2004, p.390.

续表

策略	目标	手段与方法
增强希望	挖掘学生的目标并以此提高学生希望水平。具体包括：更清晰地将一些合理的目标概念化；创设多条通往成就的途径；唤起个体追寻的勇气；将不可逾越的障碍重新定义为需要克服的挑战	・设计希望的干预课程项目 案例：研究者麦克德莫特和哈斯丁设计了一个关于希望的干预课程，他们在一所多元文化的小学中为1—6年级学生实施了为期8周的希望课程。在这个项目的每个星期里，学生都得到了关于希望和目标设定的信息以及关于高希望水平学生的故事。通过每周30分钟的聆听和讨论，学生们有机会确定高希望水平学生生活中的目标，并将希望的概念应用到自己的生活中。通过比较干预组和对照组学生测试前和测试后的希望分数，对该计划进行评估，结果显示有适度地提高[1]
提醒希望	促进学生对希望认知的日常使用	・在希望课程中使学生熟练掌握识别目标和阻碍的技能 ・在希望课程中，让学生回顾一个他最喜欢的希望叙事，构建并完成一个简短的自动思维记录，提炼目标和面对障碍的想法，回顾个人的希望陈述与一个有希望的人组成小组并开会讨论当前的目标和障碍

注：在"发现希望"的策略中，教师要适当提供一些建议，引导学生注意到他们故事中的希望元素。此外，教师可以通过讲述"虚构"，让学生思考自己的人生目标、动力来源和实现路径。一个虚拟的"希望故事"的案例如下：《诗人裴多菲的"希望故事"》。导入：这是一个有关希望的故事，诗人裴多菲用自己的亲身经历和体验告诉大家，绝望并没有那么恐怖，绝望也并不是那么沉重，它可能是"虚妄"的假象，而在体验之后你才能感受它的欺骗性。诗人裴多菲将此表述为"绝望之为虚妄，正与希望相同"。故事：有一次裴多菲要去未婚妻所在的城市，坐一辆马车出发，这辆马车是由看上去根本撑不下来的几匹驽马来拉的，因此他绝望了。但是坐上车以后这几匹马飞奔如箭，所有的骏马恐怕都要自愧不如。于是他大发感慨，说看来人也不要轻易绝望，这个绝望是很欺骗人的，正像希望那样（资料来源：孙歌《绝望与希望之外：鲁迅〈野草〉细读》，生活・读书・新知三联书店2020年版，第171页）。

第三节　把希望作为方法

项飚与吴琦共著的《把自己作为方法》一书使得沉寂已久的知识分子圈层掀起了一片涟漪，"把自己作为方法"的方法论成为人们

---

[1] C. R. Snyder, *Handbook of Hope: Theory, Measures, and Applications*, Academic Press, 2000, pp. 185—199.

讨论的热点。吴琦在书中谈道，作为结果，"自我"在很大程度上被凸显了，其中包括那些我们自觉展现的部分，也包括不自觉的流露，这是《把自己作为方法》的题中之义，是更多对话的基础，可供读者讨论和批评。但他又宣称展示自我从来不是目的，甚至可以反过来说，这本书的目标之一正是把这个概念从利己主义的泥沼中解救出来，揭示出原本就附着其上的历史脉络和社会关系[①]。但是，也有人指出，"把自己作为方法"在多大程度上适用还需要打一个问号。他们质疑道，毕竟项飙其实经历了大部分人难以经历的幸运人生，他跨越浙江、北京、英国，深入学术圈层，又与民间保持联系，足够复杂的工作和生活经历，使得他把自我的经历问题化，进而探索出方法，但是对无法享受到如此幸运人生的人们来说，尤其是仍然挣扎在贫困中的人群来说，如何把自己作为方法，甚至如何走出第一步，都是极为困难的[②]。那么，当我们谈及"把希望作为方法"时，希望又在什么意义上能够构成我们的方法呢？

一　希望分析的功能释放

实际上，像"自我"一样，通过对"希望"的分析也能揭示出原本就附着于个体身上的历史脉络和社会关系，但是也如同"自我"需要面临的问题一样，对于没有"希望"意识的人群来说，他们是没有办法揭示出一种"希望"的人生的。然而，从研究者的立场来看，探寻没有"希望"的个体并不影响研究推进的过程，"希望"的反面依旧是一个可选择的内容进路，更重要的方法性引入是，研究者通过把握"希望"的功能特性，得以对研究脉络进行串联以及开启研究内容纵深。

[①] 项飙、吴琦：《把自己作为方法——与项飙谈话》，上海文艺出版社2020年版，第8页。

[②] 宗城：《〈把自己作为方法〉是何种方法，以及这种方法的局限》，https://www.zhihu.com/question/422262984/answer/1538925332，2020年10月23日。

(一) 希望探查性

在我们的研究中,将"希望"作为内容预设会为研究探查释放空间提供最大的可能,并让我们更加缩小与现实问题的距离。澳大利亚学者玛丽·佐尔纳齐针对有关希望探查方面的研究指出,"在日常生活的普通元素中,我们需要一种希望的火花——这种希望不会缩小我们对世界的视野,而是允许不同的历史、记忆和经历进入关于革命、自由和我们的文化归属感的当前对话。它可以让一个国家的人,以及那些远道而来的人,都有自己的故事、梦想和希望。历史上的危机时刻以及人们对它的理解,可能会以其他方式记录我们如何生活和希望"[①]。正如我们对农家子弟希望思维的调查一样,一方面是我们对他们希望思维的内涵性研究,而另一方面则是通过希望的探查得以切入农家子弟的人生脉络,并以此作为一种探究方法。从农家子弟的留守历程所观,当留守历程中蕴含的"生活之苦"被概念化为一种逆境时刻时,可能有一种因素会支撑他们对世界的信念,这种希望并没有明确的定义,也不是物质世界存在的实体,但如果我们能理解希望是构成他们生活的一种方式,那么它就有可能成为支撑我们了解农家子弟何以与世界接触的方法论。

(二) 希望判断性

"希望"是具有判断性质的,它可以作为判断标准去识别个体的发展方向。从个体发展方向来看,"有希望"与"没有希望"的话语建构了不同人生活的立场,这就得以导向我们去探寻不同个体的两种人生轨迹——"有希望"与"没有希望"的人生,也进而促成了对"有希望"与"没有希望"的人生历程的话语分析。在农家子弟的留守历程中,"有希望"的话语预设得以建设起这样一类向上人群的生活立场,而沿着"有希望"生活方向的追寻,研究者们得以探寻农家子弟"希望"的个体意识与"希望"的行动轨迹。在个体

---

① Mary Zournazi, *Hope: New Philosophies for Change*, Annandale, NSW: Pluto Press Australia, 2002, p. 18.

意识方面，我们发现了农家子弟的奋进与向上意识，这种意识能够作为希望的价值观存在而塑造行为或起到动机作用，成为农家子弟得以向上的动力的最外显形式；而在行动轨迹方面，作为工具箱的希望也在为个体前进踪迹的追寻搭建一个脚手架。关于行动轨迹方面，帕森斯也指正道，行动者关于目的和手段都有可以选择的范围这个事实，与有关行动的规范性取向这一概念相结合，意味着有发生"谬误"的可能性，即未能达到目的或未能选择"正确"手段的可能性[1]。那么我们应当如何选择"正确"的手段去实现目的的达成呢？当我们打开希望的工具箱时，就可以借助希望去捕捉到一些具体的微观实践，以此实现行动轨迹的规范性整合。总的来说，希望作为这种判断性方法，得以让我们对个体及其生活之间的关系的性质进行判断，而这种关系反过来又释放出内容空间。

（三）希望意涵性

实际上，"希望"本身就可以作为概念工具而存在。"希望"在内容上具有相当的饱和性，一方面，积极、乐观、企盼、期待等情绪体验汇聚成"希望"的集合，而当这些情绪浮现之时，我们就可以开启对个体"希望"体验的探寻。与此同时，悲观、消极、低迷等情绪体验也汇集成"绝望"的集合，作为"希望"的反面，我们也得以在内容上探究个体何以走向"希望"的对立面并进一步探寻形成他们"绝望"体验的实在情境；另一方面，"希望"的前瞻性与曾在性给予了"希望"在时间上的定位，使其在时间的两级上都变得相当完备，这也为时间指向上的"希望"创造了意涵空间。

二 如何把希望作为方法

因诉诸"方法"一语，人们必然会呼唤如何进行"方法"的使用，在这里大致通过两条具体化的路径进行探索性阐释。

---

[1] ［美］塔尔科特·帕森斯：《社会行动的结构》，张明德、夏遇南、彭刚译，译林出版社2003年版，第51页。

（一）把个体经验希望化

在自我的方法形成的实践中，吴琦提出"在处理切近问题，需要把实际材料和大的问题相联系的时候，个人的经历有可能成为某种必须的桥梁，至少也能够成为提出问题、产生问题的一种介质"。[①] 那么，如同"个体"或"自我"的方法的形成机理一般，"希望"作为一种介质，当我们把它与个体经验结合后，它能否创造出一个更具想象力、更为丰富性的研究空间？康奈尔大学东亚项目主任和人类学教授宫崎博和曾指出："我们所面临的挑战与一个更普遍的问题有关，即如何接近当下任何时刻无限难以捉摸的品质。"[②] 实际上，当"希望"植入个体经验后，可以激发我们对个体经验问题的动力与方向的进一步沉思。比如当我们去追问每个主体的希望都是什么的时候，循着这样一种问题希望化的轨迹，我们就可以持续下面的追问：留守儿童的希望是什么？农民工父母的希望是什么？教育的希望是什么？到了这样一个步骤，更好地了解个体经验与周边世界关系的契机就逐步形成了，也就成为了解一切事物希望的开始。此外，"把个体经验希望化"的重要性在于，当我们回溯"希望"这一经典议题时，充盈的是哲学家们的纯粹道德论证，但这也恰恰说明了"希望"的经验证据提供与经验研究的不足。因而当我们遵循着"把个体经验希望化"这样的方法路径时，是能为"希望"研究创生出哲学构建之外的另一条研究道路的。

（二）循着希望理论的轨迹

用希望理解个体的希望并不是那么容易的，因为在人们看来，希望仍旧是那样难以捉摸，但是现在至少可以沿着希望理论的轨迹前行了。希望理论为理解个体观念与行动提供了一个有价值的思考

[①] 项飙、吴琦：《把自己作为方法——与项飙谈话》，上海文艺出版社2020年版，第216页。

[②] Hirokazu Miyazaki, *The Method of Hope: Anthropology, Philosophy and Fijian Knowledge*, Stanford, California: Stanford University Press, 2004, p. 11.

框架。典型的比如斯奈德的希望理论，首先，在他的理论中，他较清楚地厘定了希望的要素，在他的希望理论模型中，目标、路径和动力被认定为是最重要的三个组成部分。其次，我们就可以运用这些要素，去探查个体经验证据中的目标、动力以及路径，试着去探寻个体设准了哪些长期或短暂性的目标[1]，挖掘个体是如何通过主观思维激励自我并在具体的路径上维持这种动力的。最后，在此基础上，就会形成一个对"希望"的相对融贯的学理性解释。

小　结

个体如何能从经验上走出他自身以致成为他自身的研究对象？这是关于自我身份或自我意识的基本心理学问题。寻找它的答案要涉及特定的人或个体所参与的社会行动与所形成的社会意识。

当我们再次回顾农家子弟的人生历程时，发现正是他们燃烧着的希望意识在引领他们前行。实际上，这种意识既改造着他们看待世界的思维方式，也给予他们行动上以强有力的推进。从内容来看，希望意识具体表现为自我意志、信念行动和怀柔之策三个层面。在自我意志层面，农家子弟的自我调适、自我慰藉和自我激励等精神品质都是自我意志的典型展现。对待留守生活中可能出现的情感缺失、经济匮乏和"动态留守"处境等风险性问题，农家子弟有着更加微妙的思考与理解。他们将这些风险视为一种挑战与磨炼，并依托自我意志去消解无助、孤独的消极情绪，去迎击生活中的困苦并朝着自我设定的目标前行；在信念行动层面，农家子弟有着相信

---

[1]　根据希望理论，目标可以是个人想要经历、创造、得到、做或成为的任何事情。因此，一个目标可能是一个重要的、终身的追求（例如，发展一个全面的人类动机理论），或者它可能是平凡而短暂的（例如，搭车上学）。目标的实现概率也可能不同，从非常低到非常高。在这一点上，高期望的人更喜欢拉伸目标，这比以前实现的目标稍微困难一些。

"希望"的信念并持续地做出努力行动。他们将希望意念注入"留守"生活并与之积极相处；他们寄托"希望"于"读书"这一具体的微观实践中并通过实在的教育行动以实现他们的人生跃进；在方法策略层面，不同的柔性思维展现了农家子弟化解困境的具体方法，他们促使生活与周身事物被安排得各得其所、各尽其用并最终朝着个人理想的目标行进。

  研究已经证实，农家子弟得以奋进向上并实现教育攀登与其希望能力密切相关。因此，对农村留守儿童的关爱也应当以希望为着力点，只有增加农村留守儿童的希望能力才能激发他们砥砺自我与奋勇向上的力量。具体的实施方法是，从观念上进行革新，祛除"弱者关怀"和"悲情帮扶"的关爱视角，代之以"儿童中心"本位的、"充满希望"的新关爱视角；依托多元主体建立起一个"有希望"的农村留守儿童关爱机制，通过多主体的相互联结、协同共治提供专业化的关心和支持策略；发挥学校教育的强有力支撑作用，使用"希望教育学"的方法，通过发现希望、联结希望、增强希望、提醒希望策略，激发留守农家子弟积极向上的内在力量。

  除此之外，希望探查功能、判断功能以及意涵功能的展现给予我们一个方法论创生方面的启思。在教育研究中，我们也可以运用希望的方法去探查、判断与聚焦问题。

结　　语

自人类诞生以来，对于美好社会的想象与憧憬就从未停止，从新耶路撒冷到理想国再到太阳城，无人知晓这些名字的确切位置，但他们却能够支撑数以万计人的信仰，赋予他们以生活的希望。诚然，乌托邦是一个来自于希腊语的生造词，意思是"乌有之乡"，它来源于托马斯·莫尔在1516年创作的政论式叙事，被指代为一个理想的、遥远的、虚构的空间。在乌托邦小岛上没有农民，因为所有乌托邦人必须务农，岛上未开化的土著人通过教育都成为文明而有修养的人。这里既有民主的选举、被废除的私有制度和英勇无畏的军队，也有勤俭朴素、劳逸结合、衣食无忧、幸福无忧的人民与生活。一个系统的理想国图景被莫尔所塑造，乌托邦也因为它与人类对未来社会制度的美好憧憬以及人类思想意识中对最美好生存状态的共鸣而被大众所拥趸。

农家子弟留守历程中的教育叙事为我们揭开了这样一个乌托邦精神施展的过程，即个体可以凭借希望的力量去摆脱一个"黑暗的"生存境况，在希望的指导下，这种个体对于社会结构的现代性自反以及个体意志增强的主体性表达凝结成为本书的核心。最后，我们将在此基础上继续总结与反思本书的两个重要内容，即留守命题与希望的原理。

第一节　留守命题

在方法论上，叙事研究重在围绕某一个事件探究对个体生活的意义。以叙事文本或叙事作品为载体，人们可以探讨意义的内在构成机制，以及事件各部分之间的相互关系。留守作为本书的叙事核心，它将所有的事件、人物与行动串联起来，让我们关注留守、探寻留守进而深刻认识留守。留守命题作为叙事内容所呈现的研究要义是多元的。

一方面，它让我们认识到社会转型与一系列制度安排是如何构造出个体不确定的生活以及与之关联的社会后果。留守问题与留守儿童群体的产生不是偶然性因素的碰撞，也不是单一家庭的选择，而是社会转型中一整套影响链条传导后所孕育的结果。改革开放后，市场经济体制的建立与全国劳动力市场的形成，牵引着中国中西部农村大量剩余劳动力"向城"进发，然而受户籍制度、教育政策、工作性质、自身经济状况等因素的掣肘，农村进城务工人员无法在城市永久定居，也无法带子女进城上学，从而导致作为一种社会景观与特别群体的"留守儿童"的产生。留守儿童群体的浮现是中国社会转型过程中一个比较典型的社会现象，关于留守妇女、留守老人以及隔代教养等留守主题的研究逐步成为焦点。留守让我们发现了不完全城镇化的代价承受者到底是谁，由于"留守"问题的浮现让我们得以追溯源头——中国现代化的结构性困局。在问题溯源中，留守作为独立命题背后的社会图景是，在工业化、城镇化、现代化快速跃进的当代中国，与社会转型相伴随的是动荡、不稳定以及生发出的多重挑战。中国现代化之结构性困局的一个挑战是，中国被纳入以美国为主导，以资本、商品及其生产模式自由流动的全球体制所导致的中国城乡发展困境、乡村总体性社会衰败等问题[1]，而留守现象则从一个侧面生动地表现了此类结构性困局。因而留守命题在社会转型中呈现给政策决策者与制度建设者的省思是，我们应当如何在社会发展的进程中应对这些可能或已经出现的挑战？怎样的

---

[1] 何慧丽：《留守群体 留守学术——兼评叶敬忠等著〈阡陌独舞〉〈静寞夕阳〉〈别样童年〉》，《开放时代》2010年第7期。

社会条件才能最大限度地保障整个社会与人民的根本利益？留守问题是社会转型背景下社会流动的次生结果，怎样完善社会保障制度、提高政策回应能力去应对这一发展难题，这对当前户籍、教育等系列制度变革都提出了紧迫要求。

另一方面，留守命题本身指向了特殊情境或经历与个体生活或个体社会化发展的关系。当人们身处惯常的社会时，并不会激发强烈的自我叙事需求，除非事件本身已经超脱常态并对个体生活造成了深刻影响。在我们的研究中，"留守"这一特殊处境重塑了农村儿童的生活，并让农家子弟在归属与分离、融入与辗转、熟悉与陌生的情境中体验感悟着由"留守"所赋予的别样童年以及夹杂掺揉着爱与恨的情感人生。在既往研究中，研究者往往以要素分析、群体比较的方法来阐释留守事件对个体施加的影响，比如心理学家探寻家庭亲密关系是如何成为留守儿童心理弹性中介的[1]，又比如发现体育活动作为心理资本是如何对农村留守儿童社交焦虑产生影响的[2]。最近一个新的研究趋势是，越来越多的研究者[3][4][5]开始关注个体或群体的经历，借以表达留守与个体生活或个体社会化的复杂关系。在留守情境中，我们发现了农家子弟怎样实现从一种平衡到另一种平衡的生命过程——从个体出生伊始，"理想"的人生本应当是一种稳定的情境，但对任何人而言，这种稳定的情境都会被某一事件（在叙事中我们或称为情节的植入）所打破，从而导致了一种不平衡

---

[1] 李旭、李志鸿、李霞：《家庭亲密关系影响留守儿童心理弹性的中介效应》，《中国健康心理学杂志》2021年第3期。

[2] 李梦龙、任玉嘉、杨姣、雷先阳：《体育活动对农村留守儿童社交焦虑的影响：心理资本的中介作用》，《中国临床心理学杂志》2020年第6期。

[3] 刘婷：《生命历程视角下曾留守大学生成长历程的个案研究》，硕士学位论文，兰州大学，2019年。

[4] 王艳：《留守经历大学生自我分化发展历程的质性研究》，硕士学位论文，北京理工大学，2015年。

[5] 梁宏：《生命历程视角下的"流动"与"留守"——第二代农民工特征的对比分析》，《人口研究》2011年第4期。

状态，群体需要通过一系列的行动，使情境的平衡重新建立起来。有人从出生开始就处于特殊情境并对个体施加了一定影响，当个体进入社会时，他必定会发现自我情境的独特性。因而留守情境展开的意义可以让人们较容易地察觉到，并发现情境的过程性。但并不是每一个独立个体在面临特殊情境时都会做出行动，对于未行动的情境体验者的意义在于，当研究者从叙事中探究情境时，可以发现这种情境的非常态性（反常性、与众不同性、意外性），并在与常态（标准的、惯例的、期望的）情境的对比中识别其影响；对于政策研究者而言，我们可以通过透视情境及其意义，来对个体或群体施加更完备的保护；对每个独立个体而言，通过对情境的自我反思或叙事学习，可以改变个体认知，激发个体探寻社会化策略，或促进个体在有意义生活的基础上更好地发展自我。

第二节　希望的原理

当代德国思想界的领军人物哈贝马斯曾把布洛赫称为20世纪一部伟大的"作品""一座飘忽不定的思想山脉"[1]。而受此赞誉的哲学大师布洛赫在他的经典著作《希望的原理》开篇就点出了他的思想精髓，他指出"自我是活动，我们一开始就寻找什么，一旦渴求某物，我们就呼喊着，我们并不拥有想望的东西……我们学习，同时我们期待……后来，我们更勤奋地抓住什么……做梦者相信，最终获得是，生活应当给予他的东西"[2]。虽然布洛赫的著作并未指明既定的研究对象和研究结论，但是他却将人的内在冲动，这种被称为"希望"的精神力量鼓噪而出。

---

[1] 金寿铁：《希望的视域与意义——恩斯特·布洛赫哲学导论》，商务印书馆2016年版，第174页。

[2] [德] 恩斯特·布洛赫：《希望的原理》（第一卷），梦海译，上海译文出版社2012年版，第1—11页。

"希望"是布洛赫留给后人的精神遗产,也是本书重要的理念支撑与分析框架。在笔者看来,"希望"是农家子弟借以解除自身匮乏的动因,也是他们借此改天换地、创造一个更美好人生的动因。除了农家子弟之外,"希望"所释放的动因与能量能够使世人皆受此裨益,但是现实的困难在于,并不是每个人都能调动这种"希望之力"的。著名日本思想家池田大作也指出,"人很容易遇到些许的失败或障碍,于是悲观失望,消沉下去。或在严酷的现实面前,失掉活下去的勇气;或恨怨他人;结果落得个唉声叹气、牢骚满腹"①。但是,我们仍要劝告大家,不要失去希望。看看农家子弟为我们展现的希望,他们的故事在告诉我们,个体是具有能动作用的,即便身处逆境但只要不丢掉希望的人,肯定会打开一条活路,人的内心也会感到真正的快乐。我们需要做的只不过是改变我们的思维并持续做出行动。

当然,"希望"的引入不止于勾连起农家子弟的留守生活意义与教育奋进旅程,"把读书作为希望"的思维模式也能够呈现出教育的希望要义以及为教育释放希望的可能。缘何要凸显希望的教育意义呢?这是因为当前某些"祛希望化"的大众舆论与理论话语正在影响着人们,并形成了"祛希望化"的教育症候群。"厌学""寒门再难出贵子""读书无用"等观念屡见于新闻舆论之中,而"暴政""霸权""宰制""权力""规训"等批判性词语也总是不绝于批判主义教育研究之中②,并以此话语入思教育。在笔者看来,以上的舆论观念与理论话语构建需要在既定语境与合逻辑的解释框架内完成,比如当前"读书无用"可能产生于学校层面对学习内容与传授方式的异化、家庭层面单维化的教育价值考量和社会层面对学校成功与

---

① [日]池田大作:《我的人学》,铭九、潘金生、庞春兰译,北京大学出版社1992年版,第6页。
② 曹永国:《"祛希望化"教育研究:症候及其批判》,《苏州大学学报》(教育科学版)2013年第1期。

社会成功反差的模糊认知①等多个方面或多重要素的交叠上，而不是由"读书无用"来降低"读书"的"知识"本体性价值以及忽视个体能够借高等教育地位获得实现有序流动的社会地位跃迁过程。

在农家子弟的教育历程中，把"读书"作为一种抵抗命运的武器正是因为他们信任教育能够帮助有才智者获得晋升空间，这是他们在心理层面预设的得以改变命运的教育筛选功能实现的希望释放，而把"读书"作为一种治愈式生活实践，则体现了素质教育发展逻辑下知识价值发挥的希望效用。与此同时，批判主义教育研究的本身目的不是为了批判而批判，其实质是为了教育促进，因而我们需要警惕批判性话语的贫乏与扩大，并通过批判主义洞察教育世界的真实逻辑、实践弊病与教育本真。

透过农家子弟的教育历程，我们已经看到教育释放希望的可能，而进一步改进的落脚点在于，如何为每一个儿童创造公平而有质量的教育体系，如何将当下的教育变得更加充满希望？

---

① 秦玉友、王玉姣：《新时期"读书无用论"的重新解释与破解逻辑》，《教育发展研究》2020年第20期。

附 录 一

教育自传撰写招募书

为留守儿童写一本成长启示录

我走过雨下的泥洼,独自作伴,寂寞成长。

我飞出大山,见五彩霓虹闪烁,彳亍怅惘。

我历经了世纪,却淹没在下一个轮回。

成长,成长,谁知我殇,谁在陪我成长?

你们叫我留守儿童,但我不要被遗忘。

(东北师范大学 许程姝/文)

项目简介:

招募30名有留守经历的优秀大学生撰写心路历程、学业追求等方面的成长回顾反思,形成文集以带动并激励当今留守儿童成长。

项目释疑:

我们要招募什么样的大学生写成长史?

在义务教育阶段有三年以上留守经历(双亲常年外出,含单亲监护);对自己有相似经历的农村儿童有发自内心的怜爱与悲悯,责任感较强,能够确保其关键他人配合提供回忆信息;对成长历程中关键事件,尤其是某些行为选择的诱发因素和当时情绪状态有清晰印象,愿意在表达中呈现。

我们要写的成长回顾文集具体有哪些写作原则?

每篇文稿应该在一万字左右;以成长中记忆深、特定时间节点、有一定影响性的事件及其应对方法述重点;事件表述具体翔实,系统性再现事件或冲突发生、发展与消解的完整过程。

项目招募者介绍:

我们是"乡村守望"留守儿童关爱小组,我们是一支年轻的公益服务与科学研究团队,虽来自五湖四海,却因乡村教育而结缘。我们身处于某科研院所,常年关注乡村教育问题,并多次参与农村地区调研,通过向当地教育行政部门、教师、村民深入了解留守儿童的生存状态与成长历程,对他们的生存困境和成长需求有了更清晰的把握,为项目的实效性打下坚实基础。

项目招募缘由:

在我们身边存在着一群这样的孩子,父母常年在外打工,他们被迫留在家乡,留在爷爷奶奶身边,对于这些孩子而言,父母已蜕变为一年两年才露个脸、见个面的符号和概念。他们有着一个共同的名字——"留守儿童"。据全国妇联2013年5月发布的《中国农村留守儿童、城乡流动儿童状况研究报告》估算,全国有农村留守儿童6102.55万,占农村儿童的37.7%,占全国儿童的21.88%。与2005年全国1%抽样调查估算数据相比,五年间全国农村留守儿童增加约242万。

近些年来,"留守儿童"多因为恶性事件走入大众视野,成为舆论的焦点,《毕节4兄妹服农药死亡,留守儿童何处安放童年?》《留守儿童杀人事件:别让孩子内心的恐惧化作魔鬼》等报道引起了人们的注意。难道"价值上的偏离""个性、心理发展的异常"能成为标注"留守儿童"群体的正确标签吗?

或许他们有些人是落寞的、彷徨的：

· 我会觉得寂寞，不会觉得孤单。寂寞就是没有人和你说话，孤单就是就算你一个人在家，而我却早已习惯。

· 回想起从前，我们一家人在一起是多么的幸福，可是那幸福在2009年破碎了，就像玻璃被石头砸碎一样，再也捡不起来。

或许他们有些人是乐观的、开朗的：

· 我没有尝过母乳的甘甜，没体会到母爱的温暖，但我却在父亲、奶奶和老师的关心呵护下成长。

· 我在班上朋友多，因为我待人和气，做事会征求大家的意见，和朋友们在一起很开心。

我们发现了什么？

留守儿童成长与教育的双重困扰：鉴于父母陪伴关怀的缺失以及乡村教育式微的现实，他们多生活在不完整、少支撑的成长支持系统中，难以获得足够的安全感与归属感，缺少对未来理想自我的高期待，多被焦虑、烦乱、沉闷、无助等负面情绪所困扰。他们对于祖辈和学校教育工作者不易表露真实需要与心声，在学业发展、人际关系、社会适应方面的有效指导也不易获得，遭受校园欺凌或意外伤害的风险更高。

校长的诉说：

湖南省某乡中心学校校长：我们学校有个三年级的小女孩欣欣，父母常年外出打工，她由奶奶照顾，家住半山腰。这个小女孩性格孤僻内向，害羞，成绩也不是很好。缺乏父母关心和指导，奶奶没能力看管，还不讲卫生。

校长的期待：

山西省某乡中心学校校长：希望这些成长案例集侧重对留守儿童精神生活反映。让看到的读者有所触动时呼吁社会更多的关爱；也希望这些考上大学的优秀学子能与这些农村留守孩子结成对子，通过打电话、写信的方式相互沟通，给予这些留守孩子以后的成长更多指导。有时孩子不愿意跟熟悉的人说心里话，但是愿意和他们有同样经历的"明星哥哥姐姐"敞开心扉。

我们还发现，面对如此逆境，却有很多曾经留守甚至贫困的儿童通过个人的进取和重要他人的影响而以优异成绩走进大学，自信阳光而又充满正能量，其年轻的活力和亲和的态度易得到当今儿童的亲近与信任。同时他们能够给当今留守儿童形成榜样示范与精神感召，又反映了留守儿童真实的心理状态。

基于上述的发现，我们要达成的项目成果是：

产出
- 形成曾留守农村籍大学生的生活史文集。
- 通过文集的形成，对于农村教育工作者和关心留守儿童回溯研究的学者形成参考作用。

影响
- 使社会更普遍且有质量地参与到留守儿童关爱中，对留守儿童成长引导形式更加科学。

- 通过优秀个人的作品呈现和事迹宣讲，建立有针对性的留守儿童对接关爱平台，使得多数留守儿童获得强烈生命支撑感。

我们的使命与愿景是：

用负责任的表达，让更多留守儿童看到发展的可能性，让更多留守儿童的支持者知晓教育的可为性。

附录二

访谈说明与访谈提纲

致受访者的一封信

亲爱的作者,我们因共同参与的"为留守儿童写一部成长启示录"研究活动而结缘,为了加深对你们的认识与了解,我决定以访谈的形式继续深入研究你们的经历与生活,我希望能够以学术研究的形式探究,为同样身处农村、具有留守经历的农村儿童们树立榜样或创造向上的可能性,也希望能够与你一起加深理解、共同反思你与留守儿童们共同的成长与生活经历。邀请你作为共同研究者,希望我们一起聊几次,谈谈我或者我们共同感兴趣的话题(比如个人成长、自我奋斗、对乡村价值的理解、对未来的畅想等)。我会努力以"叙事民族志"的形式尝试将我们的研究发表在自媒体、学术期刊或以学术报告的形式向乡村学校校长、教师、儿童和国内外学者呈现。期待你的回复,我想这次谈话也能成为我们学习发展或人生成长的一个很好的沟通交流和反思的机会。

研究目标

我们的研究目标是更好地了解农家子弟的留守生活。我们感兴趣的是你们如何在经历"留守"之后,能够通过"自我奋斗"逐渐成长起来,以及好奇你们对"留守""希望""读书""未来"这些概念有着怎样的理解?为了了解这个话题,我们已经收集到了带有你们"留守"经历的教育自传。为了进一步深度研究，我们采取深度访谈的方式，期望尽可能地回访 25 位书写教育自传的农村籍大学生。每个人都被要求做同样的事情。

需要你的帮助

1. 参与 2—3 次深度访谈。（访谈次数也可以由你决定）
2. 绘制一份表格版留守历程。（需要花费 10 分钟）（见附件）
3. 绘制一份图画版留守历程。（需要花费 10—20 分钟）（见附件）
4. 填写一份简易问卷。（需要花费 4 分钟）（见附件）
5. 创作以"留守"为主题的一首小诗。（需要花费一些时间）（可选）
6. 创作以"希望"为主题的小诗。（需要花费一些时间）（可选）

参与者权利

受访者有随时退出研究的自由。

核心议题

- 个人和家庭历史
- 个人奋斗史
- 个人情绪
- 信仰
- 日常生活
- 留守经历
- 教育生活
- 文化实践

主要想法

访谈 1

- 主题——个人和家庭历史/教育经历

- 要点
  ◇ 自我介绍
  ◇ 研究概况介绍
  ◇ 利用腾讯会议、微信等线上平台或线下一对一访谈进行交流
  ◇ 尽可能保持舒服的访谈状态
  ◇ 询问是否可以记录会议
  ◇ 首次会晤是一对一的
  ◇ 未来是否可以组织一些主题性小组活动、对谈或小组讨论
  ◇ 请受访者帮忙绘制留守地图（表格版）
  ◇ 请受访者帮忙绘制留守地图（图画版）
- 问题

个人生活

- 能说说你现在的状态吗？你现在从事什么工作？

家庭生活

- 你的家人都有谁？你现在与谁生活在一起？你的童年与谁生活在一起？
- 在留守的童年中，你记忆最深刻的1—2位亲人，他们是谁？你为什么对他们印象深刻？他们对你有什么影响？
- 你记忆最深刻的1—2位亲人他们是如何对你进行教育的？
- 在留守的童年中，关于你的家庭，你是否有1—2个记忆让你印象深刻？
- 与祖辈、亲属家庭成员相比，你平时和父母的情感交流和沟通如何？你对父母是什么样的情感？
- 父母的教育或者说不教育对你有什么影响？
- 你怎样看待父母"在场"或"不在场"？
- 你的父母为什么外出务工？你是怎样理解父母的外出务工行为的？
- 你是怎么理解"外出务工"这种方式的？或者说你怎样看待乡村的"外出务工"现象？

学校教育：总而言之，你是如何一步步走入大学的？

- 说说你的学校？公立的还是私立的？你的上学轨迹（幼儿园、小学、初中、高中）是什么？
- 你有哪些深刻的学校生活体验？
- 你是怎样理解"转学"的？
- 你是怎样理解"寄宿"的？
- 读小学、初中、高中时，你想过直接去打工吗？如果有，为什么？如果没有，为什么？
- 请你设想一下，如果不读书？你觉得你现在应该在干什么？
- 你的高考成绩是多少？你所在班级上大学的概率是多少？你在班级的排名是多少？
- 你的大学在哪上的？是什么专业？当时是怎么考虑学校和专业选择的？
- 就你当前的状态来说，是什么让你选择了工作或继续深造？你为什么选择继续深造？你为什么选择工作？

【关于读书】

- 你怎样看待读书？
- 你为什么学习成绩这么好？
- 你周边大多数留守儿童他们学习情况如何？你的兄弟姐妹们学习情况如何？你觉得他们与你的不同在哪里？
- 有哪些事件影响了你的读书？
- 为什么要读书？读书之于你意味着什么？
- 同村的人都去哪了？他们也一直在读书吗？你为什么坚持读书？
- 你觉得读书能改变什么？
- 你觉得你得以考入大学的原因是什么？
- 身边的父母或者老师是否有劝学的态度？如果有，他们是怎样行动的？

访谈 2

- 主题——我的个人奋斗历史
- 要点
- 请受访者找一些日记
- 请受访者找一些生活的照片
- 问题

【关于整体发展】

- 你觉得你的人生是一种什么样的走势/类型？
- 你觉得你人生重要的转折点有几个？
- 影响你人生的最重要的人是谁？为什么是他们？他们做了什么？
- 为什么他们如此重要？
- 你觉得他人的认可重要吗？为什么他人的认可如此重要？你能获得他人的认可吗？

【关于命运】

- 你怎样理解"命运"这个词？
- 你的命运是什么？你觉得你的命运怎么样？
- 命运需要抗争吗？你抗争了吗？你怎么理解抗争的？你觉得你和村里其他伙伴相比，你有什么不同？他们的命运是怎么样的？
- 你觉得父母的"命运"怎么样？
- 你觉得农民的"命运"是怎样的？

【关于贫穷】

- 你感觉到过贫穷吗？你什么时候感觉最贫困？
- 跟周围同学（村里的人、乡镇上的人、城市的人）的生活相比，你觉得你的生活水平怎么样？
- 如果家里贫穷，那么会影响你吗？给你带来了哪些方面的影响？
- 你觉得贫穷带给了你什么？
- 你怎么理解"穷人的孩子早当家"这句话？

【关于奋斗】
· 你觉得人生遭遇了哪些重大的挫折？你跨越了吗？或者失败了吗？
· 你觉得支持你向上的动力是什么？
· 激励你不断向前的是什么？
· 你觉得自我的力量有多大？你的成功，或者你的发展依赖什么？
· 你怎么看待拼搏的意志？

【关于教育】
· 你怎么看待当前社会的教育公平？
· 你怎么看待教育的作用？

【关于改变】
· 你觉得你能改变什么？
· 你觉得你不能改变什么？

访谈 3
· 主题——被填满的情绪和被期望的情绪
· 问题
· 回顾你的留守生涯，你的情感是怎样的？这种情感整体朝向是什么？
· 你怎么看待"爱"？（父母之爱、亲人之爱、友情、爱情）在你的留守生涯中？你感受到了何种爱？你缺失了何种爱？
· 你怎么看待家庭？家中的琐事？有哪些让你痛苦的回忆？
· 你有的时候会感到绝望吗？绝望会让你走向哪种方向？
· 你觉得自己是一种什么性情的人？
· 你有什么兴趣爱好吗？
· 你小时候有什么愿望吗？你有朝着这个愿望努力吗？
· 你有什么遥不可及的梦想吗？
· 回顾你的留守生涯，你最希望的三件事是什么？
· 你觉得你的生活充满希望吗？你是怎么理解希望的？

- 你现在想象的未来是什么？你童年是如何幻想未来生活的？
- 你的欲望是什么？你想要干什么？你想要达成什么目标？你的目标是怎么确立起来的？谁帮你确立起来的？
- 你觉得未来自己会成为什么人？
- 你做过什么白日梦吗？你的白日梦是怎样的？
- 对于这个家，你想做哪些改变？你已经做了哪些改变？你想做的改变成功了吗？
- 要点

（可选）以"希望"为主题，写一首小诗。

访谈 4

- 主题——关于对"留守"的理解与社会参与
- 问题
- 你是怎样看待"留守"的？
- 你觉得父母做留守/流动决策的原因是什么？
- 你觉得留守儿童到底是怎样的群体？你觉得你属于这个群体吗？
- 你为何参加教育自传活动或此次访谈活动？你的想法是怎样的？你想表达什么？
- 你在大学期间参与过什么社团，你为什么要参加这些社团？你的意图是什么？你想改变什么？你的希望是什么？
- 你怎么看待做公益这件事？

- 主题——关于对"乡村"的理解
- 问题
- 村庄之于你的童年、你的成长有什么意义？
- 在村庄生活，你有什么感受？
- 在村庄生活中，有哪些让你印象深刻的事？
- 支持你读书或者奋斗的力量是什么？
- 这些年，你觉得村庄最大的变化是什么？

- 你觉得城市文化与乡村文化的最大不同是什么？你是怎样理解两种文化的？
- 你觉得乡村是否有价值？如果有，乡村的价值是什么？
- 要点
- （可选）请受访者找到同村的但未考入大学的朋友作为受访对象。
- （可选）以"留守"为主题，写一首小诗。

参考文献

一 中文文献

（一）中文图书

［美］爱利克·埃里克森：《洞见与责任》，罗山、刘雅斓译，世界图书出版公司2017年版。

［英］安东尼·吉登斯：《社会的构成：结构化理论大纲》，李康、李猛译，生活·读书·新知三联书店1998年版。

［美］安妮特·拉鲁：《不平等的童年》，张旭译，北京大学出版社2010年版。

（汉）班固撰、（唐）颜师古注：《汉书》，中华书局1999年版。

［英］保罗·威利斯：《学做工：工人阶级子弟为何继承父业》，秘舒、凌旻华译，译林出版社2013年版。

［法］皮埃尔·布尔迪厄、［美］华康德：《反思社会学导引》，李猛、李康译，商务印书馆2015年版。

程猛：《"读书的料"及其文化生产：当代农家子弟成长叙事研究》，中国社会科学出版社2018年版。

［日］池田大作：《我的人学》，铭九、潘金生、庞春兰译，北京大学出版社1992年版。

［美］C·赖特·米尔斯：《社会学的想像力》，陈强、张永强译，生活·读书·新知三联书店2005年版。

［德］恩斯特·布洛赫：《希望的原理》（第一卷），梦海译，上海译文出版社2012年版。

费孝通：《乡土中国·生育制度·乡土重建》，商务印书馆 2011 年版。

［德］弗里德里希·尼采：《尼采遗稿选》，［德］君特·沃尔法特编，虞龙发译，上海译文出版社 2005 年版。

［美］G. H. 埃尔德：《大萧条的孩子们》，田禾、马春华译，译林出版社 2002 年版。

郭湛：《主体性哲学：人的存在及其意义》，云南人民出版社 2002 年版。

金寿铁：《希望的视域与意义——恩斯特·布洛赫哲学导论》，商务印书馆 2016 年版。

［美］凯瑟琳·马歇尔、格雷琴·B. 罗斯曼：《设计质性研究：有效研究计划的全程指导》（第五版），何江穗译，重庆大学出版社 2015 年版。

柯劭忞：《新元史》，开明书店 1935 年版。

［美］兰德尔·柯林斯：《文凭社会：教育与分层的历史社会学》，刘冉译，北京大学出版社 2018 年版。

［美］林南：《社会资本：关于社会结构与行动的理论》，张磊译，社会科学文献出版社 2020 年版。

［美］露丝·贝哈：《动情的观察者：伤心人类学》，韩成艳、向星译，北京大学出版社 2012 年版。

（战国）吕不韦门客编撰：《吕氏春秋全译》，关贤柱、廖进碧、钟雪丽译注，贵州人民出版社 1997 年版。

［美］诺曼·K. 邓津、伊冯娜·S. 林肯主编：《质性研究手册：研究策略与艺术》，朱志勇、韩倩、邓猛等译，重庆大学出版社 2018 年版。

［美］欧文·戈夫曼：《污名——受损身份管理札记》，宋立宏译，商务印书馆 2009 年版。

钱理群、刘铁芳编：《乡土中国与乡村教育》，福建教育出版社 2008 年版。

［美］乔恩·威特：《社会学的邀请》，林聚任等译，北京大学出版社 2014 年版。

［美］乔治·赫伯特·米德：《心灵、自我与社会》，霍桂桓译，华夏出版社 1999 年版。

［法］让－保罗·萨特：《存在主义是一种人道主义》，周煦良、汤永宽译，上海译文出版社 2008 年版。

［美］S·鲍尔斯、H·金蒂斯：《美国：经济生活与教育改革》，王佩雄等译，上海教育出版社 1990 年版。

尚会鹏：《心理文化学要义：大规模文明社会比较研究的理论与方法》，北京大学出版社 2013 年版。

孙歌：《绝望与希望之外：鲁迅〈野草〉细读》，生活·读书·新知三联书店 2020 年版。

［美］塔尔科特·帕森斯：《社会行动的结构》，张明德、夏遇南、彭刚译，译林出版社 2003 年版。

（元）脱脱等撰：《宋史》，中华书局 1978 年版。

［奥］维克多·E. 弗兰克尔：《追寻生命的意义》，何忠强、杨凤池译，新华出版社 2003 年版。

魏巍：《东方》，人民文学出版社 2000 年版。

［美］W. I. 托马斯、［波兰］F. 兹纳涅茨基：《身处欧美的波兰农民》，张友云译，译林出版社 2000 年版。

项飙、吴琦：《把自己作为方法——与项飙谈话》，上海文艺出版社 2020 年版。

项飙：《全球"猎身"——世界信息产业和印度的技术劳工》，王迪译，北京大学出版社 2012 年版。

许嘉璐、安平秋等：《二十四史全译：南史》，汉语大词典出版社 2004 年版。

阎云翔：《中国社会的个体化》，陆洋等译，上海译文出版社 2012 年版。

杨逢彬、欧阳祯人译注：《四书译注》，华东师范大学出版社 2019

年版。

［美］詹姆斯·克利福德、乔治·E. 马库斯编：《写文化——民族志的诗学与政治学》，高丙中、吴晓黎、李霞等译，商务印书馆2006年版。

中共中央办公厅编：《中国农村的社会主义高潮》（共三册），人民出版社1956年版。

钟宜兴：《比较教育的发展与认同》，高雄：高雄复文图书出版社2004年版。

朱光潜：《朱光潜全集》（第四卷），安徽教育出版社1988年版。

（二）中文期刊

包蕾萍：《生命历程理论的时间观探析》，《社会学研究》2005年第4期。

鲍磊：《社会学的传记取向：当代社会学进展的一种维度》，《社会》2014年第5期。

曹永国：《"祛希望化"教育研究：症候及其批判》，《苏州大学学报》（教育科学版）2013年第1期。

柴彦威、塔娜、张艳：《融入生命历程理论、面向长期空间行为的时间地理学再思考》，《人文地理》2013年第2期。

陈静、王名：《入乡随俗的"社会补偿"：社区营造与留守儿童社会保护网络构建——以D县T村的公益创新实验为例》，《兰州学刊》2018年第6期。

陈乐：《意识的觉醒：助力农村子弟的教育攀登之旅——基于一项口述史研究》，《教育发展研究》2020年第23期。

陈旭峰：《实施城乡一体化的分流教育——布迪厄的文化再生产理论对当前农村教育的启示》，《教育学术月刊》2010年第7期。

陈映芳：《"农民工"：制度安排与身份认同》，《社会学研究》2005年第3期。

成伯清：《从嫉妒到怨恨——论中国社会情绪氛围的一个侧面》，《探索与争鸣》2009年第10期。

成杰、张新珍:《尼采的生命哲学观》,《温州大学学报》(社会科学版) 2007 年第 4 期。

程福财:《弱势青少年研究:一个批判性述评》,《青年研究》2006 年第 6 期。

程猛、康永久:《"物或损之而益"——关于底层文化资本的另一种言说》,《清华大学教育研究》2016 年第 4 期。

程猛、吕雨欣、杨扬:《"底层文化资本"再审视》,《苏州大学学报》(教育科学版) 2018 年第 4 期。

程猛:《向上流动的文化代价——作为阶层旅行者的"凤凰男"》,《中国青年研究》2016 年第 12 期。

仇立平、肖日葵:《文化资本与社会地位获得——基于上海市的实证研究》,《中国社会科学》2011 年第 6 期。

仇立平:《社会研究方法论辩背后的中国研究反思》,《新视野》2016 年第 6 期。

丁学森、邬志辉、薛春燕:《论我国乡村教育的潜藏性危机及其消解——基于在地化教育视角》,《教育研究与实验》2019 年第 6 期。

董永贵:《突破阶层束缚——10 位 80 后农家子弟取得高学业成就的质性研究》,《中国青年研究》2015 年第 3 期。

杜亮、刘宇:《"底层文化资本"是否可行——关于学校教育中的文化资本与社会流动的几个理论问题的探讨》,《中国青年研究》2020 年第 5 期。

段成荣、吕利丹、王宗萍:《城市化背景下农村留守儿童的家庭教育与学校教育》,《北京大学教育评论》2014 年第 3 期。

范先佐、郭清扬、赵丹:《义务教育均衡发展与农村教学点的建设》,《教育研究》2011 年第 9 期。

范先佐:《农村"留守儿童"教育面临的问题及对策》,《国家教育行政学院学报》2005 年第 7 期。

范兴华、方晓义:《不同监护类型留守儿童与一般儿童问题行为比较》,《中国临床心理学杂志》2010年第2期。

傅有德：《犹太教的弥赛亚观及其与基督教的分歧》,《世界宗教研究》1997年第2期。

葛新斌、尹姣容：《农民工随迁子女异地高考困局的成因与对策》,《华南师范大学学报》(社会科学版) 2014年第2期。

何慧丽：《留守群体 留守学术——兼评叶敬忠等著〈阡陌独舞〉〈静寞夕阳〉〈别样童年〉》,《开放时代》2010年第7期。

何日取：《我国亲子关系社会学研究的再思考》,《理论界》2010年第4期。

贺雪峰：《全国劳动力市场与农村发展政策的分析与展望》,《求索》2019年第1期。

胡鞍钢：《从人口大国到人力资本大国：1980~2000年》,《中国人口科学》2002年第5期。

胡雪龙、康永久：《主动在场的本分人——农村学生家庭文化资本的实证研究》,《全球教育展望》2017年第11期。

胡咏梅、李佳哲：《谁在受欺凌？——中学生校园欺凌影响因素研究》,《首都师范大学学报》(社会科学版) 2018年第6期。

黄爱玲：《"留守孩"心理健康水平分析》,《中国心理卫生杂志》2004年第5期。

黄斌欢：《留守经历与农村社会的断裂——桂中壮族留守儿童研究》,《中国农业大学学报》(社会科学版) 2015年第4期。

黄永林、孙佳：《博弈与坚守：在传承与创新中发展——关于中国传统节日中秋节命运的多维思考》,《民俗研究》2018年第1期。

黄宗智：《中国的现代家庭：来自经济史和法律史的视角》,《开放时代》2011年第5期。

江立华：《乡村文化的衰落与留守儿童的困境》,《江海学刊》2011年第4期。

蒋逸民：《自我民族志：质性研究方法的新探索》,《浙江社会科学》2011年第4期。

孔庆山:《试论美国对中国的怀柔政策提要》,载《中国史学会·山东师范大学·中国世界史研究论坛第五届学术年会论文集》,2008年,第950—951页。

李宏图、周保巍、孙云龙、张智、谈丽:《概念史笔谈》,《史学理论研究》2012年第1期。

李玲:《论质性研究伦理审查的文化适应性》,《比较教育研究》2009年第6期。

李梦龙、任玉嘉、杨姣、雷先阳:《体育活动对农村留守儿童社交焦虑的影响：心理资本的中介作用》,《中国临床心理学杂志》2020年第6期。

李强、邓建伟、晓筝:《社会变迁与个人发展：生命历程研究的范式与方法》,《社会学研究》1999年第6期。

李强、臧文斌:《父母外出对留守儿童健康的影响》,《经济学（季刊）》2010年第1期。

李晓敏、袁婧、高文斌、罗静、杜玉凤:《留守儿童成年以后情绪、行为、人际关系研究》,《中国健康心理学杂志》2010年第1期。

李晓敏、袁婧、韩福生、高文斌、罗静、吴杰、李宝芬、尚文晶:《农村留守经历大学生心理行为与人际关系分析》,《中国学校卫生》2010年第8期。

李旭、李志鸿、李霞:《家庭亲密关系影响留守儿童心理弹性的中介效应》,《中国健康心理学杂志》2021年第3期。

李煜:《文化资本、文化多样性与社会网络资本》,《社会学研究》2001年第4期。

李智超、崔永军:《东北地区农村家庭结构变迁研究》,《安徽农业科学》2012年第5期。

梁宏:《生命历程视角下的"流动"与"留守"——第二代农民工特征的对比分析》,《人口研究》2011年第4期。

廖传景、韩黎、杨惠琴、张进辅:《城镇化背景下农村留守儿童心理健康：贫困与否的视角》,《南京农业大学学报》（社会科学版）

2014年第2期。

林秀珠:《从文化再生产视角解析中国教育的城乡二元结构》,《教育科学研究》2009年第2期。

林移刚:《农村弱势男性婚姻边缘化与乡村文化记忆传承》,《云南民族大学学报》(哲学社会科学版) 2018年第5期。

刘成斌、王舒厅:《留守经历与农二代大学生的心理健康》,《青年研究》2014年第5期。

刘建义:《中国底层政治研究报告:一个文献综述》,《北京大学2012政治学行政学博士论坛论文集》,2012年。

刘莉:《当代中国社会群体分层对青少年发展的影响》,《南方论刊》2009年第4期。

刘明华、李朝林、刘骁畅:《农村留守儿童教育问题研究报告》,《西南大学学报》(社会科学版) 2008年第2期。

刘硕、周可阳:《学区房消费与新中产阶层的内部分化——基于绍兴市新中产阶层的访谈研究》,《社会发展研究》2019年第4期。

刘霞、范兴华、申继亮:《初中留守儿童社会支持与问题行为的关系》,《心理发展与教育》2007年第3期。

刘先华:《乡村振兴背景下留守儿童教育与关爱体系的完善与创新》,《农业经济》2020年第12期。

刘毅:《自我尊重保护策略的理论与研究》,《广州师院学报》(社会科学版) 1998年第10期。

鲁洁:《教育的返本归真——德育之根基所在》,《华东师范大学学报》(教育科学版) 2001年第4期。

陆学艺:《21世纪中国的社会结构——关于中国的社会结构转型》,《社会学研究》1995年第2期。

罗贝贝:《生命意义感与复原力关系研究——以有留守经历的大学生为例》,《现代交际》2019年第18期。

罗静、王薇、高文斌:《中国留守儿童研究述评》,《心理科学进展》2009年第5期。

吕宾、俞睿：《城镇化进程中留守儿童乡村文化认同危机及对策》，《宁夏社会科学》2016 年第 4 期。

吕绍清：《农村儿童：留守生活的挑战——150 个访谈个案分析报告》，《中国农村经济》2006 年第 1 期。

马丹丹、刘思汝：《模棱两可与理解差异——喜洲的文本及回访文本阐释》，《青海民族研究》2018 年第 3 期。

梦海：《一个更美好生活的梦——论恩斯特·布洛赫的未来希望哲学思想》，《求是学刊》2006 年第 3 期。

欧阳修俊、谭天美：《乡村学校劳动教育课程变革的挑战与方向》，《中国教育学刊》2019 年第 8 期。

潘璐、叶敬忠：《农村留守儿童研究综述》，《中国农业大学学报》（社会科学版）2009 年第 2 期。

戚务念：《农村留守儿童的学校关爱模式及其讨论》，《当代教育科学》2017 年第 2 期。

秦惠民、李娜：《农村背景大学生文化资本的弱势地位——大学场域中文化作为资本影响力的视角》，《北京大学教育评论》2014 年第 4 期。

秦玉友、王玉姣：《新时期"读书无用论"的重新解释与破解逻辑》，《教育发展研究》2020 年第 20 期。

全国妇联课题组：《全国农村留守儿童、城乡流动儿童状况研究报告》，《中国妇运》2013 年第 6 期。

饶本忠：《拉比犹太教探源》，《学海》2007 年第 1 期。

任远：《大迁移时代的大留守》，《决策探索（下半月）》2015 年第 8 期。

任远：《大迁移时代的儿童留守和支持家庭的社会政策》，《南京社会科学》2015 年第 8 期。

石人炳：《青年人口迁出对农村婚姻的影响》，《人口学刊》2006 年第 1 期。

孙婧：《宋代东京留守职能初探》，《黑龙江史志》2015 年第 9 期。

孙晓娥:《扎根理论在深度访谈研究中的实例探析》,《西安交通大学学报》(社会科学版) 2011 年第 6 期。

孙战文、杨学成:《市民化进程中农民工家庭迁移决策的静态分析——基于成本—收入的数理模型与实证检验》,《农业技术经济》2014 年第 7 期。

谭深:《中国农村留守儿童研究述评》,《中国社会科学》2011 年第 1 期。

唐灿:《小型化:城乡家庭结构变化的重要特征》,《中国社会报》2006 年第 5 期。

唐有财、符平:《动态生命历程视角下的留守儿童及其社会化》,《中州学刊》2011 年第 4 期。

陶红、杨东平、李阳:《农民工子女义务教育状况分析——基于我国 10 个城市的调查》,《教育发展研究》2010 年第 9 期。

滕星、杨红:《西方低学业成就归因理论的本土化阐释——山区拉祜族教育人类学田野工作》,《广西民族学院学报》(哲学社会科学版) 2004 年第 3 期。

田丰:《高等教育体系与精英阶层再生产——基于 12 所高校调查数据》,《社会发展研究》2015 年第 1 期。

田俊、王继新、王萱、韦怡彤:《"互联网+"在地化:教学共同体对留守儿童孤独感改善的研究》,《电化教育研究》2019 年第 10 期。

万江红、李安冬:《从微观到宏观:农村留守儿童抗逆力保护因素分析——基于留守儿童的个案研究》,《华东理工大学学报》(社会科学版) 2016 年第 5 期。

王春光:《我国城市就业制度对进城农村流动人口生存和发展的影响》,《浙江大学学报》(人文社会科学版) 2006 年第 5 期。

王东宇、王丽芬:《影响中学留守孩心理健康的家庭因素研究》,《心理科学》2005 年第 2 期。

王嘉毅、封清云、张金:《教育与精准扶贫精准脱贫》,《教育研究》

2016 年第 7 期。

王铭铭：《教育空间的现代性与民间观念——闽台三村初等教育的历史轨迹》，《社会学研究》1999 年第 6 期。

王绍光：《大转型：1980 年代以来中国的双向运动》，《中国社会科学》2008 年第 1 期。

王业奇：《"辗转"考辨及对联绵词的再研究》，《天津大学学报》（社会科学版）2015 年第 4 期。

王毅杰、史晓浩：《流动儿童与城市社会融合：理论与现实》，《南京农业大学学报》（社会科学版）2010 年第 2 期。

王玉香：《农村留守青少年校园欺凌问题的质性研究》，《中国青年研究》2016 年第 12 期。

王枏：《教育叙事研究的兴起、推广及争辩》，《教育研究》2006 年第 10 期。

王志方：《"留守"别解》，《语文学习》1993 年第 5 期。

文峰：《侨乡跨国家庭中的"洋"留守儿童问题探讨》，《东南亚研究》2014 年第 4 期。

邬志辉、李静美：《农村留守儿童生存现状调查报告》，《中国农业大学学报》（社会科学版）2015 年第 1 期。

邬志辉、张培：《农村学校校长在地化教育领导力的逻辑旨归》，《教育研究》2020 年第 11 期。

邬志辉：《中国农村学校布局调整标准问题探讨》，《东北师大学报》（哲学社会科学版）2010 年第 5 期。

吴俊：《洒在南北通道上的眼泪》，《南风窗》2004 年第 18 期。

吴永源、张青根、沈红：《早期留守经历会影响农村大学生的问题解决能力吗——基于全国本科生能力测评的实证分析》，《复旦教育论坛》2021 年第 1 期。

席居哲、桑标、左志宏：《心理弹性（Resilience）研究的回顾与展望》，《心理科学》2008 年第 4 期。

肖莉娜：《大转型的孩子们：儿童福利政策的反思与建构》，《华东理工大学学报》（社会科学版）2014年第1期。

肖莉娜：《国际移民、家庭分离与留守儿童：基于文献综述的分析》，《中国社会工作研究》2015年第1期。

邢淑芬、梁熙、岳建宏、王争艳：《祖辈共同养育背景下多重依恋关系及对幼儿社会—情绪性发展的影响》，《心理学报》2016年第5期。

熊和妮、王晓芳：《劳动阶层家庭语言的教育力量——基于农村大学生的叙事分析》，《贵州师范大学学报》（社会科学版）2018年第5期。

徐超凡：《"留守儿童"现象：问题导向与积极导向研究综述》，《中小学心理健康教育》2016年第3期。

徐建财、邓远平：《农村留守儿童生活经历对大学生人格发展的影响》，《长春理工大学学报》（社会科学版）2008年第6期。

徐隽：《困境家庭大学生的歧视知觉、应对方式、社会适应性研究》，《宁波大学学报》（教育科学版）2015年第1期。

徐为民、唐久来、吴德等：《安徽农村留守儿童行为问题的现状》，《实用儿科临床杂志》2007年第11期。

徐晓军：《论教育排斥与教育的阶层化》，《广东社会科学》2007年第2期。

徐勇：《农民理性的扩张："中国奇迹"的创造主体分析——对既有理论的挑战及新的分析进路的提出》，《中国社会科学》2010年第1期。

薛晓阳：《从自治伦理看乡镇农民的道德教化——托克维尔的乡镇精神及其教育遗产》，《江海学刊》2015年第5期。

杨彬：《美国社区学院转学教育功能研究》，《比较教育研究》2004年第3期。

杨舸：《关于解决留守儿童问题的政策分析——从新型城镇化的视角》，《中国青年研究》2015年第1期。

杨梦莹、王演艺、刘硕：《留守经历大学生心理弹性与主观幸福感的关系》,《青年与社会》2018 年第 36 期。

杨琴、蔡太生、林静:《留守经历对大学生心理韧性的影响》,《中国健康心理学杂志》2014 年第 2 期。

杨潇、郭惠敏、王玉洁、王昭晖:《农村留守儿童关爱服务体系建设研究——基于陕西省的调研》,《社会政策研究》2018 年第 4 期。

叶敬忠、王伊欢、张克云、陆继霞:《对留守儿童问题的研究综述》,《农业经济问题》2005 年第 10 期。

叶敬忠:《留守人口与发展遭遇》,《中国农业大学学报》(社会科学版)2011 年第 1 期。

叶强:《家庭教育立法应重视"提升家庭教育能力"》,《湖南师范大学教育科学学报》2021 年第 3 期。

叶晓梅、杜育红:《先赋抑或自致?城乡高等教育机会差异的影响因素分析》,《教育科学研究》2019 年第 1 期。

一张:《"留守儿童"》,《瞭望新闻周刊》1994 年第 45 期。

于慎鸿:《农村"留守儿童"教育问题探析》,《中州学刊》2006 年第 3 期。

于肖楠、张建新:《韧性 (resilience)——在压力下复原和成长的心理机制》,《心理科学进展》2005 年第 5 期。

余慧:《留守经历高职学生述情障碍现状及其影响因素》,《泰山医学院学报》2021 年第 1 期。

余秀兰、韩燕:《寒门如何出"贵子"——基于文化资本视角的阶层突破》,《高等教育研究》2018 年第 2 期。

余秀兰:《教育还能促进底层的升迁性社会流动吗》,《高等教育研究》2014 年第 7 期。

余秀兰:《文化再生产:我国教育的城乡差距探析》,《华东师范大学学报》(教育科学版)2006 年第 2 期。

岳慧兰、傅小悌、张斌、郭月芝:《"留守儿童"心理健康状况调查研究》,《教育实践与研究》2006 年第 10 期。

张爱花:《多措并举预防"留守儿童"校园暴力犯罪》,《新课程学习（中)》2015 年第 2 期。

张春林、张国兵、伍业光：《农村壮族留守老人心理健康状况研究进展》，《中国老年学杂志》2013 年第 11 期。

张春玲：《农村留守儿童的学校关怀》，《教育评论》2005 年第 2 期。

张俊良、马晓磊：《城市化背景下对农村留守儿童教育问题的探讨》，《农村经济》2010 年第 3 期。

张莉华：《具有"留守经历"大学生的心理分析》，《当代青年研究》2006 年第 12 期。

张林、杨晓慧：《追求高自尊的获益与代价之争——自尊的权变性》，《西北师大学报》（社会科学版）2011 年第 4 期。

张若男、张丽锦、盖笑松：《农村留守儿童是否有心理健康问题?》，《中国心理卫生杂志》2009 年第 6 期。

张维迎：《市场的逻辑与中国的变革》，《探索与争鸣》2011 年第 2 期。

赵景欣、刘霞、张文新：《同伴拒绝、同伴接纳与农村留守儿童的心理适应：亲子亲合与逆境信念的作用》，《心理学报》2013 年第 7 期。

赵景欣、刘霞：《农村留守儿童的抑郁和反社会行为：日常积极事件的保护作用》，《心理发展与教育》2010 年第 6 期。

赵静：《当前中国农村家庭结构现状调查研究》，《经济研究导刊》2010 年第 3 期。

赵琼：《认同还是承认?》，《哲学分析》2020 年第 2 期。

赵树凯：《"底层研究"在中国的应用意义》，《东南学术》2008 年第 3 期。

周宗奎、孙晓军、范翠英：《农村留守儿童心理发展问题与对策》，《华南师范大学学报》（社会科学版）2007 年第 6 期。

周宗奎、孙晓军、刘亚、周东明：《农村留守儿童心理发展与教育问题》，《北京师范大学学报》（社会科学版）2005 年第 1 期。

朱富强：《市场的逻辑还是逻辑化的市场?——流行市场观的逻辑缺

陷》,《财经研究》2014 年第 5 期。

朱旭东、薄艳玲:《农村留守儿童全面发展及其综合支持系统的建构》,《北京大学教育评论》2020 年第 3 期。

朱志平、朱慧劼:《乡村文化振兴与乡村共同体的再造》,《江苏社会科学》2020 年第 6 期。

(三) 学位论文

贺晓淳:《以农村留守儿童为中心的社区营造模式研究——基于社工介入湘西古丈县 W 村的实践》,硕士学位论文,湖南师范大学,2018 年。

蒋思阳:《从"实体自我"到"对话自我"——赫尔曼斯的对话自我理论研究》,硕士学位论文,湖南师范大学,2012 年。

李涛:《底层社会与教育——一个中国西部农业县的底层教育真相》,博士学位论文,东北师范大学,2014 年。

刘婷:《生命历程视角下曾留守大学生成长历程的个案研究》,硕士学位论文,兰州大学,2019 年。

卢荷:《"混"的留守儿童同辈群体社会网络关系——以 JD 民办寄宿制留守学校为例》,硕士学位论文,南昌大学,2018 年。

罗国芬:《农村留守儿童问题的"问题化"机制研究——以其学业成绩的"问题化"为例》,博士学位论文,华东师范大学,2014 年。

田维:《移情训练对留守小学儿童攻击行为影响的实验研究》,硕士学位论文,西南大学,2009 年。

孙鹏程:《农村劳动力迁移模式选择:理论、现实与经验证据》,博士学位论文,吉林大学,2018 年。

同雪莉:《留守儿童抗逆力生成研究——整合定性与定量的多元分析》,博士学位论文,南京大学,2016 年。

王红:《乡村教育在地化研究》,博士学位论文,东北师范大学,2019 年。

王艳:《留守经历大学生自我分化发展历程的质性研究》,硕士学位论文，北京理工大学，2015年。

吴杰：《追寻生活的意义——个体心理学及其发展研究》，博士学位论文，南京师范大学，2015年。

徐保锋：《技校留守儿童人格特征与留守经历的关系》，硕士学位论文，兰州大学，2009年。

薛征：《小组工作在农村留守儿童社交回避行为矫正中的运用》，硕士学位论文，江西财经大学，2018年。

二 外文文献

（一）英文图书

Albert Camus, *The Myth of Sisyphus and Other Essays*, New York: Vintage Books, 1955.

C. R. Snyder and Shane J. Lopez, eds., *Handbook of Positive Psychology*, Oxford, New York: Oxford University Press, 2001.

C. R. Snyder, *Handbook of Hope: Theory, Measures, and Applications*, Academic Press, 2000.

Cheryl Mattingly ed., *The Paradox of Hope: Journeys through a Clinical Borderland*, California: University of California Press, 2010.

Christopher J. Crook, *Cultural Practices and Socioeconomic Attainment: The Australian Experience*, Greenwood Publishing Group, 1997.

David E. Ludden ed., *Reading Subaltern Studies: Critical History, Contested Meaning and the Globalization of South Asia*, London: Wimbledon Publishing Company, 2002.

Ernst Bloch, The Principle of Hope (Vol. 3), trans. by Neville Plaice, Stephen Plaice and Paul Knight, Cambridge, MA: MIT Press, 1986.

Friedrich Nietzsche, *Twilight of the Idols or, How to Philosophize with the Hammer*, trans. by Duncan Large, Indianapolis: Hackett, 1997.

Gabriel Marcel, *Homo Viator: Introduction to a Metaphysic of Hope*, trans. by Emma Craufurd and Paul Seaton, New York: Harper and

Row, 1962.

Giele Janet Zollinger and Elder Jr. Glen H., eds., *Methods of Life Course Research: Qualitative and Quantitative Approaches*, California: Sage Publications, 1998.

H. Russell Bernard, ed., *Research Methods in Anthropology: Qualitative and Quantitative Approaches (5th)*, Walnut Creek, CA: Alta Mira Press, 2011.

Hirokazu Miyazaki, *The Method of Hope: Anthropology, Philosophy and Fijian Knowledge*, Stanford, California: Stanford University Press, 2004.

James M. White, Todd F. Martin and Kari Adamsons, *Family theories: An Introduction*, California: Sage Publications, 2008.

Jerome Groopman ed., *The Anatomy of Hope: How People Prevail in the Face of Illness*, United States: Random House, 2005.

John Heagle, ed., *A Contemporary Meditation on Hope*, Chicago: Thomas More Press, 1975.

John Lynch and George Davey Smith, eds., *A Life Course Approach to Chronic Disease Epidemiology*, Oxford: Oxford University Press, 2004.

Linonel Tiger, *Optimism: The Biology of Hope*, New York: Simon & Schuster, 1979.

Mary Zournazi, *Hope: New Philosophies for Change*, Annandale, NSW: Pluto Press Australia, 2002.

Michael Quinn Patton, *Qualitative Research and Evaluation Methods (3rd)*, Thousand Oaks, CA: Sage, 2002.

Moishe Postone, *Time, Labor, and Social Domination: A Reinterpretation of Marx's Critical Theory*, Cambridge University Press, 1995.

Pierre Bourdieu, *Distinction: A Social Critique of the Judgement of Taste*, Cambridge, Massachusetts: Harvard university press, 1984.

Robert C. Broderick and Virginia Broderick, eds., *The Catholic Encyclo-*

pedia (Revised and Updated Edition), New York: Thomas Nelson, 1987.

Sarah Fenstermaker and Candace West, eds., *Doing Gender, Doing Difference: Inequality, Power, and Institutional Change*, New York: Routledge, 2002.

St Thomas Aquinas ed., *Summa Theologiae: Volume* 33, Cambridge: Cambridge University Press, 1966.

The World Bank, *Migration and Remittances Factbook 2011: Second Edition*, Washington D. C.: The World Bank Press, 2011.

Viktor E. Frankl, *Man's Search for Ultimate Meaning*, New York: MJF Books, 2000.

Vilfredo Pareto, *The Rise and Fall of the Elites: an Application of Theoretical Sociology*, New York: Transaction Publishers, 1991.

Walter H. Capps, "The Future of Hope" *in* Ernest Bloch, eds., *Man as Possibility*, Philadelphia: Fortress Press, 1970.

William F. Lynch S. J., *Images of Hope: Imagination as Healer of the Hopeless*, Notre Dame, London: University of Notre Dame Press, 1974.

(二) 英文图书中析出文献

Ana Alacovska, "Hope Labour Revisited: Post-Socialist Creative Workers and Their Methods of Hope" in Stephanie Taylor and Susan Luckman, eds., *The New Normal of Working Lives*, London: Palgrave Macmillan, 2018.

Bernhard Nauck and Daniela Klaus, "Family Change in Turkey: Peasant Society, Islam, and the Revolution 'From Above'" in Rukmalie Jayakody, Arland Thornton, and William Axinn, eds., *International Family Change: Ideational Perspectives*, New York: Routledge Press, 2007.

Elder Jr, Glen H. and Angela M. O'Rand, "Adult Lives in a Changing Society: Sociological Perspectives on Social Psychology" in Karen S. Cook, Gray Alan Fine and James S. House, eds., *Sociological Per-*

spectives on Social Psychology, Boston: Allyn and Bacon, 1995.

Georg Simmel, "The Stranger" in Donald N. L. , ed. , *Georg Simmel: On Individuality and Social Forms*, Chicago, IL: University of Chicago Press, 1971.

Lionel Blain, "Two Philosophies Centred on Hope: Those of G. Marcel and E. Bloch" in Christian Duquoc, ed. , *Dimensions of Spirituality*, New York: Herder and Herder, 1970.

Margaret C. Wang, Geneva D. Haertel and Herbert J. Walberg, "Educational Resilience in Inner City America: Challenges and Prospects" in K. L. Alves-Zervos and J. R. Shafer, eds. , *Syntheses of Research and Practice: Implications for Achieving Schooling Success for Children at Risk*, Routledge, 1994.

Margaret Summerfield, "Academic Performance after Transfer" in Michael Youngman, ed. , *Mid-Schooling Transfer: Problems and Proposal*, Windsor: NFER-Nelson, 1986.

Marvin B. Sussman, "The Isolated Nuclear Family: Fact or Fiction" in Suzanne K. Steinmetz, ed. , *Family and Support Systems Across The Life Span*, New York: Springer Press, 2013.

Shane J. Lopez, C. R. Snyder, Jeana L. Magyar-Moe, Lisa M. Edwards, Jennifer Teramoto Pedrotti, Kelly Janowski, Jerri L. Turner and Cindy Pressgrove, "Strategies for Accentuating Hope" in Linley, P. A. & Joseph, S. eds. , *Positive Psychology in Practice*, New Jersey: College of Education Faculty Research and Publications, 2004.

Vern L. Bengtson and K. Dean Black, "Intergenerational Relations and Continuities in Socialization" in Paul B. Baltes, Hayne W. Reese and Lewis P. Lipsitt, eds. , *Life-Span Developmental Psychology: Introduction to Research Methods*, New York: Academic Press, 1973.

W. Copps. , "The Future of Hope" in Fackenheim, E. , ed. , *The Commandment to Hope: A Response to Contemporary Jewish Experience*,

Philadelphia: Fortress Press, 1970.

Xinxin Chen, Qiuqiong Huang, Scott Rozelle, Yaojiang Shiand Linxiu Zhang, "Effect of Migration on Children's Educational Performance in Rural China" in Spencer Henson and O. Fiona Yap, eds., *The Power of the Chinese Dragon: Implications for African Development and Economic growth*, Palgrave Macmillan Press, 2016.

（三）英文期刊

A. Abolghasemi and S. Taklavi Varaniyab, "Resilience and Perceived Stress: Predictors of Life Satisfaction in the Students of Success and Failure", *Procedia-Social and Behavioral Sciences*, Vol. 5, March 2010.

Abdullahe Hadi, "Overseas Migration and the Well-Being of Those Left Behind in Rural Communities of Bangladesh", *Asia-Pacific Population Journal*, Vol. 14, No. 1, March 1999.

Alan Petersen and Iain Wilkinson, "Editorial introduction: The sociology of hope in contexts of health, medicine, and healthcare", *Health*, Vol. 19, No. 2, March 2015.

Aleksi Karhula, Jani Erola, Marcel Raab and Anette Fasang, "Destination as a Process: Sibling Similarity in Early Socioeconomic Trajectories", *Advances in Life Course Research*, Vol. 40, June 2019.

Alice Sullivan, "Cultural Capital and Educational Attainment", *Sociology*, Vol. 35, Iss. 4, November 2001.

Ana Alacovska, "'Keep Hoping, Keep Going': Towards a Hopeful Sociology of Creative Work", *The Sociological Review*, Vol. 67, Iss. 5, June 2019.

Ann Berrington and Serena Pattaro, "Educational Differences in Fertility Desires, Intentions and Behaviour: A life Course Perspective", *Advances in Life Course Research*, Vol. 21, September 2014.

Arlie Russell Hochschild, "The Sociology of Feeling and Emotion: Selected Possibilities", *Sociological Inquiry*, Vol. 45, No. 2-3, April 1975.

Bianca Thoilliez, "Hope and Education Beyond Critique. Towards Pedagogy with a Lower Case 'P'", *Ethics and Education*, Vol. 14, No. 4, September 2019.

Chantal Smeekens, Margaret S. Stroebe and Georgios Abakoumkin. "The Impact of Migratory Separation from Parents on the Health of Adolescents in the Philippines", *Social Science & Medicine*, Vol. 75, Iss. 12, December 2012.

Chen Jiexiu, "Hysteresis Effects and Emotional Suffering: Chinese Rural Students' First Encounters With the Urban University", *Sociological Research Online*, Vol. 27, Iss. 1, March 2022.

Chenyue Zhao, Feng Wang, Xudong Zhou, Minmin Jiang and Therese Hesketh, "Impact of Parental Migration on Psychosocial Well-Being of Children Left Behind: A Qualitative Study in Rural China", *International Journal for Equity in Health*, Vol. 17, No. 1, June 2018.

C. R. Snyder, Cheri Harris, John R. Anderson, Sharon A. Holleran, Lori M. Irving, Sandra T. Sigmon, Lauren Yoshinobu, June Gibb, Charyle Langelle and Pat Harney, "The Will and the Ways: Development and Validation of an Individual-Differences Measure of Hope", *Journal of Personality and Social Psychology*, Vol. 60, No. 4, April 1991.

David J. A. and Roger Covin, "The Beck Depression Inventory – II (BDI – II), Beck Hopelessness Scale (BHS), and Beck Scale for Suicide Ideation (BSS)", *Comprehensive Handbook of Psychological Assessment*, Vol. 2, 2004.

David W. Baker, Darren A. DeWalt, Dean Schillinger, Victoria Hawk, Bernice Ruo, Kirsten Bibbins-Domingo, Morris Weinberger, Aurelia Macabasco-O'Connell, Kathy L. Grady, George M. Holmes, Brian Erman MSPharm, Kimberly A. Broucksou and Michael Pignone, "The Effect of Progressive, Reinforcing Telephone Education and Counseling versus Brief Educational Intervention on Knowledge, Self-care Behaviors and Heart Failure Symptoms", *Journal of Cardiac Failure*, Vol. 17, Iss. 10, October 2011.

Diane Reay, Gill Crozier and John Clayton, " 'Strangers in Paradise'?: Working-class Students in Elite Universities", *Sociology*, Vol. 43, Iss. 6, December 2009.

E. J. Masicampo and Roy F. Baumeister, "Conscious Thought Does Not Guide Moment-To-Moment Actions: It Serves Social and Cultural Functions", *Frontiers in Psychology*, Vol. 4, July 2013.

Eugene Litwak, "Geographic Mobility and Extended Family Cohesion", *American Sociological Review*, Vol. 25, No. 3, June 1960.

Graziano Battistella and Ma. Cecilia G. Conaco, "The Impact of Labour Migration on the Children Left Behind: A Study of Elementary School Children in the Philippines", *Journal of Social Issues in Southeast Asia*, Vol. 13, No. 2, October 1998.

Harold Fallding, "Reviewed Work (s): The Sociology of Hope by Henri Desroche", *The Canadian Journal of Sociology*, Vol. 6, 1981.

Huw Jones and Sirinan Kittisuksathit, "International Labour Migration and Quality of Life: Findings from Rural Thailand", *International Journal of Population Geography*, Vol. 9, No. 6, November 2003.

Ija N. Korner, "Hope as a Method of Coping", *Journal of Consulting and Clinical Psychology*, Vol. 34, No. 2, April 1970.

Irving Solomon, "On Feeling Hopeless", *Psychoanalytic Review*, Vol. 72, Iss. 1, Spring 1985.

J. C. Walker, "Romanticising Resistance, Romanticising Culture: Problems in Willis's Theory of Cultural Production", *British Journal of Sociology of Education*, Vol. 7, Iss. 1, 1986.

Jay D. Teachman, "Intellectual Skill and Academic Performance: Do Families Bias the Relationship?", *Sociology of Education*, Vol. 69,

No. 1, Janauary 1996.

Joanna Dreby, "Honor and Virtue: Mexican Parenting in the Transnational Context", *Gender & Society*, Vol. 20, Iss. 1, February 2006.

Jones Adele, Sharpe Jacqueline and Sogren Michele, "Children's Experiences of Separation from Parents as a Consequence of Migration", *Caribbean Journal of Social Work*, Vol. 3, No. 1, October 2004.

Karl L. Alexander, Doris R. Entwisle, Susan L. Dauber, "Children in Motion: School Transfers and Elementary School Performance", *The Journal of Educational Research*, Vol. 90, Iss. 1, Sepmber/Octobor 1996.

Laura Bernardi, Johannes Huinink and Richard A. Settersten Jr., "The Life Course Cube: A Tool for Studying Lives, *Advances in Life Course Research*", Vol. 41, September 2019.

Laura L. Carstensen, Derek M. Isaacowitz and Susan T. Charles, "Taking Time Seriously: A Theory of Socioemotional Selectivity", *American Psychologist*, Vol. 54, Iss. 3, March 1999.

Majida Mehana and Arthur J. Reynolds, "School Mobility and Achievement: A Meta-analysis", *Children and Youth Services Review*, Vol. 26, Iss. 1, January 2004.

Maruja M. B. Asis, "Living with Migration: Experiences of Left-Behind Children in the Philippines", *Asian Population Studies*, Vol. 2, No. 1, March 2006.

Merril Silverstein and Vern L. Bengtson, "Intergenerational Solidarity and the Structure of Adult Child-Parent Relationships in American Families", *American Journal of Sociology*, Vol. 103, No. 2, September 1997.

Michaella Vanore, Valentina Mazzucato and Melissa Siegel, " 'Left Behind' But Not Left Alone: Parental Migration & The Psychosocial Health of Children in Moldova", *Social Science & Medicine*, Vol. 132, May 2015.

Michelle A. M. Lueck, "Hope for a Cause as Cause for Hope: The Need for Hope in Environmental Sociology", *The American Sociologist*, Vol. 38, No. 3, October 2007.

NikBrown, "Metrics of Hope: Disciplining Affect in Oncology", *Health*, Vol. 19, Iss. 2, March 2015.

Norman Garmezy, "Stress-Resistant Children: The Search for Protective Factors", *Recent research in Developmental Psychopathology*, Vol. 4, 1985.

Norman L. Friedman, "Autobiographical Sociology", *The American Sociologist*, Vol. 21, No. 1, March 1990.

Oded Stark and David E. Bloom, "The New Economics of Labor Migration", *The American Economic Review*, Vol. 75, No. 2, May 1985.

Oliver T. Massey, "A Proposed Model for the Analysis and Interpretation of Focus Groups in Evaluation Research", *Evaluation and Program Planning*, Vol. 34, Iss. 1, February 2011.

Qin Ping, Bo Mortensen and Pedersen Carsten Bøcker, "Frequent Change of Residence and Risk of Attempted and Completed Suicide among Children and Adolescents", *Archives of General Psychiatry*, Vol. 66, No. 6, June 2009.

Raffaella Piccarreta and Matthias Studer, "Holistic Analysis of the Life Course: Methodological Challenges and New Perspectives", *Advances in Life Course Research*, Vol. 41, September 2019.

Russell King, Eralba Cela, Tineke Fokkema and Julie Vullnetari, "The Migration and Well-Being of the Zero Generation: Transgenerational Care, Grandparenting, and Loneliness amongst Albanian Older People", *Population, Space and Place*, Vol. 20, No. 8, October 2014.

Sidney Cobb. MD, "Social Support as a Moderator of Life Stress", *Psychosomatic Medicine*, Vol. 38, No. 5, September 1976.

Suniya S. Luthar, Dante Cicchetti and Bronwyn Becker, "The Construct of

Resilience: A Critical Evaluation and Guidelines for Future Work", *Child Development*, Vol. 71, Iss. 3, June 2000.

Tomas Mermall, "Spain's Philosopher of Hope", *Thought: Fordham University Quarterly*, Vol. 45, Iss. 1, 1970.

Vivien A. Schmidt, "Taking Ideas and Discourse Seriously: Explaining Change Through Discursive Institutionalism as the Fourth 'New Institutionalism'", *European Political Science Review*, Vol. 2, No. 1, March 2010.

Ye Jingzhong and Pan Lu, "Differentiated Childhoods: Impacts of Rural Labor Migration on Left-Behind Children in China", *The Journal of Peasant Studies*, Vol. 38, No. 2, March 2011.

（四）政府报告、新闻

Gompertz S., *Moving Home is Becoming a Rarity* [EB/OL], BBC NEWS, 2018 – 3 – 27.

John Bryant, *Children of International Migrants in Indonesia, Thailand and the Philippines: A Review of Evidence and Policies*, Florence: UNICEF Innocenti Research Centre, 2005, p. 12, https://www.unilibrary.org/content/papers/25206796/5/read.

Mohamed Azzedline Salah, *The Impacts of Migration on Children in Moldova*, United Nations Children's Fund (UNICEF), Policy, Advocacy and Knowledge Management (PAKM), Division of Policy and Practice, 2008, p. 4, https://www.unicef.org.

Reyes, Melanie M., *Migration and Filipino Children Left-Behind: A Literature Review*, New York: United Nations Children's Fund (UNICEF), Miriam College-Women and Gender Institute (WAGI), 2007, p. 1, https://www.unicef.org/philippines/.

索　引

B

白日梦　55,132,133,135,144,246

C

差别优势　179,196,199,201
差序格局　109,182,201
场域　9,19,94,99,117,147,178—181,185,188,197,201,203,204
城镇化　12,15,16,22,70,107,190,196,202,204,215,230
抽象时间　80,81,83

D

底层　13,23,24,58,122—124,126,131,132,138,141,142,145,171,174,178,179,182,200,201
地方性　58,195,200
动态留守　70,77,79,85,88,116,119,122,126,130,141,227
读书　24,27,59,94,115,132,146—150,154,156—158,160—162,164—168,171,176,181,228,233,234,240,243,246

F

反学校文化　23,24,175

G

高等教育地位　30,68,94,145,146,149,154,158,163,164,204,234
高学业成就　24,68,155,160,179
个体化　31,42,102,119,207
共同体　149,168,182,186,187,193—196,201,203,204

H

寒门贵子　35,178,179,201

J

家伙们　22—24,174,175
具体时间　80—84

L

留守　1—35,40,44,58—70,73—81,83—97,100,101,103,105—117,119—121,125,126,128—132,138,140,142—144,146,149,158,161,166,170,172,174,176,179,182—

188,190,192—196,201,203—211,213—220,224,226—233,235—243,245—247

N

农村教育　3,15,178,202,203,238

农村文化资本　178,196,199—203,205

农家子弟　24,27—31,34,35,40,44,58—62,67—69,76—79,81—85,88,89,91,94,97—100,104,107,113—117,119,120,122,124—126,128,130—132,135—150,154—158,160—162,164,167—177,179—187,192,193,195,201,204,206—217,220,224,225,227—229,231,233,234,240

Q

亲密关系　103,117,182,186,196,201,204,231

情感律动　78,79,122

情感体验　157,184

S

社会结构　21,29—32,59,70,73,123,159,163,174,175,194,198,204,229

社会支持　10,13,14,16

生命历程　6,18,19,22,25,29—32,34—40,59,60,70,72,73,76—81,84,85,101,116,119,120,122,126,138,140,141,144,169,174,231

W

文化生产　24,59,132,148,181,196,199—201,204,205

文化资本　24,30,131,132,145,158—160,162,177—179,182,184,196—201,204,205,219

乌托邦　40,41,50,54,119,126,136,139,144,149,163,195,229

X

希望教育学　228

希望理论　40,50—53,168,226,227

希望社会学　27,40—43

希望思维　53,224

现代化　28,29,35,40,111,187,195,196,201,204,230

叙事民族志　31,57—59,240

Z

再生产　24,35,68,145,159,163,171,174,176,178,179,196,197

轴　24,60,73,110,112—114,176

主体性　4,24,155,163,229

自传　4,57—67,69,75—79,81—85,89—99,102—110,114,115,120,122,124,125,128—131,137,146—148,150,154,155,157,158,160—163,166,170—173,180—187,189,

192,195,201,208,211,213,215—
217,221,235,241,246
自然心性　181,196,201,204
自我认同　154,156,157,169,173,
174
自我叙事　231
自尊的权变性　156

后　　记

　　四月，草长莺飞，柳絮飘摇，而我的心情也会伴着那丁香花香、阵阵微风变得悠然。我仿佛也随着农家子弟一起，回到了他们曾生活过的、成长记忆中的家乡。夜晚的村庄是静谧的，摇曳着灯火，夜空繁星满缀。白日的村子是热闹的，"村里的人们在河岸种植桑叶、蔬菜，给河岸两侧带来了一片生机，劳作的老农们在小憩时隔着河就吆喝起来或者拉家常，河水养育着一代又一代村里人，也酝酿着很多感情，淳朴、自然"①。是的，正是这种对贴近现实、回归生命的乡村教育节律的眷恋，对于理想之境映入现实生活的渴求开启了我对于这片神秘之地的探索，也正是保持如此信念才支撑我走过近十年的农村教育研究旅程。

　　但现实中的村庄变化也是剧烈的，现代化拉扯着农村大地，人们的教育立场与价值观念也在悄然嬗变。起初的我也是知道这一点的。我记得本科的时候曾看过一本报告文学，是陈桂棣和妻子春桃共同著写的，叫作《中国农民调查报告》。在这本书中展现的农村财政问题以及触目惊心的城乡差距，让我知道原先存留在我印象中的那一幅幅乡间风俗画，或许是遥远而虚幻的田园牧歌，抑或说，是过惯了都市浮躁生活的我对乡间的一种向往。这本书改变了我，也坚定了我要进一步深入研究农村教育的决心。

　　再后来，进入中国农村教育发展研究院促成了我"呼啸着走向

---

① 摘自教育自传 AWF18—06。

田野"的重要学术时刻的完成并使我收获了富足的"经验质感"。随着课题组的脚步,我走过了十余省份的近百所农村学校,见证了当代中国"教育最后一公里"——乡村教育的流变与发展。我忘不了在重庆黑水镇宝剑小学那七个带着好奇又怯懦眼神的孩子们,他们揪着脏脏的衣角和我诉说关于家庭的记忆;也忘不了那个金秋的午后,与宁夏西吉县韩源小学的孩子们一起在操场上滚着铁环,感受阳光洒在身上暖意流过的温存。硕博六载,从重庆北碚到宁夏西吉,再从青岛到成都,再到后来的浙江台州、广东顺德、云南楚雄、江西新余、黑龙江省杜尔伯特、辽宁喀左、内蒙古科尔沁……从参与《中国农村教育发展报告》(2015年、2016年、2017—2018年、2019年)到"乡村小规模学校发展情况研究",再到"城镇化背景下中国义务教育改革和发展机制研究"、《中国农村教育:政策与发展(1978—2018)》、"中国农村教育发展基本类型与模型建构研究"等系列专题报告与社科项目的调研与撰写,我不仅用脚步丈量着农村大地,也从他们的生活实践与对国家的政策研究中感知当代中国农村教育的发展。感谢中国农村教育发展研究院这个平台,给予我与数十位扎根在一线的农村教育家对谈的机会,给予我对中国农村教育更加丰富与立体的认知。

是的,这也是我完成阶段性学术生涯的第一个感念,那就是我的研究旅程是如此丰采多姿,而我也是如此幸运能够真正地行走在中国大地上。

第二个感念是,做出攻读博士学位的决定和选择踏入学术研究的大门可谓是我人生最冲动、最富有挑战、最为冒险、最具激情、最能够激发自我超越的事,让我收获夜不能寐、彷徨、犹疑、坚定、喜悦、耐心等这些我之前人生旅途中从未经历的复杂体验。

我的博士学位论文是在疫情期间完成的,而疫情也让学校提高了对图书馆的防疫强度,除了最基本的喷洒消毒水、进馆测量体温,还有"隔位而坐"的座次设计以增加"社交距离"。虽然每日都需要赶在八点前进入图书馆,但是这种稍微有些距离的空间却为我增添了些许舒适。我喜欢坐在图书馆四楼稍微靠窗的位置，这个位置也令我着迷，抬头就能看到或明媚或昏暗或混沌的天空，与学校资产楼旁满墙的爬山虎相映成趣，站起身来可以看到三三两两的学子向逸夫教学楼与图书馆走去，远望学校即将落成的"理科实验大楼"，现在它还在被成片的绿色帷幕所覆盖，是一种"尚未完成"的状态。每日看着大楼层层拔地而起，围挡逐渐褪去，我的思绪也从写作的磁场中飘离，想象着我的研究是不是就如同这栋建筑的建设一般，作为"装修工人"的我是否能够敲敲打打，一路将自己的大厦如期建成？它的质量会好吗？它能够通过最终的工程审核吗？它会变成一座奇特的景观而吸引他人驻足吗？还是如泥牛终归入海消失无形？

自从进入博士研究生的学习生活后，我变得愈发惴惴不安。我有着自以为是的教育社会学研究者内心升腾的清高，从心底里我不认同布迪厄曾指正新闻界出现的"快思手"。有时我也会觉得可笑，这种自恃的清高过于"虚假"，我时常追问自己，我有能力成为合格的学术研究者吗？我能探索到什么？我又能创造什么？而我又究竟能改变什么？在学术自觉方面，我能够控制自我吗？我能在多大程度上避免理论"捏造"与数据"篡改"？我能够避免研究中的机会主义吗？在意志品质方面，我能在这条学术道路上矢志不渝地走下去吗？我究竟能走多远？最终能走到哪里？如何保持社会科学研究的客观、审慎以及如何为中国农村教育发展贡献自己的一份心力，这些问题始终萦绕在我周身并不断激荡我的内心。

所幸的是，读书缓解了我的焦虑，对研究的赤诚热爱消除了我内心的犹疑。我发现，我是真正热爱着这份我所从事的志业的。在真理的世界中，我得以拔除现实生活中的焦虑与烦冗，留给我的是一次又一次的沉思时刻。与万斯在阿巴拉契亚的漫谈中，我知道了到底什么是乡下人的悲歌，而什么又是他们所恪守的爱与忠诚。当我走入福柯的法兰西学院与布迪厄的芝加哥研讨班时，我才真正理解他们所诉说的生命政治诞生以及历史性行动在身体和事物中的萦绕。在多次阅读费孝通先生的经典之作——《乡土中国》后，我又能收获一种被抛掷到乡土社会的亲身体验感，那时的我不再是一个在互联网社会中时时刻刻被"脱域"的现代人，"附近"被重新拉回到我的身边。我开始理解中国数以亿计的农民如何生活在稳定的乡村社会结构当中"过日子"，他们如何精耕细作，如何延续传统，如何离乡又归乡，而他们的子辈又如何在乡间构建属于自我的意义之网并随后勇敢地闯入城市社会开启他们充满波澜的教育生活。

沿着理论与理论对话的脉络，我感到"个人困扰"逐渐变得无足轻重，当我脱离了这些被桎梏的现实世界磁场时，我才得以站在一个更外在生涯的意义上去理解社会结构，去发现社会作为整体结构中蕴含的基本要素，去探索他们是如何彼此关联的。这时，我便生发了一次又一次社会学的想象力，我才真正感受到了理论世界对灵与肉的淬炼以及真正的认知与经验的融合与分离，我也才真正理解前辈们所诉说的"学者的表达需要脉络和逻辑，而不是我执和任性"。

历经本、硕、博学习生涯十载，才慨叹时光的倏然。既有思想的激荡，也有坚实的摸索。见证着，感受着，经历着，走到了最后，我才发现，在大浪淘沙过后，唯有"坚持"遗留在我心底。回望十年前，我是稚嫩、茫然、不够坚强的，而到了现在，我逐渐变得成熟、热忱，开始锤炼出了一种要坚持、想坚持、肯坚持、乐坚持的内心。我想，我还是我，不变的是我，但改变的也是我。记得很早就看过一位口译作者在新浪博客上所撰写的短文《下一个七年，你是谁?》，这篇文章给了我很大的触动，它让我真正地思考在人生中的每一个七年，每一个小时，我究竟该怎样度过。一万小时定律是作家格拉德威尔在《异类》一书中指出的："人们眼中的天才之所以卓越非凡，并非天资超人一等，而是付出了持续不断的努力。一万小时的锤炼是任何人从平凡变成世界级大师的必要条件。"要成为某个领域的专家，需要一万小时，按比例计算就是：如果每天坚持五个小时，一年坚持三百天，那么成为一个领域的专家至少需要七年。虽然现在的我，依旧是那样初出茅庐，略显青涩，还未扎实、钻研并精通于某一专业领域。但是，对于下一个七年，我满怀期待。

行文至此，竟情难自已，但我仍要说出我的第三个感念：那就是真诚地感谢这一路走来我遇见的、与我生命历程交织起来的每一个人。

感谢吾师，邬志辉老师，您真的为我创造出一个真实的乌托邦。老师学术求真的科研精神与有礼宽容的人生态度使我受用终身，也正是老师的倾力支持才使得我能在学生生涯自由地徜徉在浩瀚的书海，让我心无旁骛地、没有压力地潜心钻研并不断思考。是老师的悉心指导与经常点拨使我在写作时有云开见月之感，是老师不辞辛劳地在整个春节假期为我指导"博论"才使我有信心让论文送审。我想，我将永远忘不了您所讲述的"一见钟情"体验以及由"一把消失的小刀"所引发"被冤枉"感觉的课堂故事，您用妙趣横生、生动鲜活的例子让我们理解了现象学中"悬置""感知""体验"等难懂、晦涩的概念。如若学生单纯地将"现象"简化为主体对客观的感知，将"现象学范式"呈现为个体对生活体验的描绘，那么我觉得我与老师拥有这样几个现象学时刻：

第一个体验是"笑靥如花"。记得本科毕业拍照的那天是个阳光璀璨的日子，而我的心情也如那暖阳天气般晴朗明媚。当时与您并不相熟，却想着与您拍照留念。看您在与其他老师交谈，找了几次机会都没有"得逞"。终于，我大着胆子向您走去并说明缘由，您也欣然地答应了。那时，您正等着别人拿来专业相机拍照，却没想到我从背后拿出早已准备好的自拍杆，想来张"突然袭击"的师生自拍。旁边的教授看着我拿着长长的自拍杆，不知是感到"新潮"，还是觉得"有趣"，竟然笑了起来，而我们也跟着笑了起来，就在那时，我按下了相机的快门，我们的笑颜不仅被留存在影像之中，也被永远地留存在了我的心底。能成为您的学生，我是发自心底地感到幸福、快乐。

第二个体验是"酣畅淋漓"。每每进入老师的专业课堂或者师门研讨，都像是参与了一场又一场极致的学术盛宴。总是有着一种老师在醍醐漫灌，而我却坐享其成的"小确幸"之感。老师很少坐着上课，在学术研讨室的玻璃黑板上也总是手书一整面墙内容，有时一讲就是几个小时，连一口水也不曾喝过。记得那是2019年6月的一次"农村社会转型与农村教育"专业课，看着跃然墙面的"脱域""到场""在场""知识""航海地图""世界地图""逻辑关系""概念体系"，我真的有一种周身被浇透的畅快之感，既感受到疾风骤雨般的知识输出，也深切体会到老师的思想幽深。在那次上完课后，我才深深地体会到何为学术之意蕴。说实在的，越是临近毕业，就越想到毕业后很难有机会再感受老师的"超值"课堂，心中竟多出许多不舍。

第三个体验是"慨然惊叹"。博士论文送审后，从师妹那里第一次知道文档软件有垂直审阅窗格的功能，可以进行论文修订次数统计，就想看看导师对自己的"博论"进行了怎样的"魔改"。猛然发现初稿修订竟然多达4950处；二稿738处；三稿181处；四稿18处；共累积近6000处。有的批注多达千字，有的修订横跨一章的几个小节，精细之处从标点的全角、半角，再到英文期刊的斜体格式。等到再次回顾全文，我竟震撼地发现，放眼望去，满篇皆是红痕。那时的我，留下的就只有久久的哑然与无言。作为学生我真是感到既幸福又汗颜，也深感作为学生的我是幸运的，而老师您是辛苦的。

更有师母的精心呵护让我感受到家的温暖。今后的每个端午节，我都会想起师母为我们烹煮的那飘香的肉粽和柔嫩的鸡蛋；而今的每个中秋节，我也会想起师母为我们精心准备月饼时那飘在空气中甜丝丝的幸福味道。如此种种，不胜枚举。真诚地想再说一次，老师与师母，你们辛苦了！

当然，我要感谢接受我教育自传邀请以及参与访谈的农家子弟们，你们是一群最可爱的人。我是真的没有想到，一次无心插柳的小型研究却促成了与你们近五年的羁绊。二十五种别样留守人生、二十五个农村家庭的奋斗历程，这是何其厚重，而我竟然能有幸触碰。在无数个日夜里，我脑海中回荡的是你们的生命故事；在一次又一次交谈中，我小心摸索并尝试去读懂你们的人生，去体会你们的爱与恨、脆弱与坚强、希望与荣光。在你们身上，我看到了新一代农家子弟的锐气与骄傲。是你们，教会我如何与苦难自处，也是你们，教会我何为向上与达观。谢谢你们，是你们让我看到了真正归属于当代农家子弟的希望的力量。

更要感谢我的师友，提及你们，我心底油然而生的是肃然与自豪，你们是这样一批值得敬佩的教育学人。东北师范大学中国农村教育发展研究院与教育学部的老师、同学以及邬门大家庭的兄弟姐妹们，你们当中，有的是曾经悉心教导、向我传道授业解惑的人，有的是与我共同步行田野、游历山川的人，有的是与我秉烛夜谈、文心相通的人，有的是陪伴我攻坚克难、幸以共事的人。你们中的每个人，都是我学习的榜样。正是你们，点燃了、照亮了、擎住了我前行的烛火，我万幸能与你们同行。我也愿与你们一道，继续守卫着学人精神与师大学魂。

感谢我的家人，你们是我内心的柔荑，陪伴着、鼓舞着，感谢你们的辛苦付出，也感谢你们的爱与包容！是你们的无私支持才换来了我与妹妹博士学业的完成，也是你们给予了我无限成长的力量！向你们道一声辛苦！我相信，未来以及未来的未来，一定会更好！

付梓之际，再次感谢全国哲学社会学科工作办公室、中国社会科学出版社、中国农村教育发展研究院、东北师范大学教育学部在本书写作和出版过程中提供的大力支持，感谢赵丽老师耐心、专业的出版意见和审校。

写作本书，意在拨开迷雾，厘清事实，传递农村留守儿童的心声，书中不妥甚至错误的地方，敬请读者批评指正！

写于东北师范大学中国农村教育发展研究院